Lieben und geliebt werden

*In Liebe für unsere Kinder und Enkelkinder
und all ihre Nachkommen*

INGRID PRIDT

LIEBEN UND GELIEBT WERDEN

Liebe verstehen und zur Liebe finden

Bibliografische Information der Deutschen Nationalbibliothek:
Die Deutsche Nationalbibliothek verzeichnet diese Publikation in der
Deutschen Nationalbibliografie; detaillierte bibliografische Daten sind
im Internet über dnb.d-nb.de abrufbar.

TWENTYSIX – der Self-Publishing-Verlag
Eine Kooperation zwischen der Verlagsgruppe Random House und
BoD – Books on Demand, Norderstedt
© 2019 Ingrid Pridt
Coverdesign, Satz, Herstellung und Verlag:
BoD – Books on Demand, Norderstedt

ISBN: 978-3-7407-0682-1

Inhalt

Vorwort	7
1. Teil – Was ist Liebe?	9
Das Grundprinzip der Liebe	11
Liebe und Beziehung	15
Lieben und geliebt werden	19
2. Teil – Die wesentlichen Voraussetzungen für Liebe	39
Nähe und Zeit	42
Vertrauen und Verantwortung	55
Selbstliebe	84
Selbstliebe bedeutet ...	84
Selbstliebe im Zusammenspiel mit Fehlern und Schwächen	89
Selbstliebe ist nicht Egoismus	92
Sein, Schein und Träumereien	95
Was ist ein Fehler?	101
Stärken und Schwächen	106
Fehler und Schwächen akzeptieren	111
Wie sich Selbstliebe entwickelt und wie sie geschwächt wird	114
Die Auswirkungen einer geschwächten Selbstliebe	124
Wie erkenne ich, ob meine Selbstliebe intakt ist?	129
Selbstzweifel	131
Und all die anderen negativen Gefühle	136
Lebensfreude, innere Geborgenheit und die Leichtigkeit des Seins	138

Wie kann ich meine Selbstliebe stärken?	142
Eigenverantwortung und Freiheit	156
Großzügigkeit	161
3. Teil – Das Zusammenspiel von Liebe und Beziehung	163
Sex	166
In einer idealen Welt ...	174
Liebe und Beziehungen in der wirklichen Welt	212
Vom Hässlichen zum Schönen	235
Aber mein Partner ...	253
Nachwort	277
Danke	280

Vorwort

Dies ist kein wissenschaftliches Buch. Es ist vielmehr eine Zusammenfassung dessen, was ich im Laufe meines Lebens über die Liebe gelernt habe. Erkenntnisse, die meinem Leben eine wunderbare Wendung gegeben haben und die mir sehr geholfen hätten, wären sie mir schon in jungen Jahren zugänglich gewesen. Sie hätten mich wohl vor einigem Seelenleid bewahrt.

Meine ersten beiden Ehen sind kläglich gescheitert, weitere Liebesbeziehungen sind gescheitert, bevor ich meinen jetzigen Mann kennenlernte. Mit ihm bin ich nun bald 30 Jahre glücklich verheiratet, liebe ihn noch immer – und er mich auch –, und ich würde ihn jederzeit wieder heiraten. Rückblickend habe ich mich irgendwann gefragt, was denn in den vorigen Beziehungen falsch gelaufen ist. Begonnen haben sie ja alle mit einem schönen Gefühl. Und woran liegt es, dass meine dritte Ehe so glücklich und, vor allem, schon so lange glücklich ist? Heute weiß ich, dass es primär eine Frage der inneren Bereitschaft ist, die Liebe in unser Leben auch wirklich einzulassen – tief einzulassen. Denn Liebe, die an der Oberfläche hängen bleibt, wird nicht lange halten. Dieses Buch geht der Frage nach, wie sich jene inneren Voraussetzungen schaffen lassen, die wirkliche Liebe erst ermöglichen, denn allein nur der Wunsch und die Sehnsucht nach Liebe sind dafür bei Weitem nicht ausreichend.

Ich habe dieses Buch für unsere Kinder und Enkelkinder geschrieben, in der Hoffnung, es möge ihnen helfen, in ihrem Leben dauerhafte Liebe und Glück zu finden und sich dabei den ein oder anderen schmerzhaften Umweg zu ersparen. Aber auch möglichst vielen anderen Menschen möchte ich mit diesem Buch einen Weg zeigen, der sie Schritt für Schritt zur Liebe hinführt. Einen Weg, den jeder unabhängig von seinem äußeren Umfeld gehen kann, weil es ein Weg der inneren Einstellung ist. Ich bin überzeugt davon, dass für *jeden* die wunderbare, große Liebe erreichbar ist – man muss nur den Weg gehen.

<u>Noch ein paar Worte zur geschlechtergerechten Formulierung:</u>
Ich weiß, dass in der heutigen Zeit die geschlechtergerechte Formulierung als sehr wichtig angesehen wird, weil sie die Gleichstellung von Mann und Frau zum Ausdruck bringen soll. Als ich begonnen habe, dieses Buch zu schreiben, habe ich mich deshalb auch redlich darum bemüht. Über viele Kapitel hinweg habe ich zuerst einmal sehr konsequent die weibliche und männliche Form nebeneinander verwendet. So hieß es immer »Partnerin oder Partner«, »sie oder er«, »ihr oder ihm« usw. Der Text wirkte dadurch an vielen Stellen schwerfällig, und manchmal war es schwierig, den inhaltlichen Fokus über den vielen Sie-oder-er-Formulierungen nicht zu verlieren.

Doch *alle* meine Probeleserinnen und Probeleser haben mich gebeten, auf die geschlechtergerechte Formulierung zu verzichten, um den Lesefluss nicht unnötig zu stören. Was ich denn auch – einigermaßen erleichtert – getan habe. Es gab nämlich einige Textstellen, die ich trotz größten Bemühens nicht geschlechtergerecht formulieren konnte, ohne dadurch die inhaltliche Aussage zu verändern. Wenn Sie also in diesem Buch von Partnern lesen, sind damit gleichermaßen weibliche wie männliche Partner gemeint. Wenn ich von »ihm – dem Menschen« oder von »ihr – der Person« spreche, bezieht sich das in beiden Fällen immer sowohl auf Frauen wie auch auf Männer. Gleiches gilt natürlich auch für alle anderen generisch maskulinen und generisch femininen Wörter.

1. Teil
Was ist Liebe?

Das Grundprinzip der Liebe

Liebe gibt es in den unterschiedlichsten Erscheinungsformen, aber das Grundprinzip ist immer das gleiche.

Man kann geliebt werden, oder man kann selbst jemanden lieben, und in den meisten Fällen wünschen wir uns, dass diese Liebe auf Gegenseitigkeit beruht. Für meine Definition von Liebe möchte ich zuerst einmal mit dem Geliebtwerden beginnen.

Das Geliebtwerden, nach dem wir uns so sehr sehnen, ist dieses wunderbare, beglückende Gefühl, wenn wir ganz genau so sein können, wie wir wirklich sind, ganz ohne Verstellung; wenn wir nicht so tun müssen, als wären wir besonders gescheit oder besonders geschickt; es wäre sogar absolut egal, wenn wir tatsächlich dumm und durch und durch ungeschickt wären, es ist dann auch völlig bedeutungslos, ob wir schön oder hässlich sind, und es ist egal, ob wir reich sind oder arm. Das einzig Wichtige für den anderen ist, dass wir da sind und dass es uns gut geht. – Wenn wir so viel Vertrauen zu dem anderen haben, dass wir ihm erlauben, unser wahres, innerstes Sein zu sehen und zu spüren. Wenn wir unsere Seele öffnen, den anderen ganz tief in uns hineinschauen lassen und uns verstanden, akzeptiert und allumfassend wertgeschätzt fühlen, so wie wir wirklich sind. Wenn wir spüren, dass sich der andere Mensch aus tiefstem Herzen wünscht, dass es uns gut geht und dass wir glücklich sind, und uns nie wieder missen möchte. So fühlt sich Geliebtwerden an.

Können Sie sich mit meiner Definition von Geliebtwerden identifizieren? Ist es das, was Sie sich wünschen, wenn Sie sich nach Liebe sehnen? Vielleicht fehlt Ihnen in meiner Definition das sexuelle Begehren? Abhängig von der Art der Beziehung gehört natürlich auch Sex zur Liebe. Aber das ist eine zusätzliche Komponente, die über das allgemeingültige

Grundprinzip der Liebe hinausgeht und worauf ich deshalb erst in einem späteren Kapitel eingehen werde.

Wenn also <u>Geliebtwerden</u> bedeutet, *vom anderen in unserem wahren, unverfälschten Sein wahrgenommen zu werden, verstanden, insgesamt akzeptiert und wertgeschätzt zu werden, genau so, wie wir sind,* wenn es bedeutet, *dass der andere uns aus tiefstem Herzen wünscht, dass es uns gut geht und dass wir glücklich sind, und uns nie wieder missen möchte,*

dann muss Lieben das genaue Gegenstück dazu sein. Dann bedeutet <u>Lieben</u>, *den anderen in seinem wahren, unverfälschten Sein wahrzunehmen, ihn zu verstehen, insgesamt zu akzeptieren und wertzuschätzen, genau so, wie er ist, und ihm aus tiefstem Herzen zu wünschen, dass es ihm gut geht und dass er glücklich ist, und dass wir ihn nie wieder missen möchten.*

Zum Geliebtwerden muss ich nichts aktiv tun, ich muss einfach nur sein. Es ist der passive Teil der Liebe, während das aktive Gegenstück dazu das Lieben ist. Etwas, was man tut, eine Aktivität!

In einer idealen Welt würden wir als geliebte Babys geboren, von unseren Eltern und allen, die uns nahestehen, uneingeschränkt geliebt, und lernten so, dass wir absolut okay, liebenswert und wichtig sind. Dass Fehler, die wir machen, normal sind und nichts an unserem Okay-Sein, nichts an unserer Liebenswertigkeit, nichts an unserem Wert ändern. Wir erlebten das wunderbare Gefühl des Geliebtwerdens, ohne auch nur irgendetwas dafür tun zu müssen. Auf diese Weise könnten wir eine gesunde Selbstliebe entwickeln und, darauf basierend, die Fähigkeit, andere in der gleichen Weise zu lieben.

In dieser idealen Welt, in der es nur liebesfähige Menschen gäbe, würden wir andere lieben, und andere Menschen würden auch uns lieben – nicht nur vielleicht, sondern ganz, ganz sicher.

Wenn wir uns aber die reale Welt anschauen, dann haben fast alle Menschen in ihrer Kindheit nicht nur uneingeschränkte Liebe erfahren, sondern auch gegenteilige Erfahrungen gemacht. Erfahrungen, in denen sie sich ungeliebt gefühlt haben – und hier geht es nicht darum, ob man *tatsächlich* nicht geliebt wurde, sondern um das *Gefühl* des Nichtgeliebtwerdens. Erfahrungen, die die Selbstliebe erschüttert oder sie sogar komplett zerstört haben. Dann aber sind wir auch eingeschränkt in unserer Fähigkeit, andere zu lieben. Und weil die Selbstliebe von sehr, sehr vielen Menschen nicht intakt ist, ist auch die Wahrscheinlichkeit sehr reduziert, jemanden kennenzulernen, mit dem wir dieses wunderbare, beglückende Gefühl des Geliebtwerdens dauerhaft erleben können. Also sind wir immer wieder auf der Suche. Bemühen uns. Wollen, dass sich auch der andere bemüht. Manche geben sich mit Kompromissen zufrieden, andere lassen sich auf einen Versuch nach dem anderen ein, wieder andere resignieren und geben auf.

Dabei klingt der Weg so einfach. Erstens die Selbstliebe in Ordnung bringen – nicht nur die eigene, sondern auch die vom anderen, den man lieben möchte, von dem man geliebt werden möchte. Und dann sollte es auch mit der gegenseitigen Liebe funktionieren.

Sehr grob betrachtet, ist es auch so einfach. Jedoch wie immer liegt der Teufel im Detail. Und deswegen braucht es doch ein ganzes Buch und nicht nur ein paar Seiten.

Auch wenn es nicht einfach ist, so bin ich überzeugt davon, dass die große, beständige Liebe für *jeden* erreichbar ist. Man muss nur ein kleines bisschen mutig sein und sich auf den Weg dorthin einlassen.

Wenn ich im ersten Teil dieses Buches erkläre, was genau ich unter Lieben und Geliebtwerden verstehe, dann sollte dabei gleichzeitig deutlich werden, warum es so schwer ist, sich wirklich auf die Liebe einzulassen. Und auch im zweiten Teil, wenn ich die unverzichtbaren Voraussetzungen für Liebe bespreche, werden Sie feststellen, dass vieles im ersten Moment selbstverständlich und einfach klingt, dass wir aber bei der Umsetzung oft mit einer Vielzahl von Hindernissen konfrontiert sind. Und so ähnlich verhält es sich auch im dritten Teil des Buches, der sich vor allem damit auseinandersetzt, wie Beziehungen durch Liebe beeinflusst werden und wie sich umgekehrt Beziehungen auf die Liebe auswirken.

Aber lassen Sie sich nicht entmutigen, denn ich zeige Ihnen auch den Weg, wie Sie es trotz aller Schwierigkeiten schaffen können, Glück, Freude und die Liebe in Ihr Leben zu holen.

Liebe und Beziehung

Bevor ich noch genauer darauf eingehe, was Liebe ist, möchte ich ein häufiges Missverständnis klären. In unserer Vorstellungswelt sind die beiden Begriffe Liebe und Beziehung zu eng miteinander verwoben. Liebe kann aber weder richtig verstanden noch wirklich gelebt werden, wenn Beziehung und Liebe im Verständnis zu sehr miteinander verschmelzen. Liebe und Beziehung sind zwei verschiedene Ebenen, und es ist überaus wichtig, zwischen beiden deutlich zu unterscheiden.

Damit meine ich nicht etwa die Unterscheidung verschiedener Beziehungsformen, zum Beispiel Geschäftsbeziehung und Liebesbeziehung.

Mir geht es vielmehr darum, dass ein »Ich liebe dich« so oft interpretiert wird als »Ich möchte mit dir in einer Ehe oder einer ‚richtigen Beziehung' leben«. Das laut artikulierte Gefühl der Liebe zieht sofort diesen Beziehungsrattenschwanz nach sich, von dem viele nicht genau wissen, ob sie das wirklich wollen. Da ist zwar dieses starke Gefühl der Liebe, aber man ist sich nicht sicher, ob der andere tatsächlich unsere Erwartungen an einen Lebenspartner und eine Ehe oder einfach an eine langfristige »gute Beziehung« erfüllt. Man weiß vielleicht nicht einmal, ob man überhaupt jemals mit irgendjemandem so eine Beziehung eingehen möchte. Und wer weiß schon, ob die beiden Liebenden auch nur annähernd ähnliche Erwartungen an eine Liebesbeziehung haben? Auch wenn das Gefühl der Liebe sehr stark ist, wie soll man sich da guten Gewissens zu einer vorgegebenen Beziehungsform verpflichten, wenn all diese Fragen offen sind?

Ich vermute, es liegt unter anderem an diesem Gleichsetzen von »Liebe« und »Beziehungserwartung«, dass sich viele Verliebte so sehr davor scheuen, »Ich liebe dich« zu sagen. Allerdings, wenn dieser Satz in unserem allgemeinen Sprachgebrauch tatsächlich ein relativ klares Beziehungsversprechen inkludiert, dann ist es wohl gut, dass man »Ich liebe dich« nicht so freimütig ausspricht. Dann jedoch fehlt uns einfach die richtige Ausdrucksweise für ein »Ich liebe dich« *ohne* Beziehungsversprechen, für ein »Ich liebe dich, und ich bin gespannt, wohin genau sich unsere Beziehung weiterentwickelt«. Nicht dass ich glaube, dass es Liebe ohne Beziehung gibt. Die Frage ist nur, ob unsere Liebe gedeihen kann im Rahmen von vorgegebenen, relativ starren Beziehungserwartungen oder ob sie nur wachsen kann, wenn sie sich frei entfalten und ihre ganz eigene Beziehungsart entwickeln darf.

Einige Leser werden jetzt vielleicht erleichtert aufatmen. Endlich weg mit dem Beziehungsdruck, weg mit der Forderung nach einer ganz bestimmten Beziehungsform. Vielleicht denken Sie sogar, endlich freie Liebe ohne Verpflichtungen. In dem Fall muss ich hier gleich richtigstellen, dass ich zwar den Beziehungsdruck von der Liebe trennen möchte, dass es aber wirkliche Liebe ohne Verantwortung nicht gibt. Und mit der Verantwortung ergeben sich wohl auch Verpflichtungen. Die Frage ist nur, welche Art von Verpflichtungen zwischen zwei Liebenden möglich, sinnvoll und schön sein können – und das Ergebnis kann weit weg von der in unserer Gesellschaft üblichen Ehe oder eheähnlichen Beziehung sein.

Der Beziehungsdruck entsteht nicht durch die Liebe, sondern durch Erwartungen, die zu einem großen Teil durch gesellschaftliche Normen geprägt sind. Wir sind keine normierten Menschen, wir sind Individuen. Und die Liebe kann nur dann von Dauer sein, wenn die Beziehung zwischen den beiden Liebenden jenen individuellen Freiraum lässt, den jeder Mensch braucht, um er selbst sein zu können. Hier passt kein Zwangskonzept, hier passen keine vorgefassten, unverrückbaren Erwartungen. Und deshalb ist es wichtig, dass wir uns erlauben, in aller Innigkeit zu lieben und das auch auszudrücken, selbst wenn wir noch nicht wissen, in welche Beziehungsform sich diese Liebe weiterentwickeln wird.

Während einige sehr froh darüber sein werden, dass ich die Liebe vom Beziehungsdruck befreien möchte, gibt es viele andere, die das wohl gar nicht schätzen. Viele sehnen sich einfach nach einer »guten Beziehung« und glauben, dass dies ohnehin das automatische Ergebnis, der Ausdruck von Liebe ist. Dann wird alles vehement verteidigt, was ihrer Meinung nach eine »gute Beziehung« ausmacht, und damit setzen sie sowohl den anderen wie auch sich selbst massiv unter Druck. Denn die Wahrscheinlichkeit ist groß, dass man über kurz oder lang Verhaltensweisen bei seinem Partner entdeckt, die nicht den eigenen Erwartungen von einer »guten Beziehung« entsprechen. Dann soll der andere plötzlich Erwartungen erfüllen, mit denen er sich nicht identifizieren kann. Und man selbst braucht ungeheuer viel Energie, um den anderen endlich »zur Einsicht« zu bringen. Wenn man verkrampft an der eigenen Vorstellung festhält, führt das entweder zum Ende der Beziehung oder immer wieder zu Streit, mit einem Gewinner und einem Verlierer – und das bedeutet unter Garantie das Ende der Liebe, denn in der Liebe gibt es keine Verlierer! Kann sein, dass die Beziehung bleibt, aber die Liebe ist futsch.

Sie glauben das nicht? Nun, dann betrachten Sie das Beispiel von der anderen Seite:

Auch Ihr Partner hat eine sehr konkrete Vorstellung von einer »guten Beziehung«. Auch er verteidigt vehement alles, was eine solche seiner Meinung nach ausmacht. Und die Wahrscheinlichkeit ist groß, dass er über kurz oder lang Verhaltensweisen bei *Ihnen* entdeckt, die nicht seinen Erwartungen entsprechen. Jetzt sollen *Sie* plötzlich Erwartungen erfüllen, mit denen Sie sich nicht identifizieren können. Und Ihr Partner setzt seine ganze Energie ein, um Sie zur Einsicht – wohlgemerkt zu *seiner* Einsicht – zu bringen. Sind Sie bereit, in einer Beziehung zu bleiben, in der Ihr Partner krampfhaft an *seinen* Erwartungen festhält? Wie wird es Ihnen gehen, wenn Sie der Verlierer sind? Werden Sie Ihren Partner noch lieben können, wenn er Sie zum Verlierer gemacht hat? Wie wird es Ihnen gehen, wenn es immer wieder zu Streit kommt, weil jeder unverrückbar an dem festhält, was er richtig findet? Solche Beziehungen gibt es viele, aber die Liebe hat sich dort davongeschlichen.

Deswegen ist es so wichtig, zwischen Beziehung und Liebe deutlich zu unterscheiden. Lassen Sie daher den Beziehungsdruck weg, denn die Liebe zeigt uns den Weg zur Beziehung! Und nicht umgekehrt.

Lieben und geliebt werden

Rufen wir uns ins Gedächtnis, wie ich Lieben und Geliebtwerden definiert habe, und betrachten wir die einzelnen Aussagen, eine nach der anderen, ganz genau:

Geliebt werden bedeutet, *vom anderen in unserem wahren, unverfälschten Sein wahrgenommen zu werden ...*
Lieben bedeutet, *den anderen in seinem wahren, unverfälschten Sein wahrzunehmen ...*

Aber wer kennt uns denn wirklich in unserem wahren, unverfälschten Sein?

Wie oft tun wir, als ob? Als ob uns etwas gefiele, obwohl es uns nicht gefällt. Als ob wir mit etwas einverstanden wären, obwohl sich in unserem Inneren etwas dagegen wehrt. Als ob wir etwas verstünden, wüssten, könnten, fühlten, obwohl wir es nicht wirklich verstehen, wissen, können, fühlen. Wie oft geben wir etwas vor, um bei anderen besser anzukommen, um mehr wertgeschätzt zu werden, um Konflikte zu vermeiden, um den anderen nicht zu verlieren? Gibt es wenigstens *einen* Menschen, der Sie wirklich so kennt, wie Sie tatsächlich sind, bis hinein in Ihr innerstes Selbst? Dem Sie sich so öffnen, dass er Sie in Ihrem wahren, unverfälschten Sein überhaupt erkennen *kann*? Kennen Sie sich selbst, so wie Sie in Ihrem wahren, ehrlichen, innersten Sein tatsächlich sind? Haben Sie den Mut, sich selbst so ehrlich, ohne jegliche Beschönigung wahrzunehmen?

Die meisten Menschen haben diesen Mut nicht, denn sie befürchten, dass das, was dort zum Vorschein käme, gar nicht vorteilhaft wäre, womöglich nicht liebenswert, nicht bewunderungswürdig, nicht fähig genug, vielleicht sogar böse und verabscheuungswürdig. Wer kann schon jemanden mit solchen Mängeln lieben und wertschätzen?

Aber genau das ist eines der Geheimnisse, eine der Grundbedingungen der Liebe. Liebe ist durch und durch ehrlich und dabei unendlich gütig. Solange Sie sich nicht öffnen und zeigen, wie Sie wirklich sind in Ihrem wahren, unverfälschten Sein, so lange *können* Sie auch gar nicht geliebt werden. Sie können natürlich vorgeben, dass Sie zum Beispiel künstlerisch interessiert sind, weil Sie glauben, sonst von Ihrer Angebeteten oder Ihrem Angebeteten nicht geliebt werden zu können. Aber was passiert dann? Die- oder derjenige liebt dann vielleicht tatsächlich diesen Menschen, den Sie *darstellen*, aber nicht *Sie*, wie Sie wirklich *sind*. Und Sie werden sich auch nie wirklich geliebt *fühlen*, werden sich nach immer mehr Liebesbeweisen sehnen und sich der Liebe trotzdem nicht sicher sein. Und Sie haben recht, denn *Sie* werden tatsächlich nicht geliebt, sondern immer nur das, was Sie zeigen und darzustellen versuchen. Solange Sie sich nicht öffnen und so zeigen, wie Sie wirklich sind, kann Sie die stärkste Liebe einfach nicht erreichen. Sie stehen sich selbst im Weg.

Solange Sie sich nicht selbst ehrlich betrachten können, wie Sie wirklich sind bis hinein in Ihr tiefstes Inneres, solange Sie sich nicht selbst uneingeschränkt lieben, genau so, wie Sie sind, so lange werden Sie auch nicht den Mut haben, sich anderen so zu zeigen, wie Sie wirklich in Ihrem wahren, unverfälschten Sein sind, und so lange werden Sie auch nicht wirklich und vollkommen geliebt werden können. Ohne Selbstliebe – und damit meine ich nicht Egoismus! –, ohne Selbstliebe geht es nicht.

Eine gesunde Selbstliebe zu entwickeln ist nicht einfach. Die Probleme dabei und den Weg dorthin werde ich ausführlich im zweiten Teil des Buches behandeln. An dieser Stelle möchte ich nur betonen, dass die Selbstliebe eine unumgängliche Voraussetzung ist sowohl für unsere Fähigkeit, andere zu lieben, wie auch dafür, dass wir das Gefühl des Geliebtwerdens uneingeschränkt und in seiner beglückenden Vollkommenheit erleben können.

Neben einer gut entwickelten Selbstliebe brauchen wir als Voraussetzung für die Liebe Vertrauen. Vertrauen zu dem Menschen, von dem wir geliebt werden wollen, aber auch Vertrauen zu uns selbst, dass wir damit umgehen können, wenn dieser andere Mensch unser Vertrauen doch nicht zu schätzen und zu achten weiß.

Denn wenn wir jemandem unser wahres, unverfälschtes Sein zeigen, ihn ganz tief in unsere Seele schauen lassen, dann geben wir unser Innerstes preis ohne Garantie, dass der andere mit uns und unserer offenen, verletzlichen Seele verantwortungsbewusst umgeht. Solch ein Vertrauen kann man nicht leichtfertig schenken. Aber es wäre auch unendlich traurig, die Liebe aus unserem Leben auszuschließen, weil wir solch ein Vertrauen – aus welchem Grund auch immer – überhaupt nie entwickeln können oder wollen. Im zweiten Teil des Buches habe ich daher auch dem Vertrauen ein eigenes Kapitel gewidmet.

Doch nicht nur das Zeigen der eigenen Seele erfordert Mut, auch das Hineinschauen in die Seele, das wirkliche Wahrnehmen eines anderen Menschen ist schwierig. Denn dazu gehört nicht nur ein intellektuelles, sondern auch ein emotionales Erfassen. Wenn Sie sich mit vollem Gefühl auf das Wahrnehmen des anderen einlassen, wenn Sie ihn und das, was er gerade erlebt oder erlebt hat, nicht nur sinngemäß erfassen, sondern sich auch erlauben, die Gefühle mitzuspüren, die der andere dabei hat oder hatte, dann erst werden Sie ihm so nahe sein, dass Liebe möglich ist.

Je länger und öfter man jemanden so aufmerksam und gefühlsintensiv wahrnimmt, desto mehr wird man auch Zusammenhänge erkennen, zum Beispiel zwischen Gefühlen, die aus der Vergangenheit resultieren, und heutigen Verhaltensweisen. Aus diesen Zusammenhängen wird sich, wenn wir es zulassen, ganz automatisch auch Verständnis für diesen Menschen entwickeln.

Geliebt werden bedeutet, vom anderen ... *verstanden, insgesamt akzeptiert und wertgeschätzt zu werden, genau so, wie wir sind ...*

Lieben bedeutet, den anderen ... *zu verstehen, insgesamt zu akzeptieren und wertzuschätzen, genau so, wie er ist ...*

Voraussetzung fürs Verstehen ist natürlich, wie oben beschrieben, den anderen so wahrzunehmen, wie er wirklich ist, bis hinein in sein tiefstes Inneres. Denn nur dann haben Sie auch die Möglichkeit, den anderen wirklich zu verstehen. Verstehen ist nämlich unmöglich, wenn man nicht richtig wahrnimmt oder wenn einem etwas vorgegaukelt wird.

Mit Verstehen meine ich aber nicht, dass Sie das, was Sie erkennen, auch gutheißen müssen. Verstehen hat nichts zu tun mit Urteilen. Beim Verstehen geht es lediglich darum, einzelne Komponenten nicht nur unabhängig voneinander wahrzunehmen, sondern auch Verbindungen und Zusammenhänge zu erkennen. Zum Beispiel, dass jemand vermutlich deswegen verschlossen ist, weil er schon so viele Enttäuschungen erlebt hat. Das heißt aber nicht, dass Sie es gut finden müssen, dass dieser jemand verschlossen ist. Und Sie müssen auch nicht den Eigenanteil gutheißen, den dieser jemand vielleicht beim Verursachen manch dieser Enttäuschungen gehabt hat. Sie müssen weder mit etwas einverstanden sein, noch sollten Sie etwas negativ sehen. Sie sollen überhaupt nicht bewerten. Es geht zuerst einmal nur ums Verstehen.

Ich verwende hier absichtlich Wörter wie »vermutlich« und »vielleicht«. Denn natürlich ist es illusorisch zu glauben, dass Ihnen die Interpretation von Zusammenhängen absolut korrekt und auch nur annähernd vollständig gelingen wird. Diese in ihrer ungeheuren Komplexität voll und ganz zu durchschauen gelingt wohl nicht einmal dem besten Therapeuten. Darauf kommt es aber auch gar nicht an. Wichtig ist das ehrliche Bemühen, und damit meine ich kein krampfhaftes Bemühen, sondern ein offenes Zugehen auf den anderen. Eine Offenheit, die uns erlaubt, den anderen (und auch uns selbst!) urteilsfrei und intensiv wahrzunehmen. Und zu wissen, dass das, was wir an Zusammenhängen zu verstehen glauben, richtig sein kann oder vielleicht auch nicht. Höchstwahrscheinlich liegen wir mit einigen Interpretationen richtig und mit anderen eben nicht.

Die Voraussetzung fürs Verstehen ist also urteilsfreies, wertfreies Wahrnehmen des anderen Menschen, so wie er wirklich ist, ein gefühlsintensives Wahrnehmen, mit dem wir die Seele des anderen spüren und erkennen können, ein Wahrnehmen, das auf innerer Nähe beruht.

Aber aus eigener Erfahrung wissen Sie wahrscheinlich sehr gut, dass es nicht einfach ist, beim Wahrnehmen und Verstehen jegliche Form des Urteilens und Bewertens zu unterlassen. Ganz besonders schwer ist es, wenn Sie an diesen Menschen (oder auch an sich selbst) Erwartungen oder Wünsche haben.

Wenn dieser Mensch zum Beispiel Ihr Kind ist und Sie erwarten, dass es genauso klug oder geschickt oder interessiert oder unternehmungslustig oder brav oder was auch immer ist, wie Sie es in diesem Alter waren, dann fällt es sehr, sehr schwer, zu erkennen und nicht als negativ zu bewerten, dass Ihr Kind dieser Vorstellung nicht entspricht. Viel leichter ist das, wenn es sich um das Kind des Nachbarn handelt. Der soll sich doch wegen so etwas keine Sorgen machen. Wenn das Kind nicht so gut ist in Mathematik, wird es seine Talente sicher auf anderen, vielleicht sogar nützlicheren Gebieten haben. Diese Erkenntnis über das Kind des Nachbarn fällt uns leicht, weil wir keine entsprechenden Erwartungen und Wünsche haben. Aber für unser eigenes Kind wollen wir nur das Allerbeste, und davon haben wir meist sehr konkrete Vorstellungen. Alles, was diesen zuwiderläuft, gefährdet doch das Glück unseres geliebten

Kindes – das glauben wir jedenfalls sehr oft. Dabei ist es umgekehrt. Tatsächlich gefährden wir das Glück unseres Kindes, wenn wir versuchen, es in unsere Vorstellungen und Erwartungen hineinzupressen. Spätestens dann, wenn das Kind die Enttäuschung der Eltern spürt, weil es Erwartungen nicht erfüllt, spätestens dann empfindet es einen Liebesverlust, fühlt sich nicht angenommen und akzeptiert in seinem wahren, unverfälschten Sein und wird in der Entwicklung seiner Selbstliebe gestört.

Genauso schwierig ist das bewertungsfreie Verstehen, wenn es um den Partner geht. Auch hier sind Erwartungen und Wünsche im Spiel, und wenn dessen Eigenschaften und Verhaltensweisen diese nicht erfüllen, bewerten wir das beinahe automatisch negativ.

Und genau das befürchten wir auch von anderen Menschen: dass sie uns negativ bewerten, wenn wir uns öffnen und ihnen unser wahres, unverfälschtes Sein zeigen. Selbst wenn der andere versteht, warum wir die eine oder andere unangenehme Eigenschaft entwickelt haben, haben wir doch Angst, dass er uns oder zumindest Teile von uns ablehnt.

Wir stehen hier also vor dem Dilemma, dass wir für uns selbst wünschen, nicht bewertet und schon gar nicht abgewertet zu werden für das, was wir wirklich sind – und uns andererseits extrem schwer damit tun, andere nicht zu bewerten. Und doch ist das bewertungsfreie, urteilsfreie Erkennen und Verstehen des anderen eine der Grundvoraussetzungen für Liebe und, auf uns selbst angewendet, für die Selbstliebe.

Das heißt nicht, dass wir *Situationen* nicht mehr bewerten dürfen oder sollen. Wenn mein Kind zum Beispiel in seiner Sprachentwicklung deutlich hinter dem Durchschnitt liegt, dann wird mir das als liebevoller Elternteil natürlich auffallen, ich werde so eine Situation als potenziell kritisch bewerten, mit einem Arzt darüber sprechen, klären, was die Ursache ist, ob es Anlass zu Sorge gibt, ob und in welcher Weise das Kind Hilfe braucht und so weiter. Das alles wird aber *nichts* am Wert meines Kindes ändern – und zwar meine ich damit nicht nur den Wert meines Kindes für mich als liebender Elternteil, sondern den generellen Wert meines Kindes für jeden und alle! Beim bewertungsfreien, urteilsfreien Verstehen geht es darum, den grundsätzlichen Wert eines Menschen unumstößlich anzuerkennen und jeden Versuch, diesen Wert zu beurteilen, zu unterlassen. Dies macht uns aber nicht zu urteilsschwachen Wesen, die nicht fähig sind, Situationen richtig einzuschätzen und entsprechend zu handeln.

Zwischen der Bewertung einer Situation und der Bewertung der involvierten Menschen zu differenzieren ist oft nicht einfach. Um einen anderen Menschen urteilsfrei verstehen zu können, müssen wir zuerst einmal unsere persönlichen Wünsche und Erwartungen weglassen und auch die Auswirkung auf uns selbst und auf andere Menschen beiseiteschieben. Zu einem späteren Zeitpunkt, dann, wenn es um die Beziehung geht, oder darum, wie wir unser Kind optimal in seiner Entwicklung unterstützen können, erst dann ist es wichtig, auch unsere eigenen Wünsche und Erwartungen in unsere Überlegungen einzubeziehen.

In der Praxis werden diese beiden Schritte, nämlich das urteilsfreie, wertfreie Verstehen einerseits und das Berücksichtigen unserer eigenen Wünsche und Erwartungen andererseits, sehr oft zeitlich eng beieinanderliegen. Wichtig ist, dass das eine nicht das andere verdrängt, dass beiden Raum gegeben wird. Unsere eigenen Wünsche und Erwartungen drängen sich meistens ganz von allein in unsere Gedanken und Gefühle, und sie sind ja auch wesentlich für die Art der Beziehung, die wir mit einem anderen Menschen entwickeln können. Die Liebe kann sich aber nur eröffnen, wenn wir unsere Aufmerksamkeit mit gleich starker Intensität auch dem urteilsfreien, wertfreien Verstehen des anderen zuwenden.

Beim urteilsfreien Verstehen schlüpfen wir in die Schuhe respektive in die Seele des anderen. Wenn wir seinem wahren, unverfälschten Sein bis hinein in sein innerstes Selbst einmal so nahe gekommen sind, dass wir diesen Menschen verstehen, ohne zu urteilen, dann entsteht daraus auch ganz automatisch Akzeptanz und Wertschätzung. Dann wissen wir, wer dieser Mensch wirklich ist, wie er sich bemüht und vielleicht auch gekämpft hat, um den Herausforderungen des Lebens gewachsen zu sein. Wir kennen seine Qualitäten und wie sich diese in Stärken und Schwächen äußern. Wir verstehen vielleicht auch, wie er zu dem geworden ist, was er heute ist. Wir spüren mit ihm, wie es ihm geht, was ihn freut oder quält, was ihm wichtig und vielleicht auch, warum ihm etwas wichtig ist, warum er vielleicht nicht anders kann. Wir *spüren* diesen Menschen in seinem innersten, individuellen Sein und erkennen hinter all den äußeren Erscheinungsformen den einzigartigen, wunderbaren Menschen, so stark und gleichzeitig schwach und verletzlich, so liebenswert, wie die Natur jedes Lebewesen liebenswert gemacht hat, so liebenswert, wie Gott diesen Menschen geschaffen hat. Wir akzeptieren und wertschätzen diesen Menschen mit seiner einmaligen Persönlichkeit, respektieren, was er ist, mit seiner Geschichte und seinem Potenzial.

Sie bezweifeln, dass man einen Menschen so insgesamt akzeptieren und wertschätzen kann? Und überhaupt *jeden* Menschen, nur wenn man sich tief genug, gefühlsintensiv und urteilsfrei auf ihn einlässt? Wie ist das denn mit den Schwächen, die ein jeder hat? Und gibt es da nicht auch »Schwächen«, die ganz und gar schlimm sind und sogar verabscheuungswürdig? Vielleicht kann man gerade noch verstehen, warum jemand so geworden ist, aber akzeptieren und wertschätzen?

In der Praxis erweist es sich oft als schwierig, einen anderen Menschen insgesamt zu akzeptieren. Denn wir differenzieren nicht zwischen der prinzipiellen Akzeptanz und Wertschätzung eines Menschen und dem Hinnehmen und Akzeptieren von konkreten Verhaltensweisen. Fast jeder Mensch zeigt ab und zu Verhaltensweisen, mit denen wir, aus welchem Grund auch immer, Probleme haben und die wir nicht bereit sind zu akzeptieren. Es ist aber ein großer Unterschied, ob man nicht bereit ist, eine bestimmte Verhaltensweise zu akzeptieren, oder ob man aufgrund dessen einen Menschen insgesamt ablehnt, ihn nicht akzeptiert und wertschätzt.

Ich möchte das an einem praktischen Beispiel veranschaulichen:

Stellen Sie sich vor, Sie haben jemanden kennengelernt, *wirklich* kennengelernt, denn dieser Mensch verstellt sich nicht und hat den Mut, sich so zu geben, wie er tatsächlich ist. Sie haben viel Zeit miteinander verbracht – schöne Zeit; Sie haben interessante Gespräche geführt, Sie fühlen sich wohl, wenn Sie zusammen sind. Sie verstehen die Werte und Prioritäten dieses Menschen. Sie verstehen zum Beispiel auch, warum ihm Kunst und Ästhetik so überaus wichtig sind, und ebenso, dass es manchmal gerade aufgrund dieser sonst so wunderbaren Hingabe zu Problemen in den Dingen des täglichen Lebens kommt. So passiert es zum Beispiel immer wieder, dass dieser ansonsten absolut liebenswerte Mensch zu spät zu Verabredungen kommt, weil er so versunken war in ein Kunstwerk, dass er die Zeit übersehen hat. Wenn Sie Ihre eigenen Wünsche und Erwartungen zuerst einmal ausblenden, wird es Ihnen leichtfallen, diesen Menschen zu verstehen und ihn insgesamt zu akzeptieren und wertzuschätzen, denn in der Summe ist er einmalig und wunderbar. Wenn Sie dann – in einem zweiten Schritt, ich nenne ihn den »Beziehungsschritt« – bereit sind, Ihre eigenen Wünsche und Erwartungen hinzuzunehmen, dann werden Sie vielleicht feststellen, dass Sie mit dieser übermäßigen Unpünktlichkeit nicht können, dass diese Eigenschaft für Sie nicht akzeptabel ist – wie wunderbar dieser Mensch insgesamt auch sein mag. Sie werden daher das Problem auch ansprechen, und Ihre Beziehung wird sich, je nachdem, zu welchem Ergebnis das Gespräch geführt hat, weiterentwickeln. Möglichkeiten dafür gibt es unzählige. Vielleicht einigen Sie sich darauf, dass Ihre Freundin oder Ihr Freund eine Methode findet – zum Beispiel die Verwendung eines Weckers –, wirklich wichtige Termine verlässlich einzuhalten. Sie wiederum können dann bei weniger wichtigen Terminen flexibler sein und die gewonnene Zeit nützen, indem Sie zum Beispiel die Zeitung oder ein Buch lesen. Vielleicht kommen Sie aber auf gar keinen gemeinsamen grünen Zweig, und Ihre weitere Beziehung schränkt sich dann ein auf Ausstellungen, Vernissagen und zufällige Treffen im gemeinsamen Bekanntenkreis. In beiden Varianten bleibt die Akzeptanz und Wertschätzung insgesamt für diesen Menschen erhalten, obwohl es eine Verhaltensweise gab, die Sie nicht zu akzeptieren bereit waren – auf jeden Fall nicht in der Form, wie sie sich ursprünglich zeigte. Das ist natürlich ein sehr einfaches Beispiel. Aber auch bei wirklich problematischen Verhaltensweisen gilt dasselbe Prinzip.

Wenn wir vorerst einmal unsere Wünsche und Erwartungen und sogar unsere Wertvorstellungen wegschieben und uns tatsächlich nur auf die innere Nähe zu dem anderen einlassen, dann werden wir diesen Menschen einerseits verstehen, ihn insgesamt akzeptieren und wertschätzen, genau so, wie er ist, und uns gleichzeitig abgrenzen können gegen einzelne Verhaltensweisen, die wir nicht zu akzeptieren bereit sind. Die Akzeptanz und Wertschätzung, die ich einem

Menschen insgesamt entgegenbringe, wird also nicht von einer einzelnen unangenehmen Eigenschaft abhängig sein, sehr wohl aber die Art der Beziehung, die ich mit ihm eingehen möchte.

Geliebt werden bedeutet ... *dass der andere uns aus tiefstem Herzen wünscht, dass es uns gut geht und dass wir glücklich sind ...*

Lieben bedeutet ... dem anderen *aus tiefstem Herzen zu wünschen, dass es ihm gut geht und dass er glücklich ist ...*

Bei der Mutter- und Elternliebe ist es wohl so, dass dieser Aspekt der Liebe als Allererstes empfunden wird und zur Wirkung kommt. In dem Moment, in dem dieses neue Wesen da ist, sind wir von dem tiefen Wunsch durchdrungen, dass es ihm gut geht, dass es glücklich wird, und wir wollen alles, alles nur in unserer Macht Stehende tun, um diesem neuen Menschlein ein glückliches Leben zu ermöglichen. Dieses Gefühl beginnt sich schon zu entwickeln, wenn das Baby noch im Bauch der Mutter ist, und ist spätestens mit der Geburt in voller Kraft da. Das Wahrnehmen- und Verstehenwollen wird getrieben von diesem Wunsch, alles für das Glücklichsein dieses neuen Menschenkindes zu tun. Selbstverständlich wird das kleine Menschlein beobachtet, damit wir es ja bestens versorgen. Jede Kleinigkeit wird wahrgenommen, damit wir entsprechend reagieren können. Wir bemühen uns mit aller Kraft zu verstehen, warum es jetzt weint und was es denn braucht, damit es ihm ganz bestimmt gut geht. Und selbstverständlich akzeptieren wir unser Kindlein, so wie es ist – Glatzkopf oder viele Haare, kräftig oder zart, aufgeweckt oder verschlafen, die Augen hat es von Mama oder Papa – ganz egal. Wir akzeptieren und wertschätzen es, ganz genau so, wie es ist. Die meisten Babys jedenfalls bekommen zumindest am Anfang diese umfassende Zuwendung.

Während die Liebe zu einem Baby mit dem herzenstiefen Wunsch *beginnt*, dass es ihm gut geht und dass es glücklich ist, entwickelt sich eine »erwachsene« Liebesbeziehung meistens nicht mit diesem Schritt. Mit »erwachsen« meine ich eine jede Liebesbeziehung zwischen zwei Menschen, die, um überleben zu können, nicht mehr unbedingt auf die Unterstützung eines anderen angewiesen sind, also auch Liebesbeziehungen von Jugendlichen und Heranwachsenden.

Bei einer »erwachsenen« Liebesbeziehung entwickelt sich dieses intensive Gefühl, dass man dem anderen aus tiefstem Herzen alles Gute wünscht und dass er glücklich ist, oft erst, *nachdem* innere Nähe durch urteilsfreies, gefühlsintensives Wahrnehmen und Verstehen aufgebaut wurde und Akzeptanz und Wertschätzung bereits ein gefestigter Beziehungsbestandteil sind.

Dieser herzenstiefe Wunsch, dass es dem anderen gut geht und dass er glücklich ist, enthält auch die Bereitschaft, selbst etwas zum Wohlergehen und Glücklichsein des anderen beizutragen. Deswegen habe ich die Formulierung »aus tiefstem Herzen« gewählt. Denn es ist sehr einfach, jemandem oberflächlich Glück und alles Gute zu wünschen, ohne bereit zu sein, für diesen Menschen auch etwas zu tun. Auch dann, wenn es nicht nur ganz leicht und nebenbei geht. So ein oberflächlicher Wunsch hat noch nichts mit Lieben zu tun. Vielleicht mag man den anderen, vielleicht mag man ihn sogar sehr, aber wirklich tiefe, persönliche Liebe ist das noch nicht. Wenn ich jemanden wirklich liebe, nicht nur im Sinne der allgemeinen Nächstenliebe, dann bin ich auch ganz selbstverständlich bereit, für ihn viel Kraft und Zeit aufzubringen, denn sein Wohlergehen und Glücklichsein ist mir ein ganz starkes inneres, eben ein herzenstiefes Bedürfnis.

Als Eltern belassen wir es ja auch nicht nur beim *Wunsch*, dass es unserem Kind gut geht und dass es glücklich ist. Wir sind selbstverständlich auch bereit, etwas dazu beizutragen, unsere ganze Kraft und Energie dafür einzusetzen. Babys werden herumgetragen, wenn sie weinen. Auch wenn wir selbst schon müde sind, tragen wir sie weiter herum, damit es ihnen besser geht. Wenn wir unserem Kind damit eine Freude machen können, spielen wir auch noch zum fünften Mal hintereinander Mensch-ärgere-dich-nicht, obwohl uns das Spiel selbst so ganz und gar nicht interessiert. Wenn unser Kind ernsthafte gesundheitliche Probleme hat, scheuen wir keine Mühe und kein Geld, den richtigen Arzt zu finden und die richtige Behandlung sicherzustellen. Generationen von Eltern haben sich abgemüht mit Überstunden und zusätzlichen Jobs, um ihren Kindern eine gute Ausbildung und ein besseres Leben zu ermöglichen. Für unser Kind sind wir bereit, sehr, sehr viel zu tun und sehr, sehr viel Anstrengung auf uns zu nehmen.

Auch bei der ganz einfachen Nächstenliebe wünschen wir natürlich, dass es einem anderen Menschen gut geht. In einer Notsituation sind wir auch zu zusätzlicher Anstrengung und zusätzlichem Aufwand bereit, spenden zum Beispiel Geld oder leisten Erste Hilfe. Aber danach geben wir uns damit zufrieden, dass die weitere Versorgung durch andere, nämlich die dafür Zuständigen, übernommen wird. Wir wenden nicht noch mehr Zeit und Energie dafür auf, sicherzustellen, dass eine gute Unterbringung, optimale medizinische Versorgung und ein liebevolles Umfeld wirklich gewährleistet sind. Wir bleiben nicht selbst an der Seite des anderen, um ihn liebevoll gesund zu pflegen, so wie wir das für einen von uns innig geliebten Menschen ganz selbstverständlich täten.

Natürlich ist jeder erwachsene Mensch selbst für sein Glück und Wohlergehen verantwortlich. Und ich möchte hier keinesfalls vorschlagen, dass Sie dem geliebten Menschen diese Eigenverantwortung abnehmen. Das funktioniert so und so nicht, denn es ist tatsächlich jeder seines eigenen Glückes Schmied. Niemand kann das Glück eines anderen Menschen sicherstellen. Eltern können und sollten dem Kind helfen, seine *Glücksfähigkeit* zu entwickeln, unter anderem, indem sie die Selbstliebe des Kindes fördern! Aber glücklich werden, über das Baby- und Kindesalter hinaus, muss jeder durch seine eigenen Entscheidungen und Initiativen, durch sein ganz eigenes Tun.

Mir geht es vielmehr darum, dass Liebe nicht funktioniert, wenn man sie rein hedonistisch leben möchte, lediglich dem Pfad der eigenen Freude, des eigenen Vergnügens folgend, ungeachtet dessen, wie es dabei dem anderen geht. Natürlich ist es lustiger, sich mit Freunden zu einem Tennismatch zu treffen, als für den geliebten Partner einkaufen zu gehen, wenn er auf Hilfe angewiesen ist, zum Beispiel in einer besonders intensiven und kritischen Berufsphase. Ein Tennismatch mit Freunden ist auch lustiger, als nochmals mit dem Partner gemeinsam einen ungeklärten kritischen Konflikt aufzuarbeiten. Nichts gegen das Tennismatch mit Freunden. Natürlich ist auch die eigene Freude sehr, sehr wichtig. Aber wenn Sie den anderen wirklich lieben, dann werden Sie das Tennismatch gar nicht richtig genießen können, wenn sich währenddessen Ihr Partner allein mit etwas Wichtigem abquält, das nur mit Ihrer Mithilfe vernünftig bewältigt werden kann. Oder wenn Sie Ihren Partner allein mit einem Schicksalsschlag fertig werden lassen, ohne ihm beiseitezustehen.

Klingt so, als wäre Liebe nicht nur schön, sondern auch mit Verzicht verbunden. Ich möchte das auch gar nicht abstreiten, ich möchte diesen Verzicht nur in die richtige Perspektive rücken. Wenn Sie selbst krank oder rekonvaleszent sind oder sich auf einen sehr wichtigen beruflichen Termin besonders gut vorbereiten wollen, dann müssen Sie womöglich auch auf das eine oder andere Tennismatch mit Ihren Freunden verzichten. Es tut Ihnen dann wahrscheinlich zwar leid, dass Sie einen Termin absagen müssen, auf den Sie sich schon sehr gefreut haben, aber insgesamt wird Ihnen Ihre Gesundheit beziehungsweise Ihr Bestehen im Beruf wichtiger sein. Sie verzichten also auf eine schöne Sache, weil es etwas anderes gibt, das Ihnen mehr wert ist. Genauso ist es mit dem Verzicht in der Liebe. Man verzichtet auf etwas, weil es etwas anderes gibt, das einem mehr wert ist.

In einer gesunden, starken Liebesbeziehung wird die Freude den Verzicht mehr als wettmachen. Manche werden sogar das Wort »Verzicht« in diesem Zusammenhang zurückweisen, denn es handelt sich um nicht mehr und nicht weniger, als man auch für sich selbst zu tun bereit ist. So wie ich für mein eigenes Wohlergehen und Glücklichsein bereit bin, extra Kraft, Aufwand und Zeit aufzubringen, so bin ich auch bereit, dies für den geliebten Menschen zu tun, denn sein Wohlergehen und Glücklichsein sind mir ein herzenstiefes Bedürfnis.

Geliebt werden bedeutet …, *dass uns der andere nie wieder missen möchte.*

Lieben bedeutet …, *dass wir den anderen nie wieder missen wollen.*

Unser Kind möchten wir nie wieder verlieren, sobald es einmal in unser Leben getreten ist. Bei einem erwachsenen Partner ist das nicht selbstverständlich so. Erst wenn wir spüren, dass das Zusammensein mit jemandem für uns so gut, so aufbauend, so bereichernd ist, dass wir das Gefühl haben, wunderbar aufzublühen und zu wachsen, so wie wir das allein nie könnten, dann erst qualifiziert sich dieser Mensch in unserem Gefühl als wahrer Liebes- und Lebenspartner, den wir nie wieder missen möchten. Erst durch das Gefühl, mit diesem Menschen wachsen und blühen zu können, wird er so wichtig für uns.

Und nur wenn uns ein anderer Mensch wirklich wichtig

ist, wird der Wunsch, dass es dem anderen gut geht und dass er glücklich ist, so groß, so herzenstief, dass wir auch bereit sind, erhebliche Anstrengungen auf uns zu nehmen, um das Glück und Wohlbefinden dieses Menschen sicherzustellen, und nicht nur unser eigenes Glücklichsein in den Vordergrund stellen.

Allein das Wahrnehmen, Erkennen, Verstehen, Akzeptieren und Wertschätzen eines anderen Menschen ist dafür sicherlich nicht ausreichend. Innere Nähe, Akzeptanz und Wertschätzung kann im Grunde ein jeder für jeden empfinden, wenn beide bereit sind, sich zu öffnen, aufeinander eingehen und genug Zeit miteinander verbringen. Die Fähigkeit, sich in andere hineinzudenken und mitzufühlen, sowie generelle Akzeptanz und Wertschätzung sind ein Kennzeichen der allgemeinen Nächstenliebe. Die Nächstenliebe beinhaltet wohl auch, dass man dem anderen ehrlich alles Gute wünscht. Aber das ist nicht dieser herzenstiefe Wunsch, der die ganz persönliche, individuelle Liebe zwischen zwei Menschen auszeichnet. Erst wenn uns ein Mensch auch auf einer ganz persönlichen Ebene wirklich wichtig ist, sind wir auch bereit, für ihn besonders viel Aufwand, Energie und Zeit einzusetzen und auf eigene Freuden zu verzichten, um das Glücklichsein dieses Menschen mit all unserer Kraft zu unterstützen.

Die persönliche Wichtigkeit, die ein Mensch für uns hat, hebt die intensive, persönliche Liebe zwischen zwei Menschen von der allgemeinen Nächstenliebe ab.

Offensichtlich hat uns die Natur mit einigen Trieben und Instinkten ausgestattet, um unser Überleben, das des Einzelnen wie auch das der Menschheit insgesamt, sicherzustellen. Die Mutter- und Elternliebe gehört dazu, genauso wie die sexuelle Anziehungskraft und die Liebe zwischen Liebes- und Lebenspartnern. Ohne Babys und Kinder würden weder unsere ganz persönlichen Gene weitergegeben werden, noch könnte die Menschheit weiterbestehen. Ohne Fortpflanzungsakt gäbe es keine Babys, und ohne Partnerschaft wäre das Überleben, sowohl des Individuums wie auch der Menschheit insgesamt, weitaus unsicherer.

Das Wohl und Glück ihres Kindes hat für die Eltern von Anfang an eine ungeheure Wichtigkeit, ohne dass das Baby dazu irgendeine Leistung bringen müsste oder irgendwelche bestimmte Eigenschaften haben müsste. Es ist einfach nur durch sein Da-Sein für die Eltern unermesslich wichtig und etwas absolut Wunderbares. Bei der Liebe zwischen Erwachsenen ist das schon anders. Hier ist unser persönliches Interesse an diesem Menschen, die Frage, ob er uns wichtig ist, sehr wohl von konkreten Eigenschaften abhängig. Diese sind von Mensch zu Mensch unterschiedlich und können sich auch im Laufe einer Beziehung ändern. Aber die Wichtigkeit, die dieser Mensch für uns bekommt, ist abhängig davon, wie sehr wir glauben, fühlen, hoffen oder wissen, dass er ein guter Sexual-, Liebes- und Lebenspartner ist oder sein könnte.

Wenn wir jemanden neu kennenlernen, machen wir uns sofort ein inneres Bild von diesem Menschen. Alles, was wir an ihm wahrnehmen – und das ist am Anfang nur ein minimaler Bruchteil dessen, was den gesamten Menschen ausmacht –, ergänzt unser Gehirn auf ein Gesamtbild unter Zuhilfenahme all dessen, was es weiß, gelernt und erfahren hat. Unsere Wünsche beeinflussen dieses Bild, das wir von einem Menschen entwickeln, genauso wie die konkreten Wahrnehmungen. Diese innere Interpretation ist blitzschnell abgeschlossen, und wir empfinden jemanden als attraktiv oder nicht attraktiv, interessant oder nicht interessant, angenehm oder unangenehm und so weiter. Mit der Stärke der Attraktion wächst auch das Bedürfnis, diesen Menschen näher kennenzulernen und ihn zu umwerben. Das ist die Phase des Verliebtseins, die jedoch nicht mit Liebe verwechselt werden sollte. Denn das Verliebtsein bezieht sich vorwiegend auf ein inneres Bild, das wir von jemandem entwickelt haben, aber noch nicht auf den Menschen, wie er wirklich ist. Zum wirklichen Kennenlernen – um also zu erfahren, wie der jeweils andere wirklich ist – hat es ja in der verliebten Anfangsphase einer Beziehung noch nicht genug Gelegenheit gegeben. Damit will ich aber in keiner Weise den Wert des Verliebtseins schmälern. Die Schönheit dieses Gefühls liegt in der Aussicht, in der Hoffnung und Freude, jemanden gefunden zu haben, der möglicherweise all unsere Sehnsüchte nach einer glücklichen Partnerschaft erfüllt, der dadurch für uns sehr wichtig wird, sodass sich der Weg zu einer möglichen wirklichen Liebe auftut.

Aber nicht nur das Verliebtsein und die Liebe können einen anderen Menschen für uns wichtig werden lassen.

Jede Form des intensiven Kennenlernens kann dazu führen, dass uns der andere über die entstandene innere Nähe wichtig wird. Je mehr und intensiver wir mit jemand anders mitfühlen, ihn wirklich spüren in seinem inneren Sein, mitempfinden, wie es ihm wirklich geht, all sein Leid, aber auch Glück mitempfinden, desto stärker wird die innere Nähe zu diesem Menschen und desto mehr wird sich auch der Wunsch entwickeln, dass es ihm gut geht. Wenn wir im Laufe dieses intensiven Kennenlernens feststellen, dass uns das Zusammensein mit diesem Menschen guttut, dass wir durch das Zusammensein mit ihm das Gefühl entwickeln, selbst besser wachsen und blühen zu können, dann wird uns dieser Mensch auch immer wichtiger werden.

Natürlich kann auch Abhängigkeit einen anderen Menschen für uns wichtig machen und kann – muss aber nicht – über diesen Weg zu Liebe führen. Die Liebe von Kindern zu den Eltern fällt in diese Kategorie, aber auch Ehen, die zwar nicht in Liebe geschlossen wurden, sich aber im Laufe der Zeit trotzdem zu Liebesehen entwickelt haben.

Das heißt noch lange nicht, dass wir jemanden lieben, nur weil er für uns wichtig ist. Aber die Wichtigkeit, die ein Mensch für uns hat, ist ein wesentlicher Bestandteil der Liebe.

Die Wichtigkeit ist auch ausschlaggebend dafür, ob wir jemanden niemals mehr missen möchten. So wie wir unsere Kinder nie wieder »hergeben« wollen, wenn wir sie einmal »haben«, so möchten wir auch jemanden, der uns zum Wachsen und Blühen bringt, nicht mehr missen.

Aber natürlich gibt es auch Wichtigkeiten, die mit Liebe ganz und gar nichts zu tun haben.

Auch ein Angestellter kann seinem Chef wichtig sein, sogar sehr wichtig, wenn er besondere Fähigkeiten mit sich bringt, die für den Erfolg des Unternehmens wesentlich sind und die nicht so leicht auf dem Arbeitsmarkt zu finden sind. In dem Fall gilt das Interesse des Chefs aber der Funktionsfähigkeit seines Angestellten und nicht dem Menschen mit all seinen Gedanken und Gefühlen. Dem Chef ist im Grunde egal, wer genau dieser Angestellte ist, was er fühlt und denkt, solange er funktioniert.

Auch Lebenspartnerschaften definieren sich manchmal über die Funktionsfähigkeit der Partner und nicht über die Liebe. Es gibt so viele Ehen, die nur darauf basieren, dass bestimmte wichtige Erwartungen erfüllt werden, zum Beispiel, dass es jeden Abend ein gutes Nachtmahl gibt oder dass man sich ein schönes Haus oder eine schöne Wohnung leisten kann. Der Partner ist zwar wichtig, weil man nicht auf die Annehmlichkeiten verzichten möchte, die mit der Beziehung einhergehen, aber es fehlen die innere Nähe und das intensive Eingehen auf den anderen, das Bemühen, einander zu verstehen, zu akzeptieren und wertzuschätzen mit all den liebenswerten, aber auch den weniger angenehmen Eigenheiten, die zum Partner dazugehören. Es sind Zweckbeziehungen ohne Liebe.

Und auch dann, wenn der andere Mensch zwar so wunderbar ist, dass er mich zum Wachsen und Blühen bringt, und ich ihn aus diesem Grund ganz bestimmt nicht missen möchte, ich aber nicht wirklich daran interessiert bin, ihn wahrzunehmen und zu spüren bis hinein in sein inneres Sein, nicht interessiert, ihn zu verstehen, insgesamt zu akzeptieren und wertzuschätzen, ihm nicht aus tiefstem Herzen wünsche, dass es ihm gut geht – dann ist es nicht Liebe, sondern lediglich eine Wichtigkeit, die sich aus einer bestimmten Funktionsfähigkeit ergibt. Die Beziehung zu einem Therapeuten könnte zum Beispiel so beschaffen sein, aber nicht die Liebe zu einem Liebes- und Lebenspartner.

Eine erfüllte »erwachsene« Liebesbeziehung ist dadurch gekennzeichnet, dass beide den jeweils anderen lieben, mit allen zuvor genannten Aspekten, und dass sich beide auch lieben lassen, also sich dem jeweils anderen gegenüber wirklich öffnen, sodass sie die Liebe auch erreichen kann.

2. Teil
Die wesentlichen Voraussetzungen für Liebe

Liebe braucht einen Nährboden, auf dem sie gedeihen kann. Wenn gewisse Voraussetzungen nicht gegeben sind, dann kann sich Liebe nicht entwickeln. So wie sich das beste Samenkorn nicht entwickeln kann, wenn es in einem unzuträglichen Umfeld ausgesetzt wird, wenn die richtige Erde fehlt oder die Sonne oder das Wasser. Aber das Samenkorn kann auch kaputtgehen, wenn von den guten, notwendigen Dingen zu viel da ist. Unter zu viel Sonne kann es verbrennen, mit zu viel Wasser kann es verfaulen. So ähnlich ist es auch mit den unverzichtbaren Voraussetzungen für die Liebe. Zu wenig funktioniert nicht, zu viel aber auch nicht. Umso wichtiger ist es daher, die verschiedenen Voraussetzungen für Liebe genauer zu betrachten, nämlich Nähe, Vertrauen, Selbstliebe und Großzügigkeit. Denn Liebe geht nicht ohne Nähe. Nähe geht nicht ohne Vertrauen. Und Vertrauen und Nähe sind ohne Selbstliebe nur sehr eingeschränkt möglich.

Mit der *Nähe* eng verbunden ist die dafür notwendige *Zeit*. Denn es wird Ihnen nicht gelingen, die Nähe der Liebe aufzubauen, wenn Sie dafür keine Zeit aufbringen können oder wollen.

Mit dem *Vertrauen* eng verbunden ist *Verantwortung*. Denn niemand wird zu einem anderen langfristig Vertrauen haben, wenn dieser nicht verantwortlich mit dem ihm geschenkten Vertrauen umgeht und wenn er nicht bereit ist, Verantwortung zu übernehmen.

Und während die *Selbstliebe* überhaupt die wichtigste aller Voraussetzungen ist, um sowohl andere Menschen lieben zu können wie auch selbst wirklich geliebt werden zu können, bringt die *Großzügigkeit* jene wunderbare Leichtigkeit in die Liebe und in unser gesamtes Leben, die uns auch in den schwierigeren Phasen die Zuversicht nicht verlieren lässt und die dafür sorgt, dass sich unser Blick nicht durch unangenehme Einzelheiten vom Großen, Schönen und Ganzen ablenken lässt.

Nähe und Zeit

Eine ganz wichtige Grundlage für Liebe ist Nähe. Damit meine ich nicht unbedingt physische Nähe. Ich meine vielmehr jene innere Nähe, die entsteht, wenn Sie auf jemanden wirklich eingehen, ihm zuhören, sich mit ihm intensiv auseinandersetzen. Wenn Sie versuchen, diesen Menschen nicht nur mit dem Kopf, sondern auch mit dem Herzen zu verstehen. Ich nenne diese Art der Nähe »die Nähe der Liebe«, um sie von anderen Arten der Nähe zu unterscheiden, wie zum Beispiel der rein physischen Nähe.

Diese Art von Nähe ist natürlich nur möglich, wenn der andere Sie auch nahekommen *lässt*. Will oder kann der andere sich nicht öffnen, dann verlaufen all Ihre Bemühungen nach Nähe im Sand. Zumindest von dort an, wo der andere die Tür zu seinem wirklichen Ich versperrt.

Und das Gleiche gilt auch umgekehrt. Wenn der andere Ihnen nahe sein möchte, versucht, auf Sie einzugehen, Ihnen zuhören möchte, mit Ihnen mitfühlen möchte, *Sie* sich aber nicht mitteilen, ihm nicht sagen, was Sie wirklich bewegt, Ihre Gefühle nicht zeigen, dann wird sich der andere vergeblich um Nähe zu Ihnen bemühen. Aber das ist natürlich auch eine Frage des Vertrauens, worauf ich im nächsten Kapitel noch ausführlich eingehen werde.

Jedenfalls gehören immer *beide* zur Nähe. Einer, der bereit ist, den anderen in sich einzulassen. Und der andere, der bereit ist, sich zu nähern und einzutreten. Eine gesunde erwachsene Liebesbeziehung zeichnet sich dadurch aus, dass beide Partner abwechselnd einmal in der einen und dann in der anderen Rolle sind, dass beide den jeweils anderen tief in sich hineinschauen lassen und sich auch beide mit dem jeweils anderen intensiv auseinandersetzen und ihn wirklich verstehen und spüren wollen.

Wenn ich in diesem Buch von Liebesbeziehungen spreche,

dann meine ich immer solche, in denen Nähe, Vertrauen und Liebe auf Gegenseitigkeit beruhen.

Die Nähe der Liebe geht Hand in Hand mit dem ersten Teil meiner Definition: Lieben bedeutet, den anderen in seinem wahren, unverfälschten Sein wahrzunehmen, ihn zu verstehen, insgesamt zu akzeptieren und wertzuschätzen, genau so, wie er ist. Doch wie wollen Sie jemanden wahrnehmen und erkennen, so, wie er wirklich ist, nicht nur so, wie er nach außen erscheint, wie wollen Sie den anderen wirklich verstehen, wenn Sie sich keine Zeit dafür nehmen?

Die Nähe der Liebe lässt sich nur erreichen, wenn man genug Zeit miteinander verbringt, in der man aufeinander eingeht, einander zuhört und versucht, einander urteilsfrei und erwartungsfrei zu verstehen und zu spüren. Diese Art von Nähe erfordert gegenseitige, aufmerksame Zuwendung, immer wieder und immer wieder. Zuerst einmal, um die Nähe aufzubauen, und dann, um die Nähe zu erhalten. Denn es ist keineswegs so, dass die Nähe, wenn sie einmal da ist, auch selbstverständlich bleibt. Nein, sie will gepflegt werden. Jede neue Erfahrung, die der Mensch tagtäglich macht, verändert ihn. Um jemandem nahezubleiben, muss man mit diesen Erfahrungen und Veränderungen mitgehen, und das braucht weiterhin gegenseitige Aufmerksamkeit und regelmäßige intensive Zuwendung.

Die Nähe der Liebe erreicht man nicht, wenn man einfach nur im selben Raum ist und jeder nur der eigenen Tätigkeit nachgeht oder den eigenen Gedanken nachhängt, ohne diese mit dem anderen zu teilen. Selbst ein gemeinsam ausgeübtes Hobby ist nicht unbedingt ausreichend, um jene Nähe zu erreichen, die Grundbedingung für Liebe ist. Wenn sich die Gemeinsamkeit nur auf das Ausüben der gemeinsamen Tätigkeit beschränkt, ohne dass auch ein persönlicher Austausch erfolgt, dann ist das zu wenig. Ohne miteinander zu reden, ohne den anderen teilhaben zu lassen an dem, was einen wirklich beschäftigt, ohne ehrliches Interesse am anderen und an dem, was und wie der andere etwas erlebt, was er fühlt und denkt, ohne all das ist die Nähe der Liebe nicht möglich. Diese Nähe zu entwickeln braucht Zeit. Zeit, die wir uns in unserem leistungs- und erledigungsorientierten Kulturkreis häufig nicht nehmen. Dabei ist jene Zeit, die wir uns für die Nähe der Liebe gönnen, nicht nur sehr schön, sondern auch eine unermessliche Energiequelle – auf jeden Fall für denjenigen, dessen Sein gerade im Mittelpunkt steht. In einer gesunden erwachsenen Liebesbeziehung ist das eben abwechselnd für beide Partner der Fall.

Es ist schön, wenn es gelingt, vollkommen lockerzulassen und gemeinsam nur zu *sein*, ohne Plan und ohne Erwartungen, einfach nur die eigenen Gedanken und Gefühle zuzulassen, den anderen daran teilhaben zu lassen und auch offen zu sein für dessen Gedanken und Gefühle. Wenn wir die Nähe der Liebe pflegen, dann muss nichts erledigt, gelöst oder geändert werden. Probleme werden einfach als solche akzeptiert mit all dem Gefühlsleid, das an ihnen hängt, genauso wie auch die schönen Erlebensinhalte akzeptiert werden, mit all den angenehmen Gefühlen, die daran hängen. Es ist eben nur ein gemeinsames *Sein*, ein ganz intensives und beglückendes Bei-sich-und-dem-anderen-Sein.

Die Nähe der Liebe macht uns stark, ruhig und sicher. Sie vermittelt uns Geborgenheit und gibt uns Kraft, weil wir uns vom anderen akzeptiert und verstanden fühlen und weil unser eigenes Sein größer wird durch das Teilhaben am Sein des anderen. Obwohl man nichts erledigt hat, was auf Erledigung wartet, obwohl man keine Probleme gelöst hat, fühlt man sich plötzlich der Erledigung wichtiger Dinge und der Lösung von Problemen näher als vorher. Und man ist auch tatsächlich einen riesengroßen Schritt vorwärtsgekommen, denn durch die Nähe der Liebe hat man einen in Kopf und Herzen Verbündeten gewonnen, und darauf aufbauend können auch gebündelte Kräfte zum Einsatz kommen.

Manchmal entsteht innere Nähe ganz unerwartet und unbeabsichtigt zwischen zwei Menschen, die noch überhaupt nichts miteinander zu tun hatten. Man lernt einander gerade erst kennen und in einem Gespräch, das absolut belanglos beginnt, ohne Intention in irgendeine bestimmte Richtung. Einer der beiden nimmt nun eine oberflächlich gegebene Antwort interessiert auf und knüpft mit einer ehrlichen, vertiefenden Frage an, die sich nicht einfach auf ein Fachthema bezieht, sondern persönlich auf den anderen Menschen eingeht. Mit »ehrlich« meine ich in diesem Zusammenhang, dass es hier nicht darum geht, irgendwelche Effekte zu erzielen oder einen besonderen Eindruck zu machen. Mit »ehrlich« meine ich hier, dass hinter der Frage nichts anderes steht als ein tatsächlich empfundenes Interesse an dem, was der andere gesagt oder vermittelt hat. Das ist der Beginn von aufmerksamer Zuwendung. Und wenn der andere ehrlich – also weder ausweichend noch effektorientiert – antwortet, dann kann sich daraus ein wunderbares, geradezu beglückendes Gespräch entwickeln, in dem spürbar wird, wie gut sich innere Nähe anfühlt.

Es ist sehr, sehr wohltuend, einen Zuhörer zu haben, dem man sich mitteilen kann, offen, ehrlich, frei von Absichten, Erwartungen oder Ängsten, und zu spüren, dass der andere einen auch hören möchte und mit seinem vollen Interesse »bei mir« ist. Es ist schön, wenn man selbst ohne Erwartungen, einfach nur offen und vorbehaltslos jemandem zuhört und merkt, dass das, was da vom anderen rüberkommt, nicht irgendeine äußere Form oder Maske ist, sondern der unverfälschte Mensch, genau so, wie er wirklich ist; schön, wenn uns jemand Zutritt gibt zu seinem wahren, unverfälschten Ich, wenn wir im anderen das wirkliche Leben spüren und genau wissen, dass wir jetzt nicht durch den Schein einer

Fata Morgana getäuscht werden. Es fühlt sich an wie ein sehr kostbares Geschenk, und das ist es auch.

Das heißt nicht, dass aus jedem solchen Gespräch Liebe wird, aber es könnte ein Beginn sein. Wenn wir jemanden neu kennenlernen und das Gefühl haben, »es hat gefunkt«, dann ist es sehr oft diese spontan entwickelte innere Nähe, die dazu geführt hat.

Interessanterweise ist es oft leichter, diese innere Nähe in genau solchen zufälligen, ungeplanten Begegnungen zu erleben, wenn man sich vollkommen unbeschwert und ohne Erwartungen auf den anderen Menschen einlässt. Viel leichter als in einer Beziehung, die vielleicht nicht mehr ganz neu ist, in der man konfrontiert ist mit den Herausforderungen und Enttäuschungen, die der Beziehungsalltag immer wieder mit sich bringt.

Es ist auch leicht zu erklären, warum das so ist. Es ist nämlich nicht möglich, sich intensiv auf die Gedanken und Gefühle des anderen und gleichzeitig auf die eigenen Gedanken und Gefühle einzulassen. Die Kunst in der Nähe der Liebe liegt also darin, sich eine Zeitlang gemeinsam nur mit den Gedanken und Gefühlen des einen auseinanderzusetzen und eine andere Zeitlang gemeinsam mit den Gedanken und Gefühlen des anderen. Das kann nur hintereinander und nicht gleichzeitig erfolgen. Und es ist wichtig, dass beide drankommen – nachdem man sich gemeinsam auf den einen konzentriert hat, sollte danach der andere im Mittelpunkt stehen. Denn wenn die Aufmerksamkeit immer nur auf den einen gerichtet bleibt, kann das eine therapeutische Beziehung sein, aber sicherlich nicht die Basis für eine erwachsene Liebesbeziehung.

Sich voll auf den anderen konzentrieren und, damit verbunden, die eigenen Bedürfnisse und Dringlichkeiten temporär hintanzustellen, das ist relativ leicht am Anfang einer Beziehung, wenn man noch neugierig ist auf den anderen

Menschen, wenn das Interesse an ihm, wer er ist und wie er tickt, größer ist als das Interesse, ein eigenes Problem zu lösen. Es ist viel schwerer, sich urteils- und erwartungsfrei auf die Gedanken und Gefühle des anderen einzulassen, wenn man ein in der Beziehung aufgetretenes Problem lösen möchte, wenn man vielleicht selbst vom anderen gerade enttäuscht ist, sich durch eben diesen anderen verletzt oder vernachlässigt fühlt und wenn man sich gezwungen sieht, die eigene Position gegen den anderen zu verteidigen.

    Das ist vermutlich eine der größten Hürden, die man meistern muss, um die Nähe der Liebe im Laufe einer Beziehung zuerst aufzubauen und sie auch nicht wieder zu verlieren. Wie oft ist jeder so sehr mit den eigenen Wichtigkeiten beschäftigt, dass es ihm nicht gelingt, diese einfach einmal komplett loszulassen. Alle Gedanken und Gefühle, die der andere äußert, werden dann sofort zu uns selbst in Beziehung gesetzt. Wir beobachten aufmerksam, ob wir vom anderen in irgendeiner Weise beschuldigt werden – offen und direkt oder vielleicht auch nur versteckt. Auf jeden Fall müssen wir uns sofort schützen, wenn da irgendeine Anschuldigung enthalten sein sollte – sei es durch Verteidigung, Gegenangriff oder Flucht. Solange wir aber alles, was der andere sagt, in Beziehung zu uns selbst betrachten, sind wir nicht tief genug bei ihm und können ihm daher auch nicht wirklich nahe sein. Das gelingt nur, wenn wir unsere eigenen Gedanken und Gefühle beiseitelassen können, wenn wir sozusagen jenen Teil der eigenen Seele, der sich immer mit sich selbst beschäftigt, einfach eine Zeitlang schlafen schicken. Dann erst ist nämlich der andere Teil unserer Seele frei, sich auch in einer Konfliktsituation voll auf den anderen Menschen zu konzentrieren, ihn wirklich zu spüren und mit ihm mitzufühlen, auch dann, wenn sich dessen Gefühle im Moment vielleicht sogar gegen uns richten.

    Für jemanden mit mangelnder Selbstliebe ist dieser Schritt

gerade in schwierigen Situationen fast unmöglich. Wenn man in seinem Inneren nicht wirklich überzeugt ist von der eigenen Stärke und dem einzigartigen Wert des eigenen Ichs, dann muss man laufend auf der Hut sein, um mögliche Angriffe auf die eigene Person sofort abwehren zu können. Da gibt es kein Ausruhen von sich selbst, kein Lockerlassen, da darf nichts verschlafen werden.

Ist die Selbstliebe aber intakt, dann ist es nicht notwendig, sich zu verteidigen, denn man weiß, dass es normal und vollkommen okay ist, Schwächen zu haben und Fehler zu machen. Natürlich wird man auch daran arbeiten, dieselben Fehler in Zukunft nicht zu wiederholen. Aber man weiß, dass man so, wie man ist, insgesamt ein wunderbarer, einmaliger, wichtiger Mensch ist, so wie auch jeder andere Mensch insgesamt wunderbar, einmalig und wichtig ist. Man weiß dann auch, dass einem Vorwürfe und Beschuldigungen vom Partner nichts anhaben können, dass diese nur einen anderen, aber genauso wichtigen Blickwinkel auf eine schwierige Situation wiedergeben und damit wichtige Einsichten vermitteln, um gemeinsam bessere Problemlösungen zu finden. Man weiß und spürt von innen heraus, dass Vorwürfe und Beschuldigungen vom Partner nichts am eigenen Wert ändern.

Wenn aber die Selbstliebe nicht intakt ist, kann man von seinem eigenen Erleben und den eigenen Gefühlen in Krisensituationen nicht genug Abstand finden, um auf das Erleben und die Gefühle des anderen eingehen zu können. Man ist dann so sehr mit dem eigenen Leid beschäftigt, dass man weder Zeit noch Interesse aufbringen kann für das Erleben und die Gefühle des Partners. Man wünscht sich nur noch jene Nähe, die auf das *eigene* Empfinden, auf die *eigenen* Gedanken und Gefühle eingeht. Vom Partner kann man fast nur noch die Defizite erkennen, und der einzige Wunsch, den wir an ihn in solchen Momenten haben, ist, dass er doch endlich unsere Erwartungen besser erfüllen möge. Enge

Forderungen und starre Erwartungen stehen aber sowohl der Nähe wie auch der Liebe im Weg.

Für Menschen mit geschwächter Selbstliebe ist es also sehr schwer, die Nähe der Liebe auch in den kritischen Phasen einer Beziehung nicht zu verlieren. Wenn es aber in einer Beziehung nicht gelingt, die Nähe der Liebe zu erhalten, dann wird auch die Liebe immer mehr verschwinden. Um das Glück einer starken, beständigen Liebe erleben zu können, muss daher zuerst die Selbstliebe gut entwickelt sein. Und ich betone immer wieder, dass Selbstliebe nichts zu tun hat mit Egoismus!

Innere Nähe entsteht also, wenn man jemandem urteilsfrei, wertfrei, offen und ehrlich interessiert zuhört und auf ihn eingeht, der andere wiederum bereit ist, sich von innen heraus mitzuteilen und Einblick in sein wahres Selbst zu gewähren. Wenn wir uns erlauben, den anderen nicht nur mit dem Kopf zu verstehen, sondern ihn mit all seinen Emotionen auch zu spüren.

Was aber, wenn der Partner nicht genug bekommen kann an Nähe? Wenn jeder Moment begleitet wird mit der Frage »Wie geht es dir dabei?« und »Wie geht es dir hiermit?«. Wenn über alles immer gesprochen werden *muss*. Wenn der Partner darauf besteht, alles gemeinsam zu machen und alles zu teilen, alle Hobbys, alle Freunde, einkaufen, fernsehen ... dann kann Nähe zum Albtraum werden.

Es handelt sich dabei auch ganz sicherlich nicht um die Nähe der Liebe. Vielmehr ist es ein meist unbewusster, verzweifelter Versuch, durch diese übertrieben enge, feste, unflexible Nähe zum Partner für sich selbst mehr Sicherheit und Stärke zu erlangen. Jene Sicherheit und Stärke, die einem eine gut entwickelte Selbstliebe ganz von allein verleiht. Krampfhaft ständige Nähe einzufordern ist ein Zeichen mangelnder Selbstliebe und erreicht im Allgemeinen das Gegenteil: Es treibt den Partner in die Flucht.

Was aber ist denn nun die richtige Menge von Nähe, und wie viel Zeit soll oder muss man für die Nähe der Liebe aufbringen?

Allgemeine Mengenangaben habe ich nicht zu bieten. Aber es gibt doch ein paar Orientierungshilfen, die wunderbar zum Erfolg führen – vorausgesetzt, die Beziehung wird von ehrlichem Interesse am jeweils anderen getragen. Interesse, das nicht auf starre Vorstellungen von einer Beziehung fixiert ist, sondern vor allem dem anderen Menschen als Person gilt, was er denkt und empfindet und ob er sich wohlfühlt.

- Seien Sie Sie selbst, und gestehen Sie auch Ihrem Partner zu, er selbst zu sein.
- Versuchen Sie nicht, irgendetwas, also auch nicht Nähe und Liebe, krampfhaft zu erreichen.
- Lassen Sie sich unbeeinflusst von irgendwelchen strategischen Überlegungen, entspannt und locker von Ihren spontanen, unzensierten Gedanken und Gefühlen leiten, so wie sie ganz von allein in der jeweiligen Situation auftauchen und Ihr wahres, unverfälschtes Sein reflektieren.
- Achten Sie darauf, von Terminen und Verpflichtungen nicht so sehr getrieben zu werden, dass Ihnen keine Zeit mehr bleibt, die Sie nur zu zweit, ungestört von anderen und ohne massiven Erledigungsdruck miteinander verbringen können. Es ist wichtig, dass Sie immer wieder zusammen sein können, ohne durch Zuhörer und Beobachter in Ihrer Kommunikation und Ihrer Offenheit eingeschränkt zu sein. Und natürlich geht es hier um Zeit, die Sie nicht schlafend, sondern wach miteinander verbringen.

Die Nähe der Liebe kann sich nur entwickeln in einer locker entspannten Atmosphäre. Dieses Lockerlassen ist wirklich wichtig und gelingt umso besser, je stärker die Selbstliebe entwickelt ist. Weg mit Strategien und Taktiken. Weg mit dem Druck, irgendetwas Bestimmtes erreichen oder ein Problem lösen zu müssen. Lassen Sie Ihre Gedanken und Gefühle frei fließen, und lassen Sie Ihren Partner teilhaben an Ihrer Welt, so wie Sie sie erleben. Sprechen Sie aus, was Sie denken und fühlen, wenn nicht gerade gravierende Gründe dagegen sprechen – beim Autofahren zum Beispiel würde ich keine emotionsgeladenen Diskussionen führen. Gehen Sie aber auch auf Ihren Partner wirklich ein, wenn der sich Ihnen mitteilen möchte und Ihnen Einblick gibt in sein inneres Ich. Haben Sie Ihrem Partner gegenüber immer dieselbe Offenheit und Achtsamkeit, genauso viel Interesse, Respekt und Akzeptanz, wie Sie für sich selbst haben – oder zumindest haben sollten.

Jene Momente, kürzere oder längere, in denen man einander von innen heraus näherkommt, passieren ganz von allein ausreichend oft, auch ohne gemeinsames Hobby, auch ohne fix geplante gemeinsame Aktivitäten, wenn es beiden ein ehrliches, starkes Bedürfnis ist, einander im Sinne der Liebe nahe zu sein. Wenn also jeder den anderen wirklich in seinem wahren, unverfälschten Sein kennen, verstehen, akzeptieren und wertschätzen *will*, aber auch selbst vom anderen in seinem wahren, unverfälschten Sein wahrgenommen, verstanden, akzeptiert und wertgeschätzt werden *will*. Unter dieser Voraussetzung werden Sie auch ganz von allein sicherstellen, dass Sie immer wieder in irgendeiner Form Zeit miteinander verbringen. Zeit, in der es prinzipiell möglich ist, locker und entspannt einfach nur miteinander zu sein und aufeinander zugehen zu können. Das kann, aber muss nicht oft sein. Das kann, aber muss nicht lange sein. Wie oft und wie lange, bestimmen Sie beide selbst. Richtig ist, was für beide passt. So wird im Laufe der Zeit das, was man voneinander weiß und spürt, auf jeden Fall immer mehr, und die Nähe der Liebe wächst ganz von allein.

Jede Tätigkeit aus dem privaten Bereich kann gemeinsam durchgeführt werden, wenn es für beide passt, sie braucht es aber nicht. Es ist nicht das Ausmaß der gemeinsamen Interessen, das für das Wachsen der Liebe verantwortlich ist – obwohl gemeinsame Interessen eine gute Basis dafür sein können –, sondern es ist die Nähe der Liebe, die sich ehrlich und intensiv dem Menschen als Ganzes zuwendet – interessensunabhängig. Wesentlich ist, dass jeder er selbst sein kann, sich selbst nicht verbiegen und verleugnen muss. Es ist wichtig, dass jeder ein Leben führen kann, das den eigenen Interessen, Werten und Prioritäten entspricht. Wenn Sie Tennis hassen, sollten Sie nicht Tennis spielen müssen – auch nicht um der Nähe willen. Wenn es Ihnen in der Seele weh täte, plötzlich nicht mehr Jazztanzen zu dürfen, dann sollten Sie auch nicht darauf verzichten müssen.

Jeder Gedanke, jedes Gefühl kann mitgeteilt werden oder auch nicht. Wenn die Situation passt, wenn das Vertrauen passt, dann teilen Sie sich mit, wenn es nicht passt, teilen Sie sich eben nicht mit – dann eben ein anderes Mal.

Sogar wenn Sie durch Ozeane oder andere physische Entfernungen getrennt leben, können Sie jene Zeit miteinander finden, die Sie beide für die Nähe der Liebe brauchen – sei es durch intensive Korrespondenz, Telefonate oder was auch immer.

Nachdenklich sollte es Sie nur machen, wenn Sie selbst, der andere oder Sie beide *immer* finden, dass es gerade jetzt nicht passt, die spontan auftretenden Gedanken und Gefühle mit dem anderen zu teilen, wenn es in Ihrer Beziehung überhaupt keinen Platz und keine Zeit für die Nähe der Liebe gibt oder wenn sich die Zeiten der Nähe nicht gut anfühlen.

Wenn diese Punkte zutreffen, dann ist entweder zumindest einer in seiner Selbstliebe so sehr geschwächt, dass er nicht den Mut und die innere Kraft aufbringt, sich auf die

Nähe der Liebe einzulassen. Oder zumindest einer von beiden ist nicht ehrlich an dieser Liebesbeziehung interessiert.

Generell gilt aber, dass es umso wichtiger ist, sich bewusst mehr Zeit für die Nähe der Liebe zu nehmen, je mehr es in einer Beziehung kriselt – egal aus welchem Grund. Und ich meine nicht, dass Sie dann mehr gemeinsame Aktivitäten planen sollen – können Sie natürlich, aber darum geht es mir nicht. Ich meine vielmehr Zeiten des gemeinsamen und möglichst störungsfreien Nichtstuns. Jene locker entspannte Zeit des gemeinsamen Seins, in der Sie weder Probleme lösen noch Dinge erledigen noch irgendwelche Pläne schmieden wollen. Ich meine jene Zeit, in der beide ihre Gedanken und Gefühle frei fließen lassen und äußern können. Zeit, in der man einander wirklich gut zuhört und versucht, den jeweils anderen vollkommen wertfrei und kritiklos zu verstehen. Zeit, in der beide dem anderen bis hinein ins wahre, unverfälschte Sein ganz nahe sein möchten, so nahe, dass sie ihren Partner in seinem ureigenen, einzigartigen Sein und Wert erkennen und spüren können. Zeit, in der es nicht um die Beziehung geht, sondern nur um die nichts fordernde und nichts erwartende Nähe der Liebe.

Die Nähe der Liebe – zu sich selbst, zum Partner und generell im Leben – ist so essenziell wichtig, dass sie oft mit Liebe verwechselt wird. Deshalb möchte ich hier deutlich darauf hinweisen, dass die Nähe der Liebe nicht gleichzusetzen ist mit Liebe! Diese Art von innerer Nähe ist zwar eine unbedingte Voraussetzung für Liebe, aber muss nicht notwendig zu Liebe führen.

Man kann die Nähe der Liebe zu vielen Personen aufbauen – in unterschiedlicher Tiefe und Breite, je nach Situation und Beziehungsart. Die Nähe der Liebe mit dem darauf beruhenden wirklichen Kennen und Verstehen des anderen Menschen ist – abgesehen davon, dass es sich sehr, sehr schön anfühlt – die Basis, die zeigt, welche Art von Beziehung zwischen diesen Menschen geeignet ist, ihr Glück und Wohlbefinden möglichst optimal zu unterstützen. Aber zur wirklichen Liebe gehört viel mehr, zum Beispiel die Bereitschaft, extra Energie, Kraft und Aufwand für den anderen aufzubringen, weil einem das Glück dieses Menschen so wichtig ist und man ihn nie wieder missen möchte.

Wenn die Nähe der Liebe auch kein Garant für die Entwicklung von Liebe in einer konkreten Beziehung ist, so ist sie doch ein Garant dafür, dass sich die Beziehung bestmöglich entwickelt, und ein wunderbarer Wegweiser, um Glück, Freude und Liebe zu finden.

Vertrauen und Verantwortung

Vertrauen hat sehr viele verschiedene Aspekte, und bevor ich auf den Zusammenhang mit Liebe eingehe, möchte ich diese Aspekte einmal ganz allgemein betrachten.

Grundsätzlich bedeutet Vertrauen, fest daran zu glauben und sich darauf zu verlassen, dass der andere so handelt, wie ich es mir wünsche oder es erwarte. Vertrauen ist also kein abgesichertes Wissen, sondern eine innere Überzeugung ohne Garantie.

Wenn ich jemandem vertraue, dann gehe ich davon aus, dass mir dieser Mensch – zumindest in der konkreten Situation – wohlgesinnt ist, dass ich mich auf seine Bereitschaft – aus welchem Grund auch immer – verlassen kann, sich meiner Interessen genauso ernsthaft und intensiv anzunehmen, als wären es die eigenen, und dass er mir nichts Böses will, nichts tun wird, was mir in irgendeiner Form schaden oder wehtun könnte, weder unabsichtlich aufgrund von Unachtsamkeit noch absichtlich.

Vertrauen kann auf einer vertraglichen Vereinbarung begründet sein, in der sich der andere verpflichtet, meine Interessen optimal zu vertreten. Es kann aber auch ein allgemeines, persönliches Vertrauen sein, das ich jemandem entgegenbringe. Wie stark dieses Vertrauen ist, wird, abhängig von der Person und der Situation, sehr unterschiedlich sein.

Basiert es auf einer vertraglichen Vereinbarung, wird das Ausmaß meines Vertrauens unter anderem davon abhängen, wie sehr ich von der fachlichen Kompetenz des anderen überzeugt bin. Ebenso wichtig wird es sein, dass der andere und ich dasselbe Ziel verfolgen und dass es keinen Interessenskonflikt gibt. Das setzt natürlich voraus, dass diese Person mich und meine Anliegen ernst nimmt und mir genau zuhört, um auch wirklich zu verstehen, worum es mir geht. Ein weiteres Kriterium ist die generelle Verlässlichkeit, die durch Paktfähigkeit und Ehrlichkeit gekennzeichnet ist und die man im geschäftlichen Bereich oft durch vertragliche Klauseln und leistungsgemäße Bezahlung sicherzustellen versucht.

Was aber, wenn ich an der Kompetenz dieser Person zweifle oder wenn ich mir nicht sicher bin, ob nicht potenzielle Interessenskonflikte vorliegen? Was, wenn ich nicht von der Ehrlichkeit und Paktfähigkeit dieser Person überzeugt bin? Wenn meine Bezahlung von jemand anders mit gegenläufigem Interesse überboten wird? Je größer meine Bedenken sind, was die Kompetenz, das gemeinsame Ziel und die Verlässlichkeit betrifft, desto geringer wird mein Vertrauen sein und umso größer mein Bedürfnis nach Kontrolle oder anderen Arten der Absicherung meiner Interessen.

Auf genau denselben Kriterien beruht auch jenes allgemeine, persönliche Vertrauen, das ich jemandem ganz ohne jegliche vertragliche Vereinbarung entgegenbringe – sei es im normalen Alltagsleben oder in schwierigen Ausnahmesituationen. Auch hier sind Kompetenz, gemeinsames Ziel ohne Interessenskonflikt, Paktfähigkeit und Ehrlichkeit die wesentlichen Elemente. Wobei das Vertrauen in die betreffende Person umso größer sein wird, je besser jede einzelne dieser Komponenten erfüllt ist. Und je geringer mein Vertrauen ist, desto größer wird mein Bedürfnis nach Kontrolle oder anderen absichernden Maßnahmen sein.

Dabei ist Vertrauen so viel schöner und angenehmer als Kontrolle und Absicherung, so viel schöner und angenehmer, als immer auf der Hut sein zu müssen. Es tut überaus gut, wenn man bei der Verfolgung seiner Ziele unterstützt wird und sich darauf verlassen kann, dass der andere nicht dagegen arbeitet, sondern am gleichen Strang zieht. Es tut so gut, wenn man in jeder Situation frei sagen kann, was man gerade denkt und fühlt, ohne sich Sorgen darüber machen zu müssen, wie denn das beim anderen ankommt oder ob er irgendetwas von dem, was man sagt, vielleicht gegen einen verwenden könnte. Es ist um so vieles schöner, seine Zeit und Energie für interessante, produktive Aktivitäten zu verwenden, als sich in Kontrollbemühungen zu erschöpfen oder überhaupt gleich alles nur noch selbst zu machen und den anderen von den eigenen Gedanken und Gefühlen, vom eigenen wahren, unverfälschten Sein sicherheitshalber von vornherein auszuschließen.

Im Zusammenhang mit der Liebe sind zwei grundsätzliche Vertrauensbereiche von Bedeutung. Da gibt es einerseits das Vertrauen, das notwendig ist, um sich dem anderen gegenüber öffnen zu können, um unsere Seele in all ihrer einzigartigen Schönheit und Stärke, aber auch in ihrer Fehlbarkeit, Schwäche und Verwundbarkeit vor dem anderen unverfälscht zeigen zu können, sodass uns die Liebe auch tatsächlich erreichen kann. Und dann gibt es das Vertrauen, dass diesem Menschen mein Glücklichsein und Wohlbefinden wichtig ist, sodass er mich immer unterstützen wird und ich mich auf ihn immer verlassen kann.

Wie wichtig der erste dieser beiden Vertrauensbereiche ist, wurde schon im Kapitel über die Nähe gezeigt. Wir wissen bereits, dass wir uns nie wirklich geliebt fühlen werden, wenn wir dem anderen den Zutritt zu unserem wahren Ich nicht ermöglichen, und dass wir selbst der Liebe im Weg stehen, wenn wir uns dem anderen gegenüber nicht öffnen.

Aber natürlich ist es auch nicht so leicht, jemanden seine innersten Gedanken und Gefühle anzuvertrauen. Man tut das meistens nur, wenn man innerlich davon überzeugt ist, dass einem daraus kein Nachteil erwächst. Erst dieses Vertrauen, dass uns nichts Nachteiliges, nichts Böses passieren wird, ermöglicht es uns, dem anderen gegenüber so offen zu sein, dass sich innere Nähe und Liebe entwickeln können. Ohne Vertrauen keine Nähe, ohne Nähe keine Liebe.

Wenn mir jemand Einblick gibt in sein innerstes, unverfälschtes Ich, mir nicht nur die tollen, schönen Seiten, sondern auch seine Fehler und Schwächen offenbart, dann hofft diese Person nicht nur, dass ich sie weiterhin akzeptiere und wertschätze, so wie sie eben ist, sondern sie vertraut auch darauf, dass ich mein Wissen über sie weder unbekümmert und gedankenlos ausplaudern werde noch absichtlich in irgendeiner Form gegen sie verwenden werde. Das ist eine Verantwortung, die mir hier in einem stillen, unausgesprochenen Pakt übertragen wird, die Verantwortung, mit dem Wissen über die Person genauso behutsam und respektvoll umzugehen, als beträfen diese Dinge mich selbst, und dass ich die Vertraulichkeit dieses Wissens im Sinne der betroffenen Person wahren werde.

Jemand, der diese im Stillen übertragene Verantwortung negiert oder missbraucht, ist nicht vertrauenswürdig. Sobald der andere das erkennt, wird er diesen Menschen nur noch an jenen Gedanken und Gefühlen teilhaben lassen, die nicht in irgendeiner Weise negativ gegen ihn verwendet werden könnten. Damit wird aber die Nähe der Liebe unterbunden.

Eine spezielle Form, sich zu öffnen, ist die Ehrlichkeit, denn Unehrlichkeit ist nichts anderes als ein Verbergen eines Teils von sich selbst, ein absichtliches Verbergen von Wissen, ein Vorspiegeln falscher Tatsachen. Unehrlichkeit hält den anderen gezielt auf Distanz und blockiert somit Nähe und Liebe. Daher kann Liebe auch nur in einer Beziehung gedeihen, die von Ehrlichkeit geprägt ist.

Solange meine Unehrlichkeit unentdeckt bleibt, kann der andere sich mir zwar in Liebe zuwenden, aber geliebt wird dann nur jenes verfälschte Bild, das ich vorgaukle, und nicht ich, so wie ich wirklich bin. Eine Situation, in der ich mich auch nie wirklich geliebt *fühlen* werde, wie sehr sich der andere auch bemüht, mir seine Liebe zu zeigen.

Und spätestens dann, wenn meine Unehrlichkeit durchschaut wird, werden für den anderen zwei wesentliche Dinge klar. Erstens, dass die Nähe der Liebe und damit auch die Liebe selbst mit mir nicht möglich ist oder zumindest stark limitiert, jedenfalls in der momentanen Situation. Und zweitens, dass ich nicht vertrauenswürdig bin. Jede Entscheidung, die der andere trifft oder bereits getroffen hat, könnte falsch sein, weil sie vielleicht auf von mir vermittelten Trugbildern basiert und nicht auf Wahrheit. Das ist der Beginn von Misstrauen und führt, wenn das Vertrauen nicht zurückgewonnen werden kann, zu einer kräfteraubenden Kontroll- oder Absicherungsbeziehung, in der keine Liebe gedeihen kann, wenn es nicht überhaupt über kurz oder lang zum Ende der Beziehung kommt.

Aber manche Menschen machen es einem sehr schwer, immer ehrlich und offen zu sein. Wenn ich bei jedem Interessenskonflikt, bei jeder Abweichung von dem, was sich der andere von mir erwartet, mit einem Donnerwetter oder sonst einer Form von Geringschätzung konfrontiert werde, wird mir die Lust und sehr leicht auch der Mut zu Ehrlichkeit und Offenheit sehr schnell abhandenkommen.

Besonders schlimm ist es, wenn mir der andere vermittelt, ich hätte mich mit dem, was ich getan oder gesagt habe, so sehr disqualifiziert, dass seine Wertschätzung für mich ins Wanken geraten ist. Dadurch wird jede Vertrauensbasis untergraben. Warum sollte ich jemandem gegenüber meine Schwachstellen zugeben, wenn sich dieser Jemand, nachdem ich ihm mein Vertrauen geschenkt habe, von mir emotional abwendet oder mich beschimpft oder mir auf sonst irgendeine andere Art meine angebliche Minderwertigkeit zu verstehen gibt?

Aber auch wenn einem Donnerwetter kein Einbruch der für mich empfundenen Wertschätzung zugrunde liegt, sondern es vielleicht »nur« Ausdruck von Wut oder Verzweiflung über eine schwierige Situation ist, vielleicht auch eine unglückliche Art, den eigenen Wert besser darzustellen: Das Ehrlichsein macht es deshalb nicht leichter. Denn auch diese Art von Donnerwetter erzeugt alle möglichen negativen Gefühle zwischen Angst, Verunsicherung, Flucht und Gegenaggression. Jedenfalls ist so ein donnerndes Gebaren entweder ein Zeichen von extrem schlechten Manieren, von Respekt- und Rücksichtslosigkeit oder aber, noch viel häufiger, ein Zeichen von Überforderung.

Es reicht also nicht aus, Wertschätzung füreinander nur zu *empfinden*. Vielmehr steht es jedem Menschen prinzipiell und immer zu, mit selbstverständlichem Respekt *behandelt* zu werden, ob Kind oder erwachsen, jung oder alt, hoch oder niedrig in der Hierarchie, egal ob jemand im Auge der Allgemeinheit als gescheitert oder erfolgreich betrachtet wird. Es geht um die Wahrung der Würde eines *jeden* Menschen!

Es ist daher auch nicht verwunderlich, dass es leichter ist, jemandem zu vertrauen und sich so zu zeigen, wie man wirklich ist, wenn diese Person grundsätzlich mit allen Menschen in jeder Situation einen respektvollen Umgang pflegt.

Beim zweiten für die Liebe sehr wichtigen Vertrauensbereich geht es darum, dass mein Partner weiß und versteht, was mir wichtig ist, und dass ich mich darauf verlassen kann, dass er meine Wichtigkeiten genauso ernst nimmt wie die eigenen, mich unterstützt, wenn ich Unterstützung brauche, und zu meinem Glücklichsein und Wohlbefinden beiträgt, sodass ich gemeinsam mit ihm wachsen und blühen kann, so wie ich es allein nie könnte.

Das heißt nicht, dass es hier eine absolute Deckungsgleichheit von Wichtigkeiten, Wünschen und Zielen geben muss. Das wäre wohl unrealistisch. Hier geht es vielmehr um das Vertrauen, dass der andere mich gut genug kennt, um zu wissen, wann mit Interessenskonflikten zu rechnen ist und dass er mich dann ganz bestimmt involviert, sich mit mir abstimmt. Interessenskonflikte werden dann nicht in Form eines Machtkampfs ausgetragen, in dem jeder dem anderen begreiflich machen will, dass nur die eigene Meinung richtig und die andere Meinung falsch ist und in dem es am Ende immer einen Verlierer gibt. Hier geht es um das Vertrauen, dass meine konträre Position selbstverständlich als gleichwertig behandelt wird, dass mein Partner meine Position und meine Motivation dahinter auch tatsächlich verstehen wird, so wie auch ich seine Position verstehen werde, und dass wir darauf aufbauend gemeinsam in der Lage sind, eine neue Lösung zu finden, mit der wir uns beide identifizieren können. Hier geht es um das Vertrauen, dass mein Partner nicht einfach eine Entscheidung im Alleingang trifft, ohne meine Position zu berücksichtigen, sondern dass selbstverständlich ein Weg gesucht wird, der für beide passt. Und hier geht es auch um das Vertrauen, dass man bei Interessenskonflikten nie hintergangen wird, weil das für den Partner vielleicht einfacher erscheint.

Auch wenn ein von vornherein vorhandener Gleichklang der Zielvorstellungen keine zwingende Voraussetzung für Vertrauen ist, hat dies doch Auswirkung auf die Anzahl und das Ausmaß von zu erwartenden Interessenskonflikten. Sind sich zwei Menschen in ihren grundsätzlichen Werten und Zielvorstellungen sehr ähnlich, so werden sich Interessenskonflikte vergleichsweise leicht lösen lassen, und es wird auch gar nicht so oft vorkommen, dass Wünsche und Ziele signifikant auseinanderdriften. Je größer aber die Diskrepanz zwischen den grundsätzlichen Werten und Zielvorstellungen ist, desto häufiger wird es zu Interessenskonflikten zwischen den Partnern kommen und umso mehr Einfühlungsvermögen und vor allem auch Offenheit für unkonventionelle Lösungen sind erforderlich.

Kommen zwei Liebende aus unterschiedlichen Kulturkreisen, ist die Herausforderung, die sich durch unterschiedliche Werte ergibt, besonders groß. Naturgemäß ist die Wahrscheinlichkeit, dass die beiden Partner widersprüchliche Zielvorstellungen haben und dass es zu Interessenskonflikten kommt, in solch einer Konstellation stark erhöht. Gleichzeitig kommt es aber, wenn die beiden einander wirklich lieben, gerade durch die kulturellen Unterschiede zu einer besonders intensiven gegenseitigen Bereicherung, die der Beziehung zusätzliche Impulse verleiht, sodass das Finden von Lösungen, die für beide sinnvoll und akzeptabel sind, immer wieder möglich ist.

Das gilt natürlich auch für jede andere Art von signifikanten Unterschieden in der Herkunft oder der Ausrichtung der beiden Partner. Damit meine ich zum Beispiel das soziale Umfeld oder das Milieu, das einen starken Einfluss auf Werte und Ziele hat. Aber auch persönliche Interessen können sehr stark werteprägend sein. So wird jemand, der geschäftlich ausgerichtet ist, andere Wert- und Zielvorstellungen haben als jemand, der primär an wissenschaftlichen Erkenntnissen interessiert ist.

Aber wie groß oder wie klein die kulturellen, herkunfts- und ausrichtungsmäßigen Unterschiede auch sind, zu Interessenskonflikten kommt es in jeder Beziehung. Und die Fähigkeit, Interessenskonflikte in neue gemeinsame oder zumindest kompatible Zielvorstellungen zu überführen, setzt in jedem Fall starke innere Nähe voraus. Denn nur wenn ich meinen Partner wirklich gut kenne, mit seinen Gedanken und Gefühlen vertraut bin, um seine Werte, Wünsche, Ziele und Erwartungen weiß, wenn ich respektiere und verstehe, wie diese motiviert sind, nur dann bin ich überhaupt in der Lage, Interessenskonflikte rechtzeitig zu erkennen und gemeinsam mit meinem Partner neue Lösungen zu finden, die für beide gut sind.

Interessenskonflikte, die nicht für beide Partner befriedigend gelöst werden, sind kräfteraubende Energiefresser. Anstatt in einer Liebesbeziehung aufzublühen, erfahren die Betroffenen ein Schwinden an Lebensfreude. Statt Horizonterweiterung und bereicherndem Austausch kommt es zu einer Stagnation, in der nur noch die eigenen Werte und Positionen verteidigt werden und keine Kraft mehr bleibt für Weiterentwicklung. So wie ein Bergsteiger nicht weiterklettern kann, wenn er für den nächsten Schritt keinen Halt findet, weil der erst möglich ist, wenn der erste gelungen ist.

In einer von ungelösten Interessenskonflikten geprägten Beziehung ist ein gemeinsames Wachsen und Blühen nicht möglich, und früher oder später wird die Attraktivität des anderen als Liebes- und Lebenspartner nachlassen und irgendwann vielleicht ganz verschwinden.

Intensiv auf den anderen eingehen, Verantwortung übernehmen – nicht nur für die eigenen Wichtigkeiten, sondern auch die Wichtigkeiten des anderen –, das ist natürlich um einiges aufwendiger und auch komplizierter, als einfach nur zu tun, was den eigenen Vorstellungen entspricht. Und doch ist es für jeden, der seinen Partner wirklich liebt, eine Selbstverständlichkeit, die sich ganz von selbst aus dem herzenstiefen Wunsch ergibt, dass es dem anderen gut geht und dass er glücklich ist, so wie es einem auch wichtig ist, dass es einem selbst gut geht und dass man selbst glücklich ist. Es geht um die Gleichrangigkeit der Positionen, und es erfordert Einfühlungsvermögen, Kreativität und Offenheit, Lösungen zu finden, mit denen sich beide Partner identifizieren können.

Das gemeinsame Ziel, die Gewissheit, dass man an einem Strang zieht und nicht gegeneinander agiert, ist eines der vier allgemeingültigen Kriterien, die für jede Art von Vertrauen relevant sind. Ein weiteres dieser vier wichtigen Vertrauenskriterien ist Kompetenz, also das notwendige »Sachwissen«, um zielgerichtet handeln zu können.

Die für eine Liebesbeziehung wichtigste Kompetenz ergibt sich von selbst durch die innere Nähe zu dem geliebten Menschen. Diese Kompetenz umschließt sowohl das intensive Wissen über den anderen, das tiefe Verständnis füreinander, das wir durch die Nähe der Liebe entwickeln, wie auch die Art und Weise, wie wir bei Konflikten miteinander umgehen, aufeinander eingehen. Nur jemand, der mich wirklich kennt, so gut kennt, wie es nur durch intensive innere Nähe möglich ist, der mich nicht nur oberflächlich kennt, sondern auch versteht, wie ich in meinem tiefsten Inneren denke und fühle, der meine Sorgen, Befürchtungen und Ängste kennt, der weiß, was mir Freude macht – nur der ist in der Lage, meine Wichtigkeiten und Interessen sowohl im normalen Alltag wie auch in Ausnahmesituationen zu berücksichtigen, auf mich einzugehen, Interessenskonflikte rechtzeitig zu erkennen und sicherzustellen, dass meine Werte, Wünsche und Ziele in Entscheidungen genauso einfließen wie die seinen. Durch intensive innere Nähe können wir die Werte und Zielvorstellungen unseres Partners deutlich erkennen, deren Wichtigkeit für ihn nicht nur mit dem Intellekt erfassen, sondern auch mit unserem ganzen Einfühlungsvermögen spüren. Wissen, Verständnis, Akzeptanz, wirkliches Aufeinander-Eingehen, so wie es für die Nähe der Liebe charakteristisch ist, all das ermöglicht es uns, vorerst inkompatible Ziele gemeinsam so abzuändern und anzupassen, dass daraus ein gemeinsames neues Ziel entsteht. Oder doch Ziele, die zwar nicht unbedingt deckungsgleich sind, aber so aufeinander abgestimmt, dass es für beide Partner passt, dass eine Vereinbarung getroffen werden kann, mit der sich beide wohlfühlen. Nur so können beide Partner darauf vertrauen, dass ihre Interessen auch vertreten werden, wenn sie selbst nicht anwesend sind.

Natürlich gibt es auch andere Kompetenzen, die sich in

einer Beziehung als günstig erweisen können oder sogar sehr wichtig sind für eine erfolgreiche Lebenspartnerschaft, so wie zum Beispiel handwerkliches Geschick, gut kochen können oder berufliche Kompetenz. Viele dieser Fähigkeiten können, wenn nötig, von außen ausgeglichen werden, andere können durch nur einen Partner abgedeckt werden. Aber die Kompetenz, die man durch die Nähe der Liebe aufbaut, ist durch nichts zu ersetzen, und um eine langfristig glückliche Liebesbeziehung aufbauen und erhalten zu können, reicht es nicht, wenn nur einer der beiden Partner in der Nähe der Liebe kompetent ist.

Innere Nähe ist also nicht nur eine generelle Voraussetzung, um lieben und geliebt werden zu können, sondern auch die Basis für jene Kompetenz, ohne die das gegenseitige Vertrauen auf einem nur sehr niedrigen Level hängen bliebe. Jene Kompetenz, die uns unter anderem befähigt, Probleme nicht nur in unserem eigenen Sinn, sondern auch im Sinne des Partners zu lösen. Die uns befähigt, von ursprünglich konträren Zielen zu gemeinsamen Zielvorstellungen zu kommen, sodass sich beide Partner damit wohlfühlen.

Sich auf gemeinsame oder wenigstens kompatible Ziele zu einigen ist sehr wichtig, aber noch lange nicht ausreichend. Was ist, wenn sich Umstände verändern und man das Ziel entsprechend abändern oder ganz fallen lassen möchte? Wenn der Partner aber an diesem ursprünglich gemeinsam vereinbarten Ziel festhalten möchte? Diese Fragen bringen uns zum nächsten wichtigen Kriterium für Vertrauenswürdigkeit, nämlich zur Paktfähigkeit.

Angenommen, Sie haben mit Ihrem Partner vereinbart, dass Sie am Abend zu einer bestimmten Zeit gemeinsam zu Hause essen und danach ins Kino gehen wollen. Sie selbst sind früher als erwartet zu Hause und beschließen, etwas besonders Gutes zu kochen. Das ist zwar aufwendig, aber

Sie haben ja Zeit. Ein köstliches Essen ist zur vereinbarten Zeit fertig. Sie freuen sich auf den gemeinsamen Abend. Jedoch Ihr Partner kommt nicht. Nachdem Sie einige Zeit gewartet haben, rufen Sie an und finden heraus, dass Ihr Partner zufällig die oder den Soundso getroffen hat und jetzt mit ihm oder ihr im Kaffeehaus sitzt. Er wollte Sie ohnehin gerade anrufen und Ihnen sagen, dass das Kino auf morgen verschoben werden müsse, weil Soundso nur heute in der Stadt ist.

Wenn das eine einmalige Situation ist, könnte es sein, dass es da vielleicht ein Missverständnis gegeben hat. Möglicherweise hat Ihr Partner die Vereinbarung nur im Bezug auf das Kino gesehen und hätte Sie noch rechtzeitig angerufen, um die Kinoverschiebung mit Ihnen abzustimmen – und ich meine wirklich abstimmen –; das impliziert, dass Sie der Verschiebung nicht nur zustimmen, sondern sie auch ablehnen können.

Wenn solche oder ähnliche Situationen aber öfter auftreten, dann wird das Vertrauen in die Paktfähigkeit Ihres Partners sehr schnell verschwinden. Sie werden sich nicht nur immer wieder ärgern, sondern Sie werden auch über kurz oder lang das Gefühl bekommen, dass Ihr Partner seine eigenen Wünsche wichtiger nimmt als die Ihren. Anstatt zu spüren, dass es Ihrem Partner wichtig ist, dass auch Sie sich wohlfühlen und glücklich sind – was ein wesentlicher Teil von Liebe ist –, werden Sie sich wie eine Person zweiter Klasse behandelt fühlen. Anstatt in der Beziehung gemeinsam zu wachsen und zu blühen, werden Sie all Ihre Kräfte brauchen, um nicht unterzugehen.

Jemand, der sich auf eine Vereinbarung einlässt, übernimmt auch die Verantwortung, in ihrem Sinne zu handeln. Auch bei veränderten Umständen wird ein verantwortungsbewusster Mensch nur mit der Zustimmung des Partners von der Vereinbarung abweichen, es sei denn, es muss – aus welchem

Grund auch immer – eine sofortige oder jedenfalls sehr rasche Entscheidung getroffen werden. Jemand, der – außer in solchen Notfällen – im Alleingang, also ohne Zustimmung des Partners, von Vereinbarungen abweicht, ist nicht vertrauenswürdig – weder in einer Geschäftsbeziehung noch in einer freundschaftlichen oder Liebesbeziehung.

Es gibt auch viele Menschen, die sich genau deshalb – auch in einer bereits sehr engen Beziehung – erst gar nicht auf Vereinbarungen einlassen. Alles, was sich spontan ergibt, ist gut, aber was genau sich ergeben *wird*, das kann man natürlich nicht wissen. Es kann sich in der Zwischenzeit so viel rundherum ändern.

Diese Unverbindlichkeit äußert sich bei manchen Menschen in einer massiven Zurückhaltung, wenn es darum geht, Hilfe zuzusagen, vor allem wenn diese Hilfe nicht sofort, sondern später gebraucht wird. Wenn es zum Beispiel darum geht, jemand in zwei Stunden abzuholen – egal wen, es könnte das Kind vom Kindergarten sein oder auch die Schwiegereltern vom Flughafen. Jetzt sofort ginge es ja, aber wer weiß schon, welche Wichtigkeiten sich bis dahin dazwischenschieben werden?

Ich möchte damit keinesfalls sagen, dass man seinem Partner immer jede Bitte erfüllen muss. Es ist absolut okay, Nein zu sagen, nachdem man die eigene Position und die des anderen fair miteinander verglichen hat – was habe *ich* Wichtiges zu tun, wie gut könnte *ich* mich freispielen, und was hast *du* Wichtiges zu tun, wie gut könntest *du* dich freispielen? – und feststellt, dass es insgesamt doch sinnvoller ist, wenn der andere das Kind oder die Schwiegereltern oder wen auch immer in zwei Stunden abholt. Oder auch, dass es notwendig ist, eine dritte Person um Hilfe zu bitten.

Mir geht es in diesem Beispiel um das Gleichgewicht beziehungsweise Ungleichgewicht zwischen den eigenen Wichtigkeiten und denen des anderen. Und egal, ob sich jemand nicht an getroffene Vereinbarungen hält oder sicherheitshalber gar keine eingeht, in beiden Fällen wertet er die eigenen Wichtigkeiten eindeutig höher als die des anderen. Die Liebe hat hier noch nicht jene Stufe erreicht, in der einem das Wohlergehen und Glücklichsein des anderen so wichtig ist, dass man auch bereit ist, selbst etwas dazu beizutragen.

Dieses Ungleichgewicht kann sich übrigens auch so äußern, dass die eigenen Wichtigkeiten generell niedriger bewertet werden als die des Partners, dass man prinzipiell immer das tut, was der andere erwartet, und die eigenen Wünsche vollkommen selbstlos hintanstellt. In beiden Varianten liegt die Ursache in einer mangelnden Selbstliebe – es wird nur auf unterschiedliche Weise versucht, das Defizit an Selbstliebe wettzumachen. Und in beiden Varianten leidet zumindest einer der Partner massiv unter dem Gefühl, nicht gleich viel wert zu sein wie der andere.

Unverbindlichkeit kann sich aber auch ganz generell auf die gemeinsame Beziehung erstrecken, nicht nur auf die kleinen Ziele und Dinge, die erledigt werden müssen, sondern auf die großen gemeinsamen Ziele, auf weitreichende Vereinbarungen wie zum Beispiel, ob und wie viel wofür gespart wird, aber auch auf den alles umfassenden Wunsch, mit jemandem für immer zusammenzubleiben, und die Bereitschaft, das eigene Leben danach auszurichten.

Jemand, der sich nicht für immer binden möchte, liebt noch nicht richtig. Vielleicht hat er noch nicht die richtige Beziehung gefunden oder die Beziehung ist für wirkliche Liebe noch zu jung. Erst wenn die Nähe der Liebe stark genug entwickelt ist, sodass man in der Interaktion mit dem anderen Menschen nicht nur sich selbst, sondern auch den anderen spürt, sich mit ihm mit-freut, wenn es ihm gut geht, mit ihm mit-fühlt, wenn es ihm schlecht geht, erst wenn einem dieser andere Mensch und sein Glück und Wohlbefinden wirklich wichtig geworden sind, erst wenn man spürt, dass man mit ihm besser wachsen und blühen kann, als man es allein könnte, erst dann wird sich eine dauerhafte Bindung, einschließlich der damit einhergehenden Verantwortung und der Verpflichtungen, gut anfühlen.

Doch vielen Menschen erscheint die Freiheit der Ungebundenheit grundsätzlich erstrebenswerter, weil sie in ihrem tiefsten Inneren befürchten, dass gemeinsames dauerhaftes Glück und Wohlbefinden in einer Partnerschaft für sie ohnehin nicht erreichbar sind. Sie lassen sich nicht auf die Nähe der Liebe ein, weil sie – meist unbewusst – Angst haben, nicht wertvoll und liebenswert genug zu sein, und versuchen, ihr Wachsen und Blühen lieber ohne Bindung zu maximieren.

Gemeinsames Wachsen und Blühen entsteht durch den intensiven Austausch von Gedanken, Gefühlen, Erfahrungen, Zielen und Werten sowie gegenseitiger Akzeptanz und Wertschätzung; beide Partner sind verlässlich füreinander da und unterstützen sich gegenseitig. Dieser Austausch wirkt bereichernd und befruchtend, vermittelt neue Einsichten, erweitert den Horizont, verbessert das Weltverständnis und bereichert die gesamte eigene Gefühlspalette. Die persönliche Entwicklung schreitet besser und schneller voran, und es eröffnen sich neue, zuvor ungeahnte Möglichkeiten. Das Leben erscheint lebenswerter und ist voller Glanz und Freude.

Teile dieses Wachsens und Blühens kann man durchaus auch ohne Liebespartnerschaft erreichen. Man muss zum Beispiel nur auf andere Menschen zugehen und ein guter, verständnisvoller Zuhörer sein. Auch das führt zu neuen Einsichten und erweitert den Horizont. Wenn jedoch andere wesentliche Elemente der Liebe fehlen, dann wird das Wachsen und Blühen nur eingeschränkt möglich sein. Wenn man zwar ein wunderbarer, aufgeschlossener Zuhörer ist, aber nicht auch tiefen Einblick gibt in das eigene innere Sein, dann sind der Austausch und die daraus resultierenden Einsichten entsprechend reduziert und man wird auch nicht dieses wunderbare Gefühl erleben können, von einem Liebespartner vollkommen akzeptiert und wertgeschätzt zu werden, so wie man wirklich ist, mit allen Schwächen und Stärken.

Wenn man die Freiheit der Ungebundenheit genießt, verzichtet man gleichzeitig auf die Vertrautheit, die Geborgenheit und die potenzierte Kraft, die zwischen zwei Menschen entsteht, die einander akzeptieren und lieben, so wie sie sind, die wissen und spüren, dass sie sich immer aufeinander verlassen können und die miteinander durch dick und dünn gehen.

Verbindlichkeit, Bindung und das Annehmen von Verpflichtungen sind wichtig und gehören genauso zur Paktfähigkeit wie die Pakttreue. Aber es kann auch zu viel Verbindlichkeit und Verpflichtung sein. Jemand, der immer nur versucht, dem anderen zu helfen, ihm das Leben zu erleichtern, und dabei die eigenen Wünsche und Bedürfnisse vernachlässigt, tut damit weder dem Partner noch sich selbst etwas Gutes.

Wenn zum Beispiel ein Mann einem anstrengenden Beruf nachgeht, am Abend müde nach Hause kommt und sich dann nur noch entspannen möchte und die Frau alle Pflichten in Zusammenhang mit Haushalt und Kindern übernimmt, dann kann das der Inbegriff eines idealen Familienlebens sein, sofern es für beide Partner genau das ist, was ihren Wünschen und Zielvorstellungen entspricht. Es könnte aber genauso gut sein, dass die Frau in solch einer Konstellation ihre eigenen Wünsche – zum Beispiel eine eigene berufliche Karriere – immer hintanstellt und darüber sehr unglücklich ist. Oder es könnte sein, dass der Mann sich mit einem zwar lukrativen, für ihn aber absolut unbefriedigenden Job abrackert, nur um sicherzustellen, dass seine Frau bei den

Kindern zu Hause sein kann und der von ihr erwartete gehobene Lebensstandard gesichert ist. Verpflichtungen anzunehmen, die die eigenen Wünsche nicht berücksichtigen und den eigenen Wichtigkeiten keinen Platz einräumen, ist gleichbedeutend mit dem Ignorieren des eigenen Ichs, des eigenen Seins. Die Folgen sind Verbitterung, Depression, Kaufsucht, Alkohol oder irgendeine andere Form von Realitätsflucht, um dem verzweifelten Gefühl eines sterbenden inneren Ichs zu entkommen. So gibt es keine Spur von Wachsen und Blühen.

Was von außen betrachtet gleich ausschaut, kann also für das eine Paar zu viel Verbindlichkeit und Verpflichtung bedeuten, für ein anderes Paar zu wenig und nochmals für ein anderes Paar gerade richtig sein. Das richtige Ausmaß an Verbindlichkeit und Verpflichtung kann jedes Paar nur für sich selbst finden.

Wenn sich zwei Menschen in irgendeiner Form von Partnerschaft zusammentun, dann geht es dabei immer darum, ein gemeinsames Ziel mit gebündelter Kraft besser als allein zu erreichen. In einer Liebespartnerschaft ist dieses übergeordnete Ziel das bestmögliche gemeinsame Wachsen und Blühen. Wobei dieses Wachsen und Blühen alles miteinbezieht, was den beiden Partnern wichtig ist. Das inkludiert die Kinder des Paares, kann sich aber ebenso auf andere Menschen, ideelle Werte und alle möglichen Ziele erstrecken.

Das bestmögliche Wachsen und Blühen wird für jeden Menschen und jedes Paar im Detail natürlich anders aussehen, denn jeder Mensch hat andere Wichtigkeiten, andere Wünsche und andere Ziele. In manchen Partnerschaften werden die individuellen Ziele beider so ähnlich sein, dass sich auch die gegenseitige verbindliche Unterstützung fast ganz von allein ergeben wird. Für andere Paare, bei denen die ursprünglichen individuellen Ziele sehr weit auseinanderklaffen, wird es zwar schwieriger, sich verbindlich auf gemeinsame Ziele, und wie man sie erreicht, zu einigen, andererseits wird das Ergebnis, die neue gemeinsame Zielvorstellung und der Weg dorthin, oft umso interessanter und erfrischender und etwas ganz Besonderes sein.

Nicht nur das gemeinsame Wachsen und Blühen an sich als Ziel zu haben, sondern auch die vielen dahinterliegenden individuellen Detailziele miteinander in Einklang zu bringen und die damit verbundenen Pflichten in einer Weise so aufzuteilen, wie es sich für beide Partner gut anfühlt: Diese Fähigkeit ist eine wesentliche Voraussetzung für eine langfristig glückliche Liebes- und Lebenspartnerschaft.

Primär ist natürlich jeder gesunde Mensch selbst für das eigene Wohlergehen und Glücklichsein verantwortlich und sollte auch selbstverständlich all jene Plichten übernehmen, die eben dafür notwendig sind. Trotzdem ist es in einer Partnerschaft sinnvoll, die Pflichten zu verteilen, sodass es auch immer wieder vorkommen wird, dass man nicht selbst, sondern der Partner etwas für einen erledigt. Es wäre ja ziemlich unsinnig, darauf zu bestehen, dass jeder nur für sich selbst einkaufen geht oder nur für sich selbst kocht oder nur für sich selbst Geld verdient. Es ist ja unter anderem gerade dieses gemeinschaftliche Organisieren, das es erleichtert, Ziele zu erreichen. Es wäre aber eine absolut falsche Interpretation von Liebe, darauf zu *bestehen*, dass der Partner für mich einkaufen geht, für mich kocht oder für mich Geld verdient mit der Begründung, dass er mich ja liebt und daher bereit sein muss, alles nur Mögliche für mein Wohlergehen und mein Glücklichsein zu tun. Es geht bei der Liebe immer darum, dass die Wünsche und Wichtigkeiten beider Partner gleich stark berücksichtigt werden und entsprechend in die jeweilige Vereinbarung einfließen. Denn *beide* sollen wachsen und blühen und nicht nur einer der beiden.

Eine große Quelle von Missverständnissen im Bereich

der Verlässlichkeit sind die stillen, unausgesprochenen, vermeintlichen Vereinbarungen, jene inneren Überzeugungen, mit denen wir davon ausgehen, dass unser Partner in einer bestimmten Weise handelt, weil wir es uns einfach gar nicht anders vorstellen können und deshalb gar nicht auf die Idee kommen, diese Annahmen mit dem Partner abzustimmen und mit einer klar ausgesprochenen Vereinbarung zu fixieren.

So eine vermeintliche Selbstverständlichkeit könnte sein, dass jemand, der sehr sparen muss, um seine Schulden zurückzahlen zu können, keine teuren Geschenke macht. Oder dass jemand, der mit einem Kleinkind gerade allein in einem Raum ist, selbstverständlich auf das Kind aufpasst, also bewusst darauf achtet, dass es nichts Gefährliches macht, sich selbst nicht wehtut und auch keine Gegenstände ruiniert. Doch so selbstverständlich einem das alles erscheinen mag, so wenig selbstverständlich kann das für den anderen sein. Der Partner hat vielleicht einen sehr guten Grund, warum es ihm wichtiger ist, ein teures, exklusives Geschenk zu machen als weitere Schulden zu vermeiden. Und jemand, der es nicht gewohnt ist, auf kleine Kinder aufzupassen, ist sich vielleicht des Gefahrenpotenzials gar nicht bewusst oder bemerkt gar nicht, dass er jetzt fürs Aufpassen zuständig ist.

Beispiele für solch vermeintliche Selbstverständlichkeiten gibt es unzählige, und Enttäuschungen, die aus solchen Missverständnissen entstehen, wird man kaum vermeiden können. Denn sie resultieren ja aus der festen – wenn auch falschen – Überzeugung, dass man zu einer bestimmten Sache ohnehin im Einklang miteinander ist. Die Wahrscheinlichkeit ist groß, dass die Diskrepanz beider Positionen erst dann bewusst wird, wenn sie sich in einer konkreten Situation manifestiert, was dann nur zu oft mit Ärger und Enttäuschung verbunden ist.

Wenn das passiert, und es *wird* passieren, ist es wichtig,

sich zu erinnern, dass es meistens nicht Unwille oder Unfähigkeit und schon gar nicht Verantwortungslosigkeit ist, die hinter solch unangenehmen, ärgerlichen Vorkommnissen steckt. Vielmehr sind da zwei Menschen in bestem Glauben von einer stillen Übereinstimmung ausgegangen, wo in Wirklichkeit Konfliktpotenzial bestanden hat.

Bei allem Bemühen und trotz aller Liebe kann eine solche Konstellation zu sehr ärgerlichen Situationen führen. Es ist dann wichtig, zuallererst mit Großzügigkeit auf den »Fehler« des Partners zu reagieren – oder war's mein eigener? – und im Anschluss an die Enttäuschung zu versuchen, einander gegenseitig zu verstehen und für die Zukunft durch eine für beide passende Lösung einen weiteren Konflikt zu vermeiden.

Ich möchte auch nochmals auf die Ehrlichkeit zurückkommen, die nicht nur eine spezielle Form ist, sich zu öffnen, sondern auch gemeinsam mit der Paktfähigkeit unabdingbar zur Verlässlichkeit gehört. Wenn ich nicht darauf vertrauen kann, dass mein Partner immer ehrlich zu mir ist, auch dann, wenn die Wahrheit unangenehm und voller Konfliktpotenzial ist, auch wenn er etwas verbockt hat, dann werden immer wieder Zweifel an mir nagen. Soll ich ihm in der Situation glauben oder nicht? Soll ich besser kontrollieren und vielleicht sogar nachspionieren? Soll ich es einfach riskieren und nur hoffen, dass es doch die Wahrheit ist? Das ist kein schönes Lebensgefühl, für beide nicht.

Wenn ich die Wahrheit nicht kenne, fehlt mir die Basis, um aus meiner Sicht richtige Entscheidungen zu treffen. Jemand, der mir nicht die Wahrheit sagt, leitet mich bewusst in die Irre, vielleicht, weil ich diesem Jemand nicht so wichtig bin und er deshalb nicht bereit ist, sich einem Konflikt zu stellen. In diesem Fall wäre die Wertschätzung für mich und der Wunsch, dass mein Glück auf festen Beinen steht, deutlich geringer als die Angst vor dem Konflikt.

Vielleicht aber leitet mich dieser Jemand gerade deswegen in die Irre, weil ich ihm so überaus wichtig bin, weil er mich unter keinen Umständen verlieren möchte. Allerdings kann diese Strategie nicht aufgehen, weil sie mit Sicherheit über kurz oder lang zu Vertrauensverlust führt und Liebe ohne Vertrauen nicht bestehen kann. Wenn man die Liebe nicht verlieren möchte, dann ist es sicherlich besser, sich dem Konflikt zu stellen. Das ist die einzige Chance, die Liebe langfristig zu erhalten.

Heißt das nun, ich muss immer nur offen und ehrlich sein und mich Konflikten stellen, dann wird alles gut in der Beziehung? In gewisser Weise ja, aber nicht so, wie Sie sich »gut« vielleicht vorstellen oder wünschen.

Natürlich kann gerade Ehrlichkeit zu einer signifikanten Veränderung der Beziehung führen, auch in eine Richtung, die man eigentlich vermeiden wollte, bis hin zur Trennung. Die Nähe der Liebe, Akzeptanz, Wertschätzung und eben auch Ehrlichkeit sind kein Garant dafür, dass sich die Beziehung genau so entwickelt, wie man es sich wünscht oder gar erzwingen möchte. Sie sind aber die einzige Möglichkeit, wie Liebe überhaupt gedeihen kann. Nur der Weg der Liebe kann zur individuell richtigen Beziehung führen, und das ist nicht immer das, was wir uns ursprünglich gewünscht haben. Während starres Festhalten und Anklammern an ganz bestimmte Beziehungserwartungen nie zur Liebe hin, sondern von ihr wegführen, kommen wir auf dem Weg der Liebe zur individuell genau richtigen Art der Beziehung.

Jeder, der sich entscheidet, lieber doch zu lügen, um den geliebten Partner ja nicht zu verlieren, macht sich vor, dass dies die einzige Chance ist, die Liebe zu sichern. Aber das ist ein Trugschluss. Es ist im Gegenteil ein Schritt weg von der Liebe. Es ist so, als wollte man erzwingen, dass aus einer Lilie eine Tulpe wird. Wenn die Bedingungen rundherum passen, dann wird aus einer Lilienzwiebel eine wunderschöne Lilie werden und aus einer Tulpenzwiebel eine wunderschöne Tulpe. Die Kunst in der Liebe und in Beziehungen besteht darin, das Schönste und Beste zu entwickeln, was für diese beiden Menschen möglich ist – ob das nun eine Liebes- und Lebenspartnerschaft ist oder einfach eine schöne Freundschaft oder was auch immer. Starre Erwartungen und Beziehungswünsche engen die Entwicklungsmöglichkeiten ein. Aus der Lilie wird trotz aller Bemühungen keine Tulpe und nicht einmal eine schöne Lilie, weil sie durch den Wunsch, anders zu sein, in ihrem Wachsen und Gedeihen eingeengt ist.

Auch hier ist es die Selbstliebe, die uns den Mut und die innere Stärke verleiht, uns auf einen ungewissen Ausgang einzulassen, wissend, dass es besser ist, jemanden als Liebes- und Lebenspartner zu verlieren, als ihn unter falschen Bedingungen – wie zum Beispiel durch Unehrlichkeit – krampfhaft zu halten. Die Selbstliebe hilft uns loszulassen, wenn es besser ist, und macht uns frei für neue, für uns bessere Wege. Die Selbstliebe hilft uns zu verstehen, dass es auch für uns das große Glück gibt und kein Anlass besteht, uns mit weniger zufriedenzugeben. Dass es jenes große Glück für uns gibt, für das wir nicht Teile von uns sorgsam verbergen und zur Unehrlichkeit greifen müssen, um wenigstens einen kleinen Zipfel davon für uns zu behalten. Dass es jenes große Glück für uns gibt, genau so geliebt zu werden, wie wir wirklich sind.

Und selbstverständlich kann man sich im Partner auch irren und jemandem vertrauen, der dieses Vertrauen nicht zu schätzen weiß, vielleicht sogar missbraucht oder uns ablehnt, nachdem er etwas über uns erfahren hat, was uns in nicht so vorteilhaftem Licht erscheinen lässt. Das ist auch der Grund, warum wir nicht jedem Menschen von vornherein alles anvertrauen, sondern nur Schritt für Schritt immer mehr von unserem Inneren, von unserem wahren Selbst preisgeben. Gesundes Grundvertrauen schließt das Bewusstsein mit ein, dass nicht alle Menschen vertrauenswürdig sind. Menschen mit gesundem Grundvertrauen werden sich anderen gegenüber immer nur so weit öffnen, wie sie sich der Vertrauenswürdigkeit dieser Person sicher sind – oder aber mit den möglichen negativen Konsequenzen eines Vertrauensbruchs umgehen können. Je mehr wir – kleines Stück für kleines Stück – von uns selbst unverfälscht gezeigt haben, je besser wir jemanden kennengelernt haben, je fortgeschrittener die Nähe der Liebe ist, desto besser können wir aber auch erkennen, wie vertrauenswürdig der andere tatsächlich ist, und so das Risiko immer weiter minimieren, unser Vertrauen jemandem zu schenken, der das nicht zu schätzen weiß oder es sogar gegen uns verwendet.

Doch woran kann man erkennen, ob der Partner vertrauenswürdig ist? Es sind die vier wesentlichen Kriterien – Kompetenz, gemeinsames Ziel und gemeinsames Abbauen von Interessenskonflikten, Paktfähigkeit, Ehrlichkeit –, die Ihnen zeigen, ob und wie vertrauenswürdig Ihr Partner ist. Sowohl im ganz gewöhnlichen Alltag wie auch in Ausnahmesituationen können Sie immer wieder erkennen, inwieweit das Verhalten Ihres Partners diese Kriterien erfüllt.

Die Vertrauenswürdigkeit Ihres Partners zeigt sich:

- durch jene *Kompetenz*, die sich über die Nähe der Liebe immer stärker entwickelt, die aber in ihrer grundsätzlichen Form alle Personen auszeichnet, die wissen und verstehen, wie wertvoll jeder einzelne Mensch ist, die diesen Wert achten und damit ehrfurchtsvoll und behutsam umgehen, die nicht versuchen, auf Kosten anderer irgendwelche billigen Effekte zu erzielen, die nicht abfällig über andere reden, die nicht auf andere Menschen hinunterblicken und deren prinzipielle Akzeptanz und Wertschät-

zung für andere Menschen in all ihren täglichen Handlungen deutlich spürbar ist.
- wenn Ihr Partner die Nähe der Liebe zu Ihnen sucht, gern Zeit mit Ihnen verbringt, zeigt, dass er interessiert ist an dem, was Sie sagen, Ihnen zuhören will und Sie wirklich verstehen will. Wenn er sich auch selbst mitteilen möchte und es ihm wichtig ist, so wahrgenommen, erkannt und verstanden zu werden, wie er tatsächlich ist, bis hinein in sein innerstes Ich.
- wenn Ihr Partner Ihre Wünsche und Wichtigkeiten genauso ernst nimmt, als wären es die seinen, sich Konflikten selbstverständlich stellt – wie groß sie auch scheinen mögen – und grundsätzlich darum bemüht ist, gemeinsam mit Ihnen auch von anfangs inkompatiblen Zielvorstellungen zu Lösungen zu kommen, die für Sie beide passen.
- wenn er sich vergewissert, dass es Ihnen gut geht, und Ihnen bei der Bewältigung Ihres Alltags wie auch beim Erreichen der großen Ziele eine Hilfe ist, egal ob es um die kleinen Dinge des täglichen Lebens geht oder darum, das Leben grundsätzlich nach bestimmten Werten auszurichten oder individuelle Wichtigkeiten zu unterstützen.
- wenn Ihr Partner mit Ihnen an einem Strang zieht, nämlich in Richtung der von Interessenskonflikten bereinigten *gemeinsamen Ziele*.
- wenn Ihr Partner immer wieder seine *Paktfähigkeit* beweist, indem er bereit ist, Verpflichtungen zu übernehmen, und dann auch verlässlich im Sinne der übernommenen Verpflichtung agiert, ohne sich davon leichtfertig, zum Beispiel durch spontan auftretende Verlockungen, ablenken zu lassen.
- wenn Ihr Partner *ehrlich* zu sich selbst steht, keine Scheu hat, Ihnen Einblick in seine Schwächen zu geben, Ihnen gegenüber seine Fehler zugibt, wenn er nicht versucht, Konflikten mit Ihnen auszuweichen, sondern immer be-

müht ist, sie gemeinsam mit Ihnen zu klären und zu bereinigen.

Wenn das alles auf Ihren Partner zutrifft, Sie ihm aber trotzdem nicht vertrauen können oder wollen, dann liegt das mit hoher Wahrscheinlichkeit nicht an *seiner* Vertrauenswürdigkeit, sondern daran, dass Sie selbst nicht vertrauensfähig sind. Das ist eine Situation, die weder für Sie noch für Ihren Partner angenehm ist. Trotz seiner Vertrauenswürdigkeit werden Sie ihm dann immer wieder mit Misstrauen – unbegründetem Misstrauen! – begegnen, vielleicht beginnen Sie ihm sogar nachzuspionieren, und vielleicht versuchen Sie, auch Ihre eigenen »heiklen« Interessen heimlich durchzusetzen, was wiederum bei Ihrem Partner Misstrauen Ihnen gegenüber hervorrufen wird. Und so befinden Sie sich plötzlich in einer unheimlich anstrengenden Beziehung, die geprägt ist von Kontrolle und Verheimlichen, so als wäre Ihr Partner tatsächlich nicht vertrauenswürdig, nur mit dem »kleinen« Unterschied, dass dieses Nichtvertrauen jemandem, dem Vertrauen wichtig ist und der daher ganz besonders darauf achtet, keinen Vertrauensbruch zu begehen, ganz besonders wehtut.

Natürlich stellt sich da die Frage, *warum* jemand seinem vertrauenswürdigem Partner nicht vertrauen kann.

Manche Menschen wurden in ihrem Leben so oft mit Unehrlichkeit und Zurückweisung konfrontiert, dass sie den Glauben an Ehrlichkeit verloren haben. Warum, denken sie, sollte dieser eine Mensch anders sein als alle anderen?

Manche haben vielleicht auch gelernt, dass eine gewisse Bauernschläue für ein gutes Leben ausgesprochen wichtig ist, dass in manchen Situationen ein geschicktes Ablenken von gewissen Tatsachen sogar ein Zeichen für besonderes Überlebensgeschick ist. Und warum sollte man nun annehmen, dass sich der Partner nicht solch geschickter, wahrheitsverschleiernder Strategien bedient?

Manchmal kann jemand auch einfach nicht glauben, dass das, was der andere sagt, tatsächlich die Wahrheit ist, weil er sich beim besten Willen nicht vorstellen kann, dass etwas wirklich so gewesen sein könnte, sich Menschen wirklich so verhalten könnten wie vom Partner dargestellt.

Und manche Menschen würden in bestimmten Situationen auch selbst lieber etwas verheimlichen, notfalls sogar lügen, und können sich deshalb auch gar nicht vorstellen, dass andere in dieser Situation offen und ehrlich wären. Wie können sie zu einem anderen Menschen Vertrauen haben, wenn sie es zu sich selbst nicht haben?

Doch warum auch immer jemand dem Partner trotz aller Vertrauenswürdigkeit nicht vertrauen kann, der Weg heraus führt immer über ein Verstärken der inneren Nähe, die sich wiederum nur basierend auf einer gesunden Selbstliebe entwickeln kann.

Es ist die innere Nähe, die Ihnen hilft, Ihren Partner immer besser zu verstehen, so gut, dass Sie erkennen, er ist tatsächlich anders als jene Menschen, von denen Sie in der Vergangenheit belogen oder sonstwie enttäuscht wurden, dass Ihr Partner vertrauenswürdig ist.

Es ist die innere Nähe, die Sie erkennen lässt, dass der andere Sie zu sehr achtet und schätzt, um Sie mit Lügen oder verschleierten Tatsachen abzuspeisen.

Es ist die innere Nähe, die Ihr Verständnis für andere Menschen so erweitert, dass vieles für Sie plötzlich nachvollziehbar wird, was Sie sich davor nicht vorstellen konnten.

Es ist die Selbstliebe, die sich nur mit echter, unverfälschter Nähe zufriedengibt und in Ihnen das unbedingte Bedürfnis wachsen lässt, zu Ihrem Partner absolut ehrlich zu sein. Denn nur dann können Sie sicher sein, dass der andere Sie wirklich liebt, und die Selbstliebe würde sich nie mit weniger als der wahren Liebe zufriedengeben. Und sobald es Ihnen selbst ein Bedürfnis ist, den anderen nicht zu belügen, sondern Sie sich lieber ehrlich einem möglichen Konflikt stellen, dann werden Sie sich auch vorstellen können, dass der andere genauso empfindet.

Während die Selbstliebe sicherstellt, dass wir grundsätzlich vertrauensfähig sind, lässt uns innere Nähe erkennen, wann und wem wir wie sehr vertrauen können – sie hilft uns also die Vertrauenswürdigkeit eines anderen Menschen richtig einzuschätzen. Und sollten Sie sich doch einmal in Ihrer Einschätzung geirrt haben, dann werden Sie mit einer gut entwickelten Selbstliebe auch mit enttäuschtem Vertrauen sehr gut umgehen können.

Alle Kriterien, die vorhin aufgezählt wurden, um die Vertrauensfähigkeit Ihres Partners zu beurteilen, sollten Sie aber auch mit Blick auf Ihr eigenes Verhalten betrachten. Sind *Sie* vertrauenswürdig?

- Wissen und verstehen Sie, wie wertvoll *jeder* Mensch ist, achten Sie diesen Wert und gehen Sie damit ehrfurchtsvoll und behutsam um? Versuchen Sie auch nicht, auf Kosten anderer irgendwelche billigen Effekte zu erzielen? Reden Sie nie abfällig über andere? Blicken Sie nie auf andere Menschen hinunter? Ist Ihre prinzipielle Akzeptanz und Wertschätzung für andere in all Ihren täglichen Handlungen erkennbar?
- Suchen Sie die Nähe der Liebe zu Ihrem Partner? Verbringen Sie gerne Zeit mit ihm, zeigen Sie ihm, dass Sie interessiert sind an dem, was er sagt? Wollen Sie ihm zuhören und ihn wirklich verstehen? Wollen Sie sich auch selbst mitteilen, und ist es Ihnen wichtig, von Ihrem Partner so wahrgenommen, erkannt und verstanden zu werden, wie Sie tatsächlich sind, bis hinein in Ihr innerstes Ich?
- Nehmen Sie die Wünsche und Wichtigkeiten Ihres Partners genauso ernst, als wären es Ihre eigenen? Stellen Sie sich selbstverständlich Konflikten – ganz gleich, wie

groß diese scheinen –, und sind Sie grundsätzlich darum bemüht, gemeinsam mit Ihrem Partner auch für anfangs inkompatible Zielvorstellungen Lösungen zu finden, die für Sie beide passen?
- Vergewissern Sie sich, dass es Ihrem Partner gut geht, und sind Sie ihm bei der Bewältigung seines Alltags wie auch beim Erreichen der großen Ziele eine Hilfe, egal ob es um die kleinen Dinge des täglichen Lebens geht oder darum, das Leben grundsätzlich nach bestimmten Werten auszurichten oder individuelle Wichtigkeiten zu unterstützen?
- Ziehen Sie mit Ihrem Partner an einem Strang, nämlich in Richtung der von Interessenskonflikten bereinigten gemeinsamen Ziele?
- Beweisen Sie immer wieder Ihre Paktfähigkeit, indem Sie bereit sind, Verpflichtungen zu übernehmen, und agieren Sie dann auch verlässlich im Sinne der übernommenen Verpflichtung, ohne sich davon leichtfertig, zum Beispiel durch spontan auftretende Verlockungen, ablenken zu lassen?
- Stehen Sie ehrlich zu sich selbst, und haben Sie keine Scheu, Ihrem Partner Einblick in Ihre Schwächen zu geben? Geben Sie Ihre Fehler zu, und versuchen Sie nicht, Konflikten mit Ihrem Partner auszuweichen, sind Sie vielmehr immer bemüht, diese gemeinsam mit ihm zu klären und zu bereinigen?

Schrecken Sie nicht zurück, wenn Sie einige dieser Fragen nicht oder nur teilweise bejahen können. Es ist viel leichter, vom Partner Vertrauenswürdigkeit zu erwarten, als die Kriterien dafür selbst zu erfüllen. Akzeptieren Sie den vielleicht mangelhaften Status quo, ohne deshalb schlecht über sich selbst zu denken. So wie Sie Ihre Selbstliebe stärken und die Nähe der Liebe zu Ihrem Partner aufbauen, so wird sich auch Ihre Vertrauenswürdigkeit ganz wunderbar entwickeln.

Mit derselben Großzügigkeit sollten Sie auch die Vertrauenswürdigkeit Ihres Partners betrachten. Jeder Mensch hat einen anderen Erfahrungshintergrund, und in vielen Fällen ist dieser nicht geeignet, Vertrauenskompetenzen zu fördern. Aber jeder Mensch kann, wenn er will, Vertrauensfähigkeit und Vertrauenswürdigkeit entwickeln.

Selbstliebe

Selbstliebe bedeutet ...

Selbstliebe bedeutet nichts anderes, als sich selbst zu lieben. So wie man einen anderen Menschen liebt, nur dass diese Liebe eben nicht auf einen anderen, sondern auf einen selbst gerichtet ist. Das klingt im ersten Moment so einfach und so selbstverständlich, als wäre es gar nicht anders möglich, als sich selbst zu lieben, denn natürlich ist unser gesamtes Streben darauf ausgerichtet, dass es uns selbst gut geht und dass wir glücklich sind. Und doch leiden fast alle Menschen unter einem Mangel dieser Urkraft des Lebens – die einen mehr, die anderen weniger. Ich nehme an, dass – wenn überhaupt – nur sehr wenige Menschen eine völlig intakte Selbstliebe haben. Ich jedenfalls gehöre nicht zu diesen beneidenswerten Geschöpfen. Aber heute ist meine Selbstliebe wesentlich besser entwickelt als in meinen jungen Jahren, und ich weiß, wie sehr mir jeder kleine Verbesserungsschritt mehr Lebensfreude und mehr Lebensglück gebracht hat.

Natürlich kann man auch mit mangelhafter Selbstliebe immer wieder glücklich sein und sehr intensive Liebesgefühle empfinden. Je stärker die Selbstliebe aber entwickelt ist, desto weniger Stolpersteine legen wir uns unbewusst in den Weg und desto leichter wird es, Glück und Liebe, und vor allem auch *beständige* Liebe, zu finden.

Wenn ich in diesem Kapitel erkläre, was genau ich unter Selbstliebe verstehe, dann beschreibe ich ein Idealbild, und manch ein Leser wird da oder dort das Gefühl bekommen, ich beschriebe etwas so vollkommen Unrealistisches, dass es sinnlos sei, sich damit überhaupt weiter zu beschäftigen. Andere werden vielleicht das Gefühl bekommen, dass sie sich in einen ganz anderen Menschen verwandeln müssten, in einen, der sie weder sind noch sein wollen, um die von mir beschriebenen Kriterien von Selbstliebe in sich zu integrieren.

Aber es geht gar nicht darum, dass jeder Mensch eine hundertprozentig intakte Selbstliebe haben muss und ein jeder, für den das nicht zutrifft, mit sich selbst unzufrieden sein sollte. Das stünde sogar in krassem Gegensatz zur Selbstliebe, die bedeutet, sich selbst zu akzeptieren und zu lieben, genau so wie man ist – inklusive jener Aspekte, die wir als unvollkommen einordnen. Es geht auch nicht darum, dass Sie plötzlich jemand anders sein sollen – ganz im Gegenteil, die Selbstliebe sollte Ihnen helfen, möglichst *Sie selbst* zu sein – ohne Verbiegungen und Scheingebaren. Es geht in diesem Kapitel im Wesentlichen nur darum, Zusammenhänge und vielleicht neue Blickwinkel aufzuzeigen, sodass sich mehr oder noch mehr Lebensfreude, Glück und Liebe entwickeln können.

Und es geht auch darum, Missverständnisse über die Selbstliebe auszuräumen, denn deren gibt es sehr, sehr viele.

Ich bin überzeugt davon, dass die meisten Liebesbeziehungen an zu wenig Selbstliebe scheitern. Ich bin mir aber auch bewusst, dass sehr viele Menschen genau vom Gegenteil überzeugt sind. Dabei kann es »zu viel Selbstliebe« genauso wenig geben wie »zu viel Liebe«.

Durch die Selbstliebe wird unser Lieben unerschütterlicher. Das Gefühl des Geliebtwerdens wird zu einem tiefen, unumstößlichen Wissen und beruht nicht nur auf Hoffen, Wünschen oder Glauben.

An dieser Stelle möchte ich meine allgemeine Definition von Liebe in Erinnerung rufen, aber mit verändertem Fokus.

Sich selbst zu lieben bedeutet demnach, sich selbst in seinem wahren, unverfälschten Sein wahrzunehmen, sich selbst zu verstehen, insgesamt zu akzeptieren und wertzu-

schätzen, genau so, wie man ist, und sich aus tiefstem Herzen zu wünschen, dass es einem gut geht, dass man glücklich ist und dass man sich selbst nie wieder missen möchte.

Sich selbst nie wieder missen wollen, das mutet vielleicht etwas eigenartig an oder klingt vielleicht überhaupt unsinnig. Ich meine das nicht in der Bedeutung eines physischen Verlusts – obwohl auch das in dem Sinne, nicht sterben zu wollen, inkludiert ist. Mir geht es hier vielmehr um die immer wieder drohende Versuchung oder Gefahr der Selbstverleugnung. Ich spreche hier das Bedürfnis an, immer bei sich selbst sein zu können, ausnahmslos so sein und sich so zeigen zu können, wie man wirklich ist, sich nie wieder verstellen zu müssen, nie mehr gefährdet zu sein, durch fortwährendes Verleugnen das wahre innere Sein so sehr zu verdrängen, dass man sich selbst nicht mehr spüren kann, sich verliert und nur noch ein mehr oder weniger funktionierendes Produkt der Erwartung anderer ist.

Ich werde nun nicht alles wiederholen, was ich in den vorigen Kapiteln über die Liebe zu einem anderen Menschen gesagt habe, obwohl es eins zu eins auch für die Selbstliebe gültig ist. Auch bei ihr geht es darum, nicht nur seine Zuckerseiten zu akzeptieren, sondern den ganzen Menschen, inklusive Fehler und Schwächen. Sich wertzuschätzen und zu lieben, so wie man eben ist.

Selbstliebe, in ihrer idealen und maximalen Ausprägung, ist vergleichbar mit der unendlichen Liebe Gottes, jedenfalls so, wie *ich* mir Gott – oder wie immer sonst Sie ihn nennen wollen – vorstelle. Das ist nicht unbedingt deckungsgleich mit den verschiedenen Religions- und Kirchenlehren. *Mein* Gott jedenfalls liebt *alle* Menschen, und er liebt alle gleich stark, ganz egal, wie sie sind. Auch wenn sie sündigen. Nicht dass er Sündigen guthieße – das ist ganz und gar nicht der Fall! Aber trotzdem kann nichts, *absolut nichts*, seine Liebe zu einem Menschen ins Wanken bringen.

Wenn Sie nicht an Gott glauben oder sich Ihre Vorstellung von Gott nicht mit der meinen deckt, versuchen Sie sich trotzdem einfach nur diese unendlich große, unerschütterliche Liebe vorzustellen, wie ich sie soeben beschrieben habe. Wenn Sie genauso eine tiefe, bedingungslose Liebe für sich selbst empfinden, dann ist Ihre Selbstliebe zu hundert Prozent intakt. Dass diese maximale Ausprägung nicht sehr realistisch ist, ist leicht zu erkennen. Aber wir können uns möglichst stark annähern, und allein schon das fühlt sich sehr, sehr gut an – nicht nur für uns selbst. Denn auch die anderen Menschen in unserem Umkreis spüren die positive Ausstrahlung, die dann von uns ausgeht.

In der Liebe – und daher auch in der Selbstliebe – geht es immer wieder um den Unterschied zwischen Akzeptanz und Ablehnung des wahren, unverfälschten Seins. Während uns das Akzeptieren dessen, was ist, hinführt zur Liebe, führt uns das Ablehnen oder Ignorieren dessen, was ist, zum Verlust von Lebensenergie und Lebensfreude.

Selbstliebe ist, wenn ich ohne Scheu in mein innerstes Sein blicken kann und keine Angst davor habe, was ich dort finden oder nicht finden könnte. Wenn ich diese unerschütterliche Gewissheit spüre, dass mein ehrliches, unverfälschtes inneres Ich ganz bestimmt okay ist – egal, wie es im ersten Moment vielleicht erscheint. Wenn ich meine Schwächen genauso als zu mir gehörend akzeptiere wie meine Stärken. Wenn ich mich liebe und wertschätze, ganz so, wie ich eben bin. Dann werde ich mich auch in mir selbst wunderbar geborgen und zu Hause fühlen. Dann werde ich auch Freude daran haben, mein Glück und meine Geborgenheit nach außen zu tragen und andere an meinem Sein teilhaben zu lassen.

Vielfache, ununterbrochen aneinandergereihte Ablehnungen werden irgendwann wohl auch eine sehr starke Selbstliebe erschüttern. Aber in Einzelsituationen hat ein erwachsener Mensch mit gesunder Selbstliebe genug Verständnis für sich selbst, akzeptiert sich selbst so vollständig, empfindet eine so unumstößliche Wertschätzung für sich selbst und begegnet sich selbst mit so viel Liebe, dass er mit Ablehnung durch andere sehr gut umgehen kann. Denn er versteht und spürt, dass das, was dieser andere Mensch ihm gegenüber empfindet, aus dessen Sicht zwar negativ sein mag, dass das aber absolut nichts ändert am wahren eigenen Wert, nichts daran, wie wunderbar, einmalig, besonders, wertvoll, wichtig und liebenswert man ist, und nichts an der eigenen Lebensfreude.

Damit meine ich aber nicht, dass jemand mit einer gut entwickelten Selbstliebe taub ist für Kritik durch andere. Ganz im Gegenteil. Gerade die Selbstliebe gibt uns so viel innere Stabilität und Stärke, dass wir uns der Kritik durch andere leicht und selbstverständlich öffnen können – eben weil auch die strengste Kritik nichts an unserem grundsätzlichen Wert, nichts an unserer grundsätzlichen Liebenswertigkeit ändert. Jeder Mensch macht Fehler, und es ist sinnvoll, aus Fehlern zu lernen, um sie in Zukunft vermeiden zu können. Kritik wird daher nicht als prinzipiell abwertend empfunden, sondern ist ein hilfreiches Mittel, Fehler besser zu erkennen und sich entsprechend weiterentwickeln zu können.

Selbstliebe im Zusammenspiel mit Fehlern und Schwächen

Einerseits ist es also immens wichtig, immer zu sich selbst zu stehen und sich selbst zu akzeptieren, so wie man ist – die Schwächen genauso wie die Stärken. Andererseits soll man aber Fehler vermeiden, also doch versuchen, anders zu sein oder anders zu werden – nämlich ohne diesen oder jenen Fehler? Wie kann das zusammenpassen?

Die Erklärung liegt darin, dass wir zwar Fehler *machen*, deshalb aber nicht selbst fehlerhaft *sind*. Es ist unmöglich, absolut keine Fehler zu machen. Es gehört zur menschlichen Natur, Fehler zu machen, und es ist wichtig, diese Tatsache zu akzeptieren, bei sich selbst wie auch bei anderen. Aber genauso wichtig ist es auch, aus Fehlern zu lernen und diese in Zukunft möglichst zu vermeiden. Ich möchte das an einem Beispiel veranschaulichen.

Angenommen, da ist ein grundsätzlich begabter Architekt; seine Bauwerke sind nicht nur innovativ und optisch schön, sondern erfüllen auch alle funktionellen und praktischen Anforderungen. Das Ergebnis seiner Arbeit beruht ebenso auf ausgeprägter Kreativität wie auf sehr gutem Fachwissen. Sobald aber eine Idee so weit gediehen ist, dass er von ihrer Umsetzbarkeit überzeugt ist, kann er es kaum erwarten, dass das Bauwerk fertig ist und er sich mit voller Intensität dem nächsten Projekt widmen kann. Seine Ungeduld ist dann so groß, dass ihm immer wieder Nachlässigkeitsfehler passieren, die im weiteren Verlauf aber zum Scheitern des grundsätzlich sehr guten Projekts führen können.

Wenn nun die Selbstliebe des Architekten aus unserem Beispiel geschwächt ist, dann kann es sehr leicht passieren, dass er seine Ungeduld und seine daraus resultierende Tendenz zu Flüchtigkeitsfehlern vor sich selbst verleugnet, diese nicht akzeptiert, weil er sich selbst in seinem Unterbewusstsein wegen dieser Eigenschaft für fehlerhaft hält. Und wer möchte schon fehlerhaft, also nicht in Ordnung, nicht okay sein? Statt sich selbst bewusst wahrzunehmen, wie er wirklich ist – inklusive seiner Schwächen –, werden ihm für jeden Fehler, den er macht, Ausreden einfallen. Er habe Kopfschmerzen oder sei übermüdet, er werde laufend in seiner Arbeit unterbrochen – er wird immer einen Grund außerhalb seines Einflussbereichs finden, durch das Verleugnen der wahren Ursache diese Fehler immer wieder machen und sich dadurch den möglichen großen Erfolg in seinem Beruf selbst vermasseln.

Mangelnde Selbstliebe könnte sich aber auch anders auswirken. Es könnte auch sein, dass unser Architekt seine Fehler und Schwächen sehr wohl erkennt, aber, weil seine Selbstliebe nicht intakt ist, sich selbst deshalb grundsätzlich für nicht gut genug, eben für fehlerhaft hält – in diesem Fall durchaus bewusst. So kann es sehr leicht passieren, dass unser Architekt mit all seiner Kraft versucht, seine Ungeduld, diesen vermeintlichen Fehler in ihm, zu überwinden. Das kann dazu führen, dass er sich bei jedem seiner Projekte extraviel Zeit nimmt, um ja ganz langsam und konzentriert an allen Details zu arbeiten, um nur ja keinen Fehler zu machen. Damit wird sich aber der Beginn neuer Projekte verzögern, und er wird daher letztendlich auch nur an weniger Projekten arbeiten können. Jener Teil seiner Arbeit, der ihm Freude macht und in dem er so gut ist, wird damit kleiner werden, und der ihm lästige und unangenehme Teil entsprechend größer. Auch dieses Szenario klingt nicht erstrebenswert.

Wenn unser Architekt aber über eine gesund ausgeprägte Selbstliebe verfügt, wird er akzeptieren, dass er eben ungeduldig ist, und wird auch verstehen, dass diese Ungeduld aus dem wunderbaren Drang resultiert, möglichst viele seiner hervorragenden Ideen umzusetzen. Er wird erkennen, dass seine Ungeduld und sein Schaffensdrang Hand in Hand gehen, dass es das eine ohne das andere nicht gäbe. Gleichzeitig wird er auch erkennen, dass er gerade wegen seines großartigen Schaffensdrangs und der damit verbundenen Ungeduld zu – manchmal sogar gefährlichen – Flüchtigkeitsfehlern neigt. Mit der Fähigkeit, sich selbst ehrlich wahrzunehmen, zu verstehen, zu akzeptieren, wertzuschätzen und zu lieben, so wie er eben ist, kann er sich einerseits mit all seiner Energie und voller Freude darauf konzentrieren, genau das zu tun, was er wirklich gut kann. Und gleichzeitig wird er dafür sorgen, dass jener Teil der Arbeit, für den er nicht so gut geeignet ist, von anderen Leuten übernommen wird, die genau das gut können und genau damit glücklich sind.

Selbstliebe lässt uns unsere Fehler und Schwächen erkennen, ohne dass wir uns dadurch weniger wertvoll, weniger wichtig oder liebenswert fühlen, und ist damit die Basis für eine stetige Weiterentwicklung der eigenen Persönlichkeit. Diese Kombination aus schonungsloser Offenheit und Ehrlichkeit uns selbst gegenüber einerseits und unerschütterlicher Selbstakzeptanz und Selbstwertschätzung andererseits lässt uns immer stärker in unser volles Potenzial hineinwachsen. Unser wahres, unverfälschtes Ich kann immer mehr wachsen und blühen, sich voll entfalten, und wir sind voller Lebensfreude.

Selbstliebe ist nicht Egoismus

Aber klingt das nicht nach Egoismus, wenn sich unser Ich immer stärker entwickelt?

Es wäre dann Egoismus, wenn Sie anderen Menschen nicht die gleiche volle Entfaltung ihres Ichs zugeständen wie sich selbst, Ihnen das Wohlergehen und Glücklichsein anderer gleichgültig und unwichtig wäre.

Das Interessante an einer gut entwickelten Selbstliebe ist aber, dass Sie genau deshalb, weil Sie selbst so vollkommen von Liebe erfüllt sind, automatisch auch anderen Menschen mit jener Offenheit, Sensibilität, Empathie, Akzeptanz und Wertschätzung begegnen, mit der Sie sich auch selbst wahrnehmen. Sie fühlen sich wohl, wenn andere glücklich sind, weil es schön ist, Glück zu spüren. Sie fühlen mit, wenn jemand anders leidet, weil Sie sich dem Sein – nicht nur dem eigenen, sondern dem Sein an sich – zuwenden und daher auch *bemerken*, wie es jemand anders geht. Und es ist Ihnen auch nicht egal, wenn es anderen schlecht geht. Weil Sie auch Ihr eigenes Leid nicht verdrängen, wissen Sie, wie schlimm sich Leiden anfühlt – für Sie selbst und für andere. Weil Sie selbst Liebe und Akzeptanz auch in leidvollen Situationen erfahren haben, gönnen Sie diese Liebe und Akzeptanz auch anderen Menschen.

Wenn Ihre Selbstliebe intakt ist, dann wissen und spüren Sie, dass auch die negativen Emotionen anderer Menschen in den allermeisten Fällen keine wirkliche Gefahr für Sie darstellen und dass es in jedem Fall besser ist, sie zu erkennen und ernst zu nehmen, um darauf in der bestmöglichen Weise reagieren zu können. Wenn Ihre Selbstliebe intakt ist, dann erleben Sie die Menschen um Sie herum nicht als potenzielle Feinde, die Ihnen etwas wegnehmen oder in Ihren Augen zu viel bekommen könnten, die etwas von Ihnen verlangen könnten, was doch lieber jemand anders geben sollte. Sondern Sie erleben die Welt um Sie herum als Bereicherung. Dann ist das Potenzial, aus dem Sie Freude schöpfen, nicht nur auf Ihre eigene Person beschränkt, sondern umfasst das gesamte Sein mit seinen unzählig vielen schönen Möglichkeiten. Dann richtet sich Ihre Aufmerksamkeit nicht nur nach innen, nicht nur auf Sie selbst, sondern auch auf die Welt um Sie herum. Ihre Seele und Ihr Geist möchten die bereichernde Vielfalt des gesamten Seins möglichst allumfassend spüren und sich berühren lassen.

Im Gegensatz zum Egoisten hat Selbstliebe keine Liebeslücke. Der Egoist versucht verzweifelt, diese Liebeslücke zu füllen, und hat keine Kapazität mehr frei, um sich an der Welt an sich zu erfreuen. Freude glaubt er immer nur im Zusammenhang mit dem Füllen seiner Liebeslücke zu finden.

Wirkliche Offenheit und Sensibilität sind unauflösbar mit Selbstliebe verbunden. Selbstliebe geht automatisch Hand in Hand mit einer gesunden Nächstenliebe. Rücksichtnahme und Respekt für unsere Mitmenschen werden durch die Selbstliebe ganz selbstverständlich. Eine gut entwickelte Selbstliebe und Egoismus schließen einander aus.

Wenn Ihre Selbstliebe intakt ist, dann werden Sie andere nicht beneiden, und Sie haben auch kein Bedürfnis, andere zu übertrumpfen. Sie müssen sich mit niemandem vergleichen, mit niemandem konkurrieren, denn es fühlt sich einfach unbeschreiblich gut an, wenn Sie voll und ganz Sie selbst sind. Natürlich werden Sie auch das Bedürfnis haben, sich weiterzuentwickeln. Aber nicht, um besser zu sein als andere, sondern einfach weil es schön ist, wenn das unverfälschte, wahre Ich wächst und blüht, wenn man sich voller Freude und Energie immer weiterentwickelt in genau die Richtung, die dem eigenen, individuellen Sein entspricht.

Selbstliebe sagt »Ja« zum Sein, zum Sein, so wie es wirklich ist. Denn »zu sein« ist gleichbedeutend mit »zu leben«. Wenn Ihre Selbstliebe intakt ist, gehen Sie mit offenen Sinnen durch die Welt, und es ist Ihnen wichtig, die Wirklichkeit wahrzunehmen, zu spüren und zu akzeptieren, so wie sie ist. Das beginnt bei Ihnen selbst und erstreckt sich auf Ihr gesamtes Umfeld und auf all Ihre Kontakte. Wenn Ihre Selbstliebe intakt ist, wissen und spüren Sie, dass man mit jeder Form von Wirklichkeitsverweigerung ein Stück wahres Sein ins Nicht-Sein drängt, ein Stück Leben in den Tod schickt. Deshalb fühlen wir uns jedes Mal, wenn wir einem Teil wahren Seins Wahrnehmung, Akzeptanz und Liebe verweigern, ein Stück weniger lebendig. Selbstliebe ist das uneingeschränkte Bekenntnis zum Sein, das Bekenntnis zum Leben. Selbstliebe ist die Quelle unserer Lebensenergie und unserer Lebensfreude. Je mehr die Selbstliebe versiegt, desto mehr versiegt auch unsere Lebensenergie und unsere Lebensfreude.

Selbstliebe bedeutet, das Leben an sich zu achten und zu lieben, nicht nur das eigene, sondern auch das Leben anderer. Für den Egoisten hingegen zählt nur das eigene Sein.

Sein, Schein und Träumereien

Selbstliebe will leben und sich nicht verstecken bis hin zur Selbstvernichtung. Selbstliebe sagt »Ja« zum Sein, so wie es tatsächlich ist. Aber jedes momentane Sein trägt immer auch das Potenzial für Veränderung in sich. Das Veränderungspotenzial gehört genauso zum Sein wie der momentan erlebbare Ist-Zustand. »Ja« sagen zum Sein, wie es wirklich ist, bedeutet also nicht, eine Situation als unabänderlich hinzunehmen. Selbstliebe wird selbstverständlich danach trachten, dort, wo es sinnvoll ist, Einfluss auf die Zukunft zu nehmen.

Und natürlich kann Selbstliebe auch träumen, kann sich Dinge vorstellen, die weit über die momentan erlebte Wirklichkeit hinausgehen. Dinge, die jetzt zwar nicht sind, die vielleicht aber möglich sind. Aber auch Dinge, die vielleicht ganz und gar nicht realistisch sind. Dabei wird die Selbstliebe aber immer wissen, was denn jetzt eine Tatsache ist und was in den Phantasie- und Wunschbereich gehört. Selbstliebe wird die Ausflüge in den Vorstellungsbereich sogar genießen und ganz bewusst einsetzen, aber sie wird nicht im Traumbereich hängen bleiben, sich nicht dorthin flüchten und nicht die Vorstellung mit der Wirklichkeit verwechseln. Es ist ein großer Unterschied, ob ich versuche, die Wirklichkeit zu ignorieren und mir eine Scheinwelt einrede, oder ob ich mich von meinen Träumen und Phantasien beflügeln lasse und aus ihnen neue Ideen schöpfe, die mir helfen, in der Wirklichkeit zwar ungewohnte und außergewöhnliche, aber trotzdem erfolgversprechende Wege zu beschreiten.

So wie das Träumen nicht immer im Widerspruch steht zur Selbstliebe, so kann auch der »Schein« als Gegenstück zum »Sein« durchaus im Sinne der Selbstliebe sein. Ich möchte das anhand von zwei Beispielen aus dem Tierreich erklären.

Das erste Beispiel habe ich selbst erlebt. Bei einem Picknick im Grünen haben wir nebenbei immer wieder einen Vogel gefüttert. Zuerst hat er alle Leckerbissen, die wir ihm zuwarfen, sofort gefressen. Aber sobald sein Hunger gestillt war, hat er sie als Vorrat für schlechtere Zeiten vergraben. Interessant dabei war, dass er zuerst überprüft hat, ob ihn ein anderer Vogel beobachtet. Wurde er beobachtet, dann tat er nur so, als ob er den Nahrungsvorrat vergraben würde, suchte sich aber eine neue Stelle zum wirklichen Vergraben, als er sicher war, nicht beobachtet zu werden. Offensichtlich wusste er, dass andere Vögel versuchen würden, seinen Vorrat zu stehlen. Er betrachtete in diesem Zusammenhang die anderen Vögel also als Feind. Was hätte es auch für einen Sinn gehabt, den Nahrungsvorrat in dem Wissen zu vergraben, dass ihn ein anderer Vogel sofort wieder ausgraben und fressen würde? Obwohl der Vogel etwas vorgab, was nicht der Wirklichkeit entsprach, hat er nicht sein wahres inneres Ich verleugnet. Er hat vielmehr den »Schein« benützt, um sein »Sein« besser abzusichern. Er hat den »Schein« in den Dienst des »Seins« gestellt.

In meinem zweiten Beispiel geht es um die Beziehung zwischen Löwe und Gazelle. Löwen kündigen den Gazellen ganz bestimmt nicht an, dass sie jetzt schon sehr hungrig seien und es langsam Zeit werde, wieder auf die Jagd zu gehen. Sie schleichen sich vielmehr möglichst unbemerkt an, und erst wenn sie nahe genug sind und die Gazelle nur noch eine geringe Chance hat zu entkommen, erst dann zeigen sie ihre wahre Absicht und setzen zur offensichtlichen Jagd an. Auch in diesem Beispiel stellt der Löwe den »Schein« in den Dienst des »Seins«. Eine Zeit lang so zu tun, als wäre er gar nicht da, ist kein Verleugnen seines wahren inneren Ichs, sondern eine wichtige Strategie, um selbst überleben zu können.

In beiden Fällen handelt es sich aber um die Beziehung zwischen Feind und Opfer. Weder der Feind zeigt sich exakt so, wie er wirklich ist, noch das potenzielle Opfer. Im Feind-Opfer-Verhältnis zählt das eigene Überleben selbstverständlich mehr, als sich ehrlich und offen so zu zeigen, wie man wirklich ist. Deshalb wird eine gesunde Selbstliebe immer versuchen, sehr deutlich zu erkennen, wer Feind und wer Freund ist. Und deshalb ist Vertrauen auch keine Selbstverständlichkeit, sondern muss sukzessive aufgebaut und erworben werden.

Aber genauso wichtig, wie es für die Selbstliebe ist, sich von einem Feind nicht unterkriegen zu lassen, genauso wichtig ist es für sie, in die Kraft und Energie und auch das Glück einzutauchen, die sich aus Freundschaft ergeben. Warum sollte man sich vor einem Freund verstecken, sich vor einem Freund verstellen? Wo doch ein Freund grundsätzlich bemüht ist, uns nichts Böses anzutun. Ganz im Gegenteil ist er dazu bereit, in sinnvoller Weise zu unserem Glück auch aktiv beizutragen. Aber wie kann er das, wenn ich mich nicht in meinem wahren Selbst zu erkennen gebe? Wenn ich vor meinen Freunden so tue, als würde mir Schokoladentorte schmecken, obwohl ich Schokoladentorte überhaupt nicht mag, dann brauche ich mich nicht zu wundern, wenn sie mir immer wieder Schokoladentorte zu essen geben.

Wenn ich mein wahres, inneres Ich vor jemandem verberge, dann behandle ich diesen Menschen so, als wäre er mein Feind. Aber wie soll sich eine Beziehung zwischen Freunden entwickeln, wenn wir diesen Freund wie einen Feind behandeln? Wie soll sich eine Freundschaft positiv entwickeln, wenn wir den anderen wie einen Blinden in unserer Scheinwelt herumtasten lassen, statt ihm zu erlauben, an unserer Wirklichkeit teilzuhaben?

Und dann stellt sich auch die Frage, wie sehr wir unser eigener Freund oder Feind sein wollen. Solange wir uns nicht trauen, uns selbst offen und ehrlich wahrzunehmen, so wie wir wirklich sind, machen wir uns zu unserem eigenen

Feind. Wobei das Wahrnehmen und Erkennen des eigenen wahren Ichs nur der erste Schritt ist. Denn unser eigener Freund sind wir erst dann, wenn wir unser wahres Ich nicht nur wahrnehmen, sondern es auch akzeptieren, wertschätzen und lieben, so wie es eben ist.

Der Vollständigkeit halber möchte ich auch noch jenen »Schein« erwähnen, der auch unter Freunden seine Berechtigung hat. Das ist jener »Schein«, der ganz gezielt darauf ausgerichtet ist, jemandem eine Freude zu machen. Wenn ich zum Beispiel für einen Freund eine Überraschungsparty plane, dann werde ich vielleicht kleine Notlügen nicht vermeiden können, will ich die besondere Freude und den Überraschungseffekt nicht gefährden.

Auch wenn man im ersten Moment vielleicht denken würde, dass »Träumen« und »Anschein-Erwecken« im absoluten Widerspruch stehen zum »Sein« und damit auch zur Selbstliebe: Das ist eben nicht immer der Fall. Wichtig ist, dass einem bewusst ist, was Wirklichkeit ist und was Phantasie oder Täuschung, und dass man nicht für ein Traum- oder Truggebilde, sondern für die Wirklichkeit lebt, für das wahre Sein.

»Selbstliebe« als Ausrede

Menschen mit intakter Selbstliebe akzeptieren, wertschätzen und lieben sich selbst, so wie sie wirklich sind. Sie werden auch darauf bestehen, sich so zeigen zu dürfen, wie sie wirklich sind. Aber sie werden dieses Verständnis über sich selbst und ihre Selbstliebe sicherlich nicht als Ausrede dafür verwenden, Fehler weiterhin machen zu dürfen. Es wäre ein Widerspruch in sich, denn Selbstliebe *will* Fehler erkennen und *will* sich aus der Erkenntnis heraus weiterentwickeln.

Trotzdem wird es immer wieder vorkommen, dass Menschen ihre egoistische Motivation und ihre egoistischen Gefühle hinter vorgegebener Selbstliebe zu verstecken suchen, in Wirklichkeit aber das Leid von anderen ignorieren und nur an den eigenen Vorteil denken.

Denn »Selbstliebe« bietet sich als geradezu optimales Argument an, um Fehler nicht zugeben zu müssen. Stellen Sie sich vor, Ihr Partner hat die Angewohnheit, Schranktüren und Schubladen nicht zuzumachen. Besonders bei den offen stehenden unteren Laden und den offenen kleinen Türen in Kopfhöhe ist die Verletzungsgefahr nicht unerheblich – fallen sie doch nicht immer gleich in unser Blickfeld. Es ist dann sehr oft nicht der Blickkontakt, sondern der unerwartete Berührungskontakt, der uns in sehr unangenehmer und teils gefährlicher Weise bewusst macht, dass da etwas offen geblieben ist, was eigentlich geschlossen sein sollte. Jetzt könnte uns unser Partner erklären, dass er eben so ist, dass dieses Verhalten ganz einfach zu ihm gehört, und wir mögen das doch bitte im Sinne der Liebe akzeptieren, seine Selbstliebe lasse gar nichts anderes zu, als diese Schwäche selbstverständlich zu akzeptieren.

Für mich klingt das aber stark nach Ausrede, um weiterhin Fehler machen zu dürfen, und hat viel mehr mit Egoismus oder Rechthaberei zu tun als mit Selbstliebe. Egoismus und Rechthaberei wiederum sind ein deutlicher Indikator für Mangel an Selbstliebe.

Was ist ein Fehler?

Natürlich drängt sich hier die Frage auf, was genau nun ein Fehler ist, den man möglichst vermeiden sollte, und was ist im Gegensatz dazu eine Eigenschaft, die, obwohl sie vielleicht manchmal unangenehme Auswirkungen haben kann, einfach zu einem selbst gehört und als solche auch akzeptiert und mit-geliebt werden sollte.

Etwas als Fehler zu bezeichnen ist gleichbedeutend damit, etwas als falsch zu bewerten. Bei einer Rechenaufgabe ist es eindeutig, ob sie richtig oder falsch gelöst wurde, ob also jemand einen Fehler gemacht hat oder nicht. Wenn es aber darum geht, konkrete Handlungen von Menschen als richtig oder falsch zu beurteilen, ist das schon viel schwieriger, und vor allem wird die Bewertung durch unterschiedliche Menschen zu unterschiedlichen Ergebnissen führen.

Wenn uns jemand anders einen Fehler vorwirft, liegt es sehr oft daran, dass wir seine Erwartungen enttäuscht haben. So als wäre es gut und richtig, Erwartungen zu erfüllen, und falsch, also ein Fehler, die Erwartungen eines anderen Menschen nicht zu erfüllen. Da aber die Erwartungen verschiedener Menschen an ein und dieselbe Person sehr unterschiedlich, ja sogar gegensätzlich sein können, kann das, was für den einen genau richtig ist, für den anderen ein grober Fehler sein. Wenn es auch durchaus hilfreich ist, die Erwartungen anderer zu verstehen, ist es dagegen kaum aussichtsreich, seine Handlungen unbedingt in Einklang mit den Erwartungen anderer bringen zu wollen. Jeder muss selbst entscheiden, was für ihn richtig oder falsch ist, was ein Fehler ist und was nicht.

Abgesehen von eindeutig falschen Aussagen, so wie sie zum Beispiel in der Mathematik eindeutig feststellbar sind, verstehe ich unter einem Fehler eine Handlung oder ein Verhalten, die oder das zu unnötigem Leid führt, unnötigerweise für irgendjemanden oder irgendetwas negative Auswirkungen hat. Aber auch hier werden verschiedene Menschen unterschiedlicher Meinung sein, was denn jetzt unnötiges Leid sei und was notwendiges, nicht vermeidbares Leid.

Wenn zum Beispiel ein Zahn gezogen werden muss, dann kann das zwar für den Augenblick einen besonders starken Schmerz auslösen, aber insgesamt ist es für den Betroffenen besser, den kaputten Zahn loszuwerden. In dem Fall wird es eine relativ große Übereinstimmung darüber geben, dass das kurzfristige, besonders starke Leiden – verursacht durch das Zahnziehen – notwendig ist.

In anderen Situationen werden die Meinungen sehr stark auseinandergehen. So werden zum Beispiel manche Eltern jenes Leid, das ihr Kind durch Hausarrest oder Fernsehverbot empfindet, für absolut notwendig halten, weil sie überzeugt sind, dass es ihrem Kind hilft, sich zu einem verantwortungsbewussten, zuverlässigen Menschen zu entwickeln. Andere Eltern werden solche Maßnahmen für absolut unnötig und sogar für die positive Entwicklung des Kindes als schädlich betrachten. Ich möchte hier nicht darüber diskutieren, wer denn nun recht hat. Ich möchte lediglich zeigen, wie sehr Meinungen darüber, was nötiges und was unnötiges Leid ist, voneinander abweichen können, obwohl in dem Fall beide Elternpaare für ihr Kind nur das Beste wollen.

Ob etwas ein Fehler ist oder nicht, können wir immer nur für uns selbst bewerten und dabei, soweit sinnvoll, auch das Wissen, die Überlegungen und Gefühle von anderen mit einbeziehen, vor allem auch von jenen Menschen, die durch unsere Entscheidung tatsächlich betroffen sind. Natürlich werden wir nie absolut alle Aspekte einer Sache erfassen und verstehen können – das liegt in unserer nicht allwissenden menschlichen Natur. Aber wir können uns zumindest bemühen, bei unserer Bewertung nicht nur die sofort deutlich erkennbaren Auswirkungen zu beachten, sondern unsere Aufmerksamkeit bewusst auch auf längerfristige Konsequenzen richten – und nicht nur Auswirkungen auf uns selbst bedenken, sondern auch die auf andere Menschen.

Und trotzdem werden wir nicht alle Fehler vermeiden können. Manche Situationen erfordern so schnelle Reaktionen, dass wir nur unserer spontanen Überzeugung folgen können, ohne lange zu überlegen. Sollte sich im Nachhinein herausstellen, dass wir tatsächlich einen Fehler gemacht haben, dann werden wir daraus für die nächste ähnliche Situation lernen. Wichtig ist, dass wir uns, soweit sinnvoll, bemüht haben, möglichst keinen Fehler zu machen, und dass wir auch die innere Stärke haben, Fehler zuzugeben – denn nur dann kann man es in Zukunft besser machen.

Während manche Menschen sich so sehr bemühen, ja keinen Fehler zu machen, dass sie immer noch mehr Informationen und Meinungen einholen und so in Handlungs- und Entscheidungsunfähigkeit erstarren, sind andere dagegen so sehr von sich selbst und ihrer Unfehlbarkeit überzeugt, dass sie erst gar nicht an den Überlegungen von anderen interessiert sind und ihre Handlungen und Entscheidungen prinzipiell immer als richtig verteidigen. In Wahrheit ist solch ein übersteigertes Selbstwertgefühl genauso ein Indikator für mangelnde Selbstliebe wie die Unfähigkeit, eine eigene klare Position zu vertreten. In beiden Fällen werden Fehler als Zeichen persönlicher Mangelhaftigkeit erlebt, in beiden Fällen steht dahinter die Angst, unbewusst oder auch bewusst, für jeden Fehler, den man macht, weniger geliebt zu werden. Während die einen deshalb verweigern, ihre Schwächen und Fehler überhaupt wahrzunehmen, wissen die anderen zwar, dass sie nicht unfehlbar sind, versuchen aber so vehement jeden Fehler zu vermeiden, dass es ihnen schwerfällt, sich überhaupt zum Handeln zu entschließen.

Und es gibt auch Menschen, die nur dann etwas als Fehler empfinden, wenn es für sie selbst zu unnötigem Leid führt.

Dieser nur auf sich selbst gerichtete Blick ist ein wesentliches Kriterium, das Egoismus von Selbstliebe unterscheidet. Und genauso wie übersteigertes Selbstbewusstsein, Präpotenz und Arroganz entspringt auch Egoismus keinem Zuviel, sondern einem Zuwenig an Selbstliebe. Egoismus versucht nur deshalb so viel »Liebe« oder vielmehr Liebesersatz wie nur möglich für sich selbst zu ergattern, weil im tiefsten Inneren das Gefühl von Liebesmangel so groß ist. Man könnte sagen, Egoismus ist eine Liebesraffgier, die aber, statt zur Liebe hin-, von der Liebe wegführt. So als versuchte jemand verzweifelt, Wasser in seiner Hand aufzufangen und festzuhalten, indem er die Hand immer fester um das Wasser schließt und es gerade dadurch aus ihr verdrängt.

Ein Mensch, der den Mangel an Selbstliebe durch Egoismus oder eine andere Weise, sich selbst über andere zu stellen, auszugleichen versucht, wird eine andere Einschätzung darüber haben, was ein Fehler ist, was notwendiges und was unnötiges Leid ist, als jemand, der den Mangel an Selbstliebe durch Formen des Sich-Unterordnens auszugleichen versucht. Während die einen dazu tendieren, das Leid anderer zu übersehen oder als nicht so signifikant zu bewerten, werden die anderen das Leid anderer Menschen eher höher einschätzen als ihr eigenes. Es ist die Selbstliebe, die uns den gesunden Mittelweg finden lässt in der Bewertung dessen, was unnötiges Leid und in diesem Sinne ein Fehler ist.

Eigene Fehler zu erkennen, daraus für die Zukunft zu lernen und uns dadurch weiterzuentwickeln, diese Fähigkeit ist also in zweifacher Hinsicht von unserer Selbstliebe abhängig. Erstens weil uns ein Mangel an Selbstliebe sehr oft blockiert, unsere Fehler wahrzunehmen und zuzugeben – denn das lässt uns vermeintlich (!) noch weniger liebenswert erscheinen –, und zweitens weil die Leid-Einschätzung aufgrund mangelnder Selbstliebe entweder nach oben oder nach unten verschoben ist.

Das ist einer der Gründe, warum es oft so schwer ist, sich mit anderen darüber zu einigen, was ein Fehler ist und was nicht. Eine andere Ursache liegt darin, dass jeder Mensch einen anderen Erfahrungshintergrund hat. Hat man selbst zum Beispiel schon erlebt, wie schlimm es ist, wenn jemand, der einem beim Ausmustern von alten Sachen hilft, ohne nachzufragen Dinge wegwirft, die zwar eindeutig kaputt sind, die aber – was der andere nicht wissen kann – für einen selbst einen hohen sentimentalen Wert haben, dann wird man diesen Fehler selbst kaum bei anderen machen. Man wird zwar beim Aussortieren helfen, aber vor dem Wegwerfen noch einmal rückfragen. Jemand, der diese Erfahrung nicht gemacht hat, wird vielleicht gar nicht auf die Idee kommen, dass er mit dem ungeprüften Wegwerfen von kaputten Dingen dem anderen unnötiges Leid verursachen könnte.

Man kann sich also immer nur *bemühen*, Fehler zu erkennen und möglichst zu vermeiden. Andere Meinungen einzuholen wird meistens hilfreich sein, weil es den Blickwinkel vergrößert, aber am Ende muss man selbst entscheiden.

Dass wir uns bemühen, ist wichtig, weil eben Fehler unnötiges Leid verursachen, für andere wie auch für uns selbst. Das Bedürfnis, Fehler zu erkennen und zu vermeiden, ist für Menschen mit gesunder Selbstliebe selbstverständlich, denn man will sich weder selbst Leid zufügen, noch ist man auf Liebesersatz angewiesen, den sich viele Menschen nur allzu oft über anderer Menschen Leid holen.

Stärken und Schwächen

Fehler soll man sich also eingestehen und in Zukunft möglichst vermeiden. Während Fehler zu machen zum Menschsein gehört, ist der jeweils konkret begangene Fehler trotzdem kein Teil meiner selbst. Schwächen hingegen gehören genauso zu mir wie meine Stärken, und das Ausmerzen meiner Schwächen wäre gleichbedeutend mit dem Vernichten eines wesentlichen Teils meines wahren Seins. Etwas, was eine gesunde Selbstliebe nie zulassen würde.

Während ein Fehler eine Handlung ist, die unnötiges Leid verursacht, sind Schwächen ein Teil meiner Grundeigenschaften. Eine Schwäche kann zu Fehlern führen, also zu Handlungen, die unnötiges Leid verursachen, vor allem dann, wenn ich mir meiner Schwäche nicht bewusst bin und sie nicht wahrhaben möchte.

Genauer betrachtet sind Stärken und Schwächen immer nur die jeweils positive und negative Auswirkung ein und derselben Grundeigenschaft. Ich nenne diese Grundeigenschaften lieber »Qualitäten«. Und jede Qualität kann bewusst sowohl positiv wie auch negativ eingesetzt werden, so wie sie sich unbewusst positiv oder negativ auswirken kann.

Betrachten wir zum Beispiel die Schneide eines Messers. Sie können mit einem Messer Brot schneiden, und Sie können mit demselben Messer auch jemanden verletzen. Je schärfer das Messer ist, desto besser können Sie Brot schneiden, desto gravierender können aber auch mit dem Messer zugefügte Verletzungen sein. Die Grundeigenschaft oder, nach meiner Definition, Qualität »Schärfe« ist weder gut noch schlecht, sie kann aber absichtlich sowohl positiv wie auch negativ genutzt werden, und sie kann einen auch unerwartet mit ihren negativen Auswirkungen überraschen, wenn man sich der gefährlichen Seite des Messers nicht bewusst ist oder man versucht, sie zu verharmlosen.

Ebenso verhält es sich mit allen Grundeigenschaften eines Menschen. Es sind Qualitäten, die sowohl positive wie auch negative Aspekte in sich tragen. Wobei ich – vereinfacht ausgedrückt – alles, was insgesamt betrachtet Freude und Wohlbefinden fördert, als positiv einordne und alles, was unnötiges Leid verursacht, als negativ. Die einzelnen Qualitäten sind von Mensch zu Mensch verschieden stark ausgeprägt und treten in ganz unterschiedlichen Mischungen auf, wobei keine Qualität mehr Wert hat als eine andere. Eine Qualität an sich ist weder positiv noch negativ, sie ist aber immer etwas sehr Wertvolles, und es liegt in unserer Verantwortung, wie wir unsere Qualitäten nutzen.

Wenn wir zum Beispiel die Qualität »Redegewandtheit« betrachten, so kann sich diese – wie eben auch jede andere Qualität – sowohl in Stärken wie auch in Schwächen bemerkbar machen. Die Fähigkeit, Inhalte gut zu kommunizieren, sodass beim Zuhörer exakt das ankommt, was mitgeteilt werden möchte, ist eine dieser Stärken. Überzeugungskraft ist eine andere Stärke, die unter anderem auf Redegewandtheit basiert. Redegewandtheit kann aber auch bewirken, dass jemand ununterbrochen redet und damit anderen Menschen so lästig ist, dass sie gar nicht mehr zuhören. Vielleicht hört man auch selbst anderen nicht zu, weil man viel zu viel selbst mit Reden beschäftigt ist. Und es kann sich jemand so sehr auf seine Redegewandtheit verlassen, dass er vergisst, dass der Inhalt der Rede auch fachlich fundiert sein sollte. Redegewandtheit kann also einerseits sehr positiv eingesetzt werden, zum Beispiel um Unterstützer für eine gute Sache zu gewinnen oder um im Beruf andere Menschen von neuen Projekten zu überzeugen oder auch um die eigenen fachlichen Fähigkeiten für andere deutlich zu machen und damit leichter in der Karriereleiter nach oben zu steigen. Dieselbe Redegewandtheit könnte aber auch in negativer Weise dafür genutzt werden, andere Menschen hinters Licht zu führen, sie verbal zu verletzen und sie vor anderen schlecht zu machen. Sie kann dazu verleiten, sich nur mit Reden durchzumogeln und die Weiterentwicklung der fachlichen Kompetenz zu vernachlässigen. Und so kann es auch sehr leicht passieren, dass jemand, der sich der negativen Aspekte dieser seiner Qualität nicht bewusst ist, zwar anfangs beruflich sehr erfolgreich ist, nach einiger Zeit aber scheitert, weil andere erkennen, dass hinter den guten Reden die fachliche Kompetenz fehlt.

Unsere größte Stärke ist immer gleichzeitig auch unsere größte Schwäche, wenn wir uns der Zusammenhänge nicht bewusst sind. Denn hinter unserer größten Stärke steht ja unsere am besten entwickelte Qualität, deren Kraft und Intensität eben nicht nur in der dazugehörigen Stärke wirkt, sondern genauso vehement in der dazugehörenden Schwäche zum Vorschein kommt. Es ist daher enorm wichtig, die grundsätzliche Qualität zu erkennen und zu verstehen, wie sich diese sowohl in Stärken wie auch in Schwächen zeigt. Es ist toll, ein scharfes Messer zu haben, wenn man damit richtig umgehen kann. Das Messer in der Hand eines Menschen, der sich dessen negativer Aspekte nicht bewusst ist, ist ein höchst gefährlicher Gegenstand, wobei nicht nur die anderen durch ein »unbeherrschtes« Messer massiv gefährdet sind, sondern auch der Besitzer selbst.

Ein Mensch mit gut ausgeprägter Selbstliebe wird kein Problem haben, sowohl seine Stärken wie auch seine Schwächen wahrzunehmen und auch zu verstehen, wie diese miteinander durch die zugrunde liegende Qualität verbunden sind. Ein Mensch mit gut ausgeprägter Selbstliebe wird eine nie versiegende Freude haben an seinen Qualitäten, sie lieben, wertschätzen, genießen und sein Leben darauf aufbauen. Er wird dabei die Schwächen genauso akzeptieren wie die Stärken – als ein zusammengehörendes, wunderbares Paket. Und weil er sich auch der Schwächen bewusst ist, wird es ihm relativ leichtfallen, darauf zu achten, dass durch sie kein unnötiges Leid verursacht wird, weder für andere noch für sich selbst. Wenn ich eine Schwäche an mir erkenne und sie als zu mir gehörend akzeptiere, kann ich sie auch kontrollieren, ich habe sie im Griff. Wenn ich meine Schwäche nicht sehe, sie ablehne, so tue, als hätte ich sie nicht, dann hat sie mich im Griff.

Eine Schwäche im Griff zu haben heißt aber nicht, sie ausmerzen zu wollen. Denn die Schwäche ist immer untrennbar mit der Qualität an sich und der dazugehörenden Stärke verbunden. Mit dem Ausmerzen der Schwäche würde man das gesamte Qualitätspaket unterdrücken. So würde auch den Stärken nicht genug Raum gegeben werden, und eine wesentliche Quelle für unsere ganz eigene Lebensfreude ginge verloren. Eine Schwäche im Griff zu haben bedeutet nicht, sie auszumerzen, sondern sie wahrzunehmen und zu akzeptieren, sie in ihren Zusammenhängen zu verstehen, sie in der Einheit mit der Qualität und der dazugehörenden Stärke mitzulieben und achtsam zu sein, dass sich ihre gefährlichen, Leid verursachenden Aspekte nicht verselbstständigen.

Eine schwache Selbstliebe verhindert aber, dass wir unsere Schwächen als untrennbar zu uns gehörend akzeptieren können – zumindest so lange, bis uns die enge, nicht auflösbare Bindung an unsere Stärken deutlich bewusst geworden ist. Dieses Nicht-akzeptieren-Können führt entweder dazu, dass wir versuchen, unsere Schwächen auszumerzen, und uns damit selbst auch unserer Stärken und unserer Lebensfreude berauben, oder dass wir versuchen, unsere Schwächen vor uns selbst und vor anderen zu verbergen, indem wir für alles, was irgendwie schiefläuft, die Schuld bei anderen oder bei ungünstigen Umständen suchen. Womit wir aber auch die Verantwortung für unser eigenes Glück und Wohlbefinden wegschieben und sich damit auch unsere Chancen auf Glücklichsein, Liebe und Wohlbefinden drastisch reduzieren.

Fehler und Schwächen akzeptieren

Die genaue Auseinandersetzung mit Fehlern und Schwächen ist deshalb so wichtig, weil Menschen mit mangelnder Selbstliebe fälschlicherweise Fehler und Schwächen als Ursache dafür betrachten, dass sie nicht geliebt werden. Wobei manchmal die Schuld bei den eigenen Fehlern und Schwächen gesucht wird und manchmal bei den Fehlern und Schwächen anderer Personen.

Der wahre Grund für Liebesenttäuschungen ist aber genau das Gegenteil und liegt in der *Nicht*-Akzeptanz der Fehler, die wir ungewollt machen, und in der *Nicht*-Akzeptanz unserer Schwächen. Fehler und Schwächen sind Teil unseres Menschseins, und nur wenn ich mich selbst akzeptiere, so wie ich wirklich bin – inklusive der Fehler, die ich mache, und inklusive meiner Schwächen –, kann ich mich selbst lieben, und nur dann kann mich auch die Liebe von anderen erreichen.

Fehler akzeptieren, damit meine ich sowohl die prinzipielle Akzeptanz, dass Menschen (und daher auch ich) Fehler machen, wie auch das ehrliche Eingestehen eines konkreten Fehlers, den man gemacht hat, ohne sich selbst deshalb für schlecht oder minderwertig zu halten. Ich meine damit aber nicht, dass man sich einfach die Erlaubnis gibt, denselben Fehler weiterhin zu machen. Ganz im Gegenteil. Wenn ich akzeptiere, dass ich einen Fehler gemacht habe, dann akzeptiere ich ja gleichzeitig, dass ich in irgendeiner Form unnötiges Leid verursacht habe, und das ist bei einer intakten Selbstliebe automatisch mit dem Bedürfnis verbunden, aus diesem Fehler zu lernen und ihn in Zukunft möglichst nicht mehr zu machen.

Im gleichen Sinne meine ich das Akzeptieren meiner Schwäche. Die Schwäche gehört untrennbar zu mir. Wenn ich die Kraft meiner Schwäche reduziere, dann reduziere ich gleichzeitig die Kraft der dazugehörenden Stärke. Wenn ich das Messer stumpf werden lasse, um die Verletzungsgefahr zu verringern, vermindere ich gleichzeitig auch den positiven Nutzen des Messers. Es geht also darum, die Schwäche zu erkennen und als unauflösbar zu mir gehörend zu akzeptieren – unter anderem, um ihre negativen Auswirkungen mit der entsprechenden Achtsamkeit kontrollieren zu können. Es ist aber nicht zu akzeptieren, dass ich aus Leichtfertigkeit, Faulheit oder Egoismus meiner Schwäche erlaube, unnötiges Leid zu verursachen.

Solange wir unsere Fehler und Schwächen nicht offen und ehrlich wahrnehmen und solange wir selbst lieber unfehlbar und ohne Schwächen sein wollen, so lange ist unsere Selbstliebe nicht intakt. Die Nicht-Akzeptanz unserer Fehler und Schwächen könnte also ein sehr guter Indikator für mangelnde Selbstliebe sein. Leider funktioniert dieser Indikator aber nur sehr schlecht, wenn überhaupt, wenn es darum geht, mangelnde Selbstliebe bei sich selbst festzustellen. Das Problem bei der Selbsterkenntnis ist, dass wir durch den Mangel an Selbstliebe dazu verleitet werden, unsere Fehler und Schwächen vor uns selbst und anderen zu verleugnen oder versuchen, sie durch eisernes Bemühen in etwas positiv Erscheinendes umzuwandeln. Das gilt vor allem für jene Fehler und Schwächen, die wir selbst als gravierend empfinden. Unsere kleineren und manchmal sogar als charmant empfundenen Fehler und Schwächen können wir durchaus wahrnehmen und akzeptieren. Und so wird ein scheinbares Gefühl von Selbstliebe und Selbstakzeptanz aufrechterhalten, ein Gefühl, das aber zu einem erheblichen Teil auf einer inneren Lüge basiert und von dem wir tief in unserem Inneren auch wissen, dass es nicht echt ist. Wir glauben also, dass wir uns so akzeptieren und lieben, wie wir wirklich sind – inklusive unserer Fehler und Schwächen, obwohl das aber tatsächlich nicht der Fall ist. Wenn wir für uns selbst herausfinden wollen, wie stark oder aber wie geschwächt unsere Selbstliebe ist, dann kann uns das Überprüfen unserer Einstellung zu unseren Fehlern und Schwächen, so wir es im Alleingang, also ohne Hilfe von außen versuchen, leicht in die Irre führen.

Aber es gibt auch andere Indikatoren, die uns helfen, mangelnde Selbstliebe wesentlich leichter bei uns selbst zu erkennen.

Gefühle der Enttäuschung sind sehr gut als solche Indikatoren geeignet. Aber auch Ärger, Wut, Neid, Missgunst und Gier – Gier im Sinne von »unbedingt haben müssen«, und hierbei muss es nicht nur um materielle Werte gehen – können uns bei einer Selbstanalyse helfen.

Bevor ich aber genauer darauf eingehe, wie man für sich selbst einen Mangel an Selbstliebe erkennen kann, möchte ich zeigen, wie sich im Idealfall die Selbstliebe eines Menschen von Kindheit an positiv entwickelt – und wie es andererseits dazu kommt, dass so viele Menschen an mangelnder Selbstliebe leiden.

Wie sich Selbstliebe entwickelt und wie sie geschwächt wird

Von traumatischen Ereignissen in der Schwangerschaft abgesehen, kann man wohl davon ausgehen, dass es für Babys, wenn sie geboren werden, selbstverständlich ist, das eigene Sein, aber auch das umgebende Sein wertzuschätzen und zu akzeptieren – ob sich das nun auf bewusster oder unbewusster Ebene abspielt. Nichts hat ihnen während der Zeit im Mutterleib vermittelt, dass sie vielleicht nicht lieb genug sind oder nicht wertgeschätzt werden. Sie waren gut versorgt, durften machen, was sie wollten, waren geschützt und geborgen im Bauch der Mutter. Es gab keinen Druck, sich irgendwie anders zu geben, als man tatsächlich ist. Sie haben bekommen, was sie brauchen, ohne dafür irgendeine Fremderwartung erfüllen zu müssen. Niemand war jemals enttäuscht von ihnen. Es war absolut okay, einfach nur zu sein, genau so zu sein, wie man eben ist.[1] Und auch wenn der Geburtsvorgang selbst nicht nur für die Mutter, sondern ziemlich sicher auch für das Baby eine Herausforderung der besonderen Art war, so hat das Baby dabei die Erfahrung gemacht, dass es genug Kraft hat, auch bedrohliche Situationen gut zu bewältigen oder gut zu überstehen – und auch hierbei war es nicht notwendig, sich anders zu geben, als man ist. Es war schwierig, vielleicht sogar schmerzhaft und beängstigend, aber jetzt ist es wieder okay, und siehe da, es ist sogar interessant, und das Baby ist voller Neugier, die neue Umgebung für sich zu erobern.

Mit diesem Selbstverständnis, dass es selbst okay ist, so wie es eben ist, dass es leben und sich wohlfühlen will, tut das Baby auch kund, wenn es etwas braucht oder wenn es

---

[1] Katharina Saalfrank beschreibt in ihrem Buch *Du bist okay, so wie du bist. Das Ende der Erziehung* (Köln 2013) sehr gut diese embryonale Urerfahrung der engen Verbundenheit bei gleichzeitiger Autonomie.

etwas nicht mag. Und in dem Ausmaß, wie das Baby und später das Kleinkind seine Gliedmaßen und seinen Körper kontrollieren kann, wird es Dinge, die es mag, nicht nur verlangen, sondern sich auch selbst holen. Und selbstverständlich versuchen die Kleinen ihre Wünsche durchzusetzen – sie sind ja da mit dem Gefühl, dass sie absolut okay sind, und das inkludiert auch ihre Wünsche. Sie wollen nicht nur in sich abgeschlossen leben, sondern auch das Rundherum in all seiner Fülle in ihr Dasein einbeziehen. Sie wollen ihr Dasein mit all den Möglichkeiten, die es rundherum gibt, bereichern. Sie wollen wachsen und blühen. Also warum sollte sich das Kind nicht holen oder nicht bekommen, was ihm Freude macht?

Im Gegensatz zum Kind wissen Eltern sehr gut, dass nicht alles, was es möchte, ihm auch guttut. Dass es da auch eine Unmenge von Gefahren gibt, vor denen man das Kind schützen möchte. Nicht zu vergessen all jene Dinge, die dem Kind zwar keinen unmittelbaren Schaden zufügen, die es aber trotzdem lernen sollte, um nicht später in unnötige Schwierigkeiten zu kommen. Sosehr sich unser von Anfang an vor Selbstliebe strotzendes Kind auch etwas wünscht, es wird über kurz oder lang die Erfahrung machen, dass nicht alles nach seinem Willen geht.

Es ist auch nicht verwunderlich, wenn so ein Kind mit massivem Protest reagiert, lässt man es nicht nach seinem Willen gewähren. Fehlt ihm doch jede Erfahrung möglicher negativer Konsequenzen.

Beim Durchsetzen von Verboten oder Geboten gegen die ursprüngliche Absicht des Kindes gehen Eltern – und Erwachsene generell – aber sehr unterschiedlich vor.

So werden einige, wenn sie ihrem Kind etwas nicht erlauben, das zwar konsequent, aber trotzdem verständnisvoll und mit Liebe verfolgen. Sie werden das Kind nicht nur davon abhalten, das zu tun, was es tun wollte, sie werden ihm auch vermitteln, dass sie seinen Wunsch verstehen können, dass das aber aus bestimmten Gründen nicht geht, und sie werden dem Kind auch helfen, Alternativen zu finden, ihm zeigen, dass das Leben eine Fülle von Möglichkeiten bietet und es sinnvoll ist, jene auszuwählen, die Freude machen, ohne unnötiges Leid auszulösen. Auf diese Weise wird die Selbstliebe des Kindes weiter gestärkt, und es lernt trotzdem, dass es wichtig ist, sich auch mit den weiteren Auswirkungen der eigenen Handlungen, und zwar nicht nur für sich selbst, sondern auch für andere, auseinanderzusetzen.

Es passiert aber auch sehr oft, dass Eltern beim Durchsetzen von Verboten und Geboten dem Kind vermitteln, dass es *nicht* okay ist und dass es anders sein muss, um okay zu werden. Und jedes Mal, wenn das passiert, wird die Selbstliebe des Kindes geschwächt. Oft wird weder Verständnis für das Wollen des Kindes gezeigt, noch wird versucht, dem Kind zu erklären, dass es gute Gründe gibt für das Verbot oder Gebot. Es wird einfach vom Kind erwartet zu folgen. Du tust, was ich sage, und basta. Was *du* willst, ist uninteressant. Wichtig ist, dass du *meine* Erwartungen erfüllst. *Ich* weiß, was okay ist, *du* nicht. Das, was du von dir aus möchtest, also du, so wie du bist, entspricht nicht den Anforderungen. Das Kind lernt nicht, dass seine Wünsche an sich okay und genauso wichtig sind wie die der Erwachsenen, sondern dass es sich unterordnen muss, wenn es nicht unglücklich sein will – unglücklich, weil es bei Ungehorsam bestraft oder geschimpft wird, weil es vielleicht sogar als dumm, unfähig oder böse abgestempelt wird. Jedes für sich ist eine Demütigung für das Kind, eine Verletzung seiner Würde. Das Kind fühlt sich machtlos, wehrlos und wertlos.

Viele Erwachsene glauben tatsächlich, die Wünsche der Kinder seien weniger wichtig als ihre eigenen, da letztere ja auf so viel mehr Lebensweisheit beruhen. Dabei unterscheiden sie nicht zwischen Verstehen und Respektieren eines Wunsches einerseits und dem Befürworten der dazugehörigen Handlung andererseits. Ich kann sehr wohl ein Kind verstehen, wenn es zum Beispiel dem auf die Fahrbahn gerollten Ball schnell nachlaufen möchte, und ich kann diesen Wunsch, den Ball schnell zurückzuholen, sehr gut respektieren, ohne dem Kind zu erlauben, dem Ball ungeachtet des Straßenverkehrs nachzulaufen. Es macht einen großen Unterschied für die Entwicklung der Selbstliebe, ob ich das Kind, wenn es in so einer Situation ganz unbedacht auf die Fahrbahn springen will, zurückhalte und mit ihm schimpfe oder es vielleicht sogar schlage (damit es sich ja merkt, dass es so etwas nie wieder macht) – oder ob ich das Kind zurückhalte und ihm erkläre, dass ich zwar verstehe, dass es den Ball schnell zurückholen wollte, dass es dabei aber auf sich selbst mehr aufpassen muss als auf den Ball. Ich kann dem Kind auch sagen, dass es mir leidtut, wenn ich ihm wehgetan habe, als ich es von der Fahrbahn zurückgerissen habe, dass aber mein Schrecken und meine Angst, dass es verletzt werden könnte, so groß waren, dass ich gar nicht anders konnte. Und ich kann dem Kind zeigen, wie man den Ball zurückholt, ohne sich oder jemand anders dabei zu gefährden. Der Wunsch des Kindes, den Ball zurückzuholen, ist also vollkommen okay und für das Kind auch wichtig. Und selbst dann, wenn ich *nicht* verstehe (und das kommt sicherlich oft genug vor), warum das Kind etwas Verbotenes oder Unerwünschtes macht oder machen möchte, kann ich den Wunsch als für das Kind wichtig anerkennen und gleichzeitig trotzdem sicherstellen, dass es nichts tut, was unnötiges Leid verursacht. Es besteht kein Grund, das Kind nicht *immer* mit vollem Respekt zu behandeln, so wie man jeden Menschen *immer* mit Respekt behandeln sollte.

Es zu respektieren bedeutet natürlich nicht, das Kind wie einen Erwachsenen zu behandeln. Wir respektieren es ja so, wie es *ist*, seine Würde genauso wie seine Unerfahrenheit und die Notwendigkeit, ihm so lange im täglichen Leben und in seiner Entwicklung zu helfen, es zu unterstützen und zu fördern, bis es groß und reif genug ist, für sich selbst sorgen zu können.

Wie sehr unsere Selbstliebe im Laufe unserer Kindheit gestärkt oder geschwächt wird, hängt stark davon ab, wie sehr wir in allen Situationen spüren, dass uns Liebe und Respekt entgegengebracht wird, auch dann, wenn wir Dinge tun, die die Erwachsenen nicht gutheißen. Wichtig ist, dass uns immer vermittelt wird, dass wir ganz und gar okay, wunderbar, einmalig, wichtig, liebenswert, fähig und wertvoll sind, auch wenn es nicht immer nach unserem Kopf gehen kann und auch wenn es Dinge gibt, die wir noch lernen müssen, so wie alle Menschen, auch wenn sie schon erwachsen sind, immer weiter dazulernen.

Die Selbstliebe eines Kindes wird aber nicht nur geschwächt, wenn man ihm das Durchsetzen seines Willens in körperlich oder seelisch verletzender Weise untersagt, sondern auch dann, wenn man es immer nur gewähren lässt. Über kurz oder lang wird ein Kind, dem nie Grenzen gesetzt und keine Werte vermittelt werden, das Gefühl bekommen, dass es seinen Eltern nicht wichtig genug, nicht liebenswert genug, nicht wertvoll genug sei. Warum sonst schützen es die Eltern nicht vor Gefahren? Warum sonst vermitteln ihm die Eltern nicht jene Regeln, die für ein erfolgreiches Zusammenleben in der Gesellschaft wichtig sind? Warum sonst stellen sie nicht sicher, dass das Kind genug lernt, um sein Leben in Zukunft gut meistern zu können? Ist es ihnen egal, wie es ihrem Kind geht? Oder ist ihnen der Aufwand zu groß? Ist ihnen die eigene Bequemlichkeit wichtiger als das Wohlergehen des Kindes? Dies ist jetzt bestimmt kein Plädoyer, um Kindern gar keine Freiheiten zu gönnen und sie mit Geboten und Verboten in ihrer individuellen Entwicklung zu unterdrücken. Wie immer geht es um das rechte Maß, jenes

Maß, das durch Liebe bestimmt wird. Liebe gibt, unterstützt, fordert und fördert dort, wo es sinnvoll ist, aber sie nimmt dem anderen (auch einem Kind!) nicht die der persönlichen Reife entsprechende Eigenverantwortung und auch nicht die Freiheit der individuellen Entwicklung.

Aber es gibt auch sehr viele Eltern, die ihr Kind nicht einfach durch Strafe und Strenge erziehen, sondern vorwiegend durch Lob fördern. Was genau aber lernt ein Kind durch Lob? Dass es toll ist, wenn es bestimmte Leistungen bringt. Aber weiß das Kind auch, dass es auch dann wunderbar, einzigartig und absolut liebenswert ist, wenn es besagte Leistungen nicht erbringt? Das kommt sehr darauf an, in welcher Weise Eltern ihre Freude über die Leistungen des Kindes ausdrücken.

Wenn das Lob lediglich als positive Bewertung von Leistungsergebnissen vermittelt wird, dann kann es leicht passieren, dass das Kind sehr bald den Eindruck bekommt, es werde nur dann geliebt, es sei nur dann etwas wert, wenn es eben diese besonderen Erwartungen erfüllt. Das Kind wird sich dann selbst immer mehr nur über seine Leistungen definieren und nicht über seine Lebensfreude. Es wird nicht mehr einfach »*ich* sein«, sondern wird sich selbst reduzieren auf das Produkt seiner Leistungen, auf das Produkt seiner Erfolge und seiner Misserfolge. Auch Loben kann also die Selbstliebe eines Kindes untergraben.

Wenn Eltern sich aber primär mit dem Kind mit-freuen, wie es wächst, wie es die Welt erkundet und für sich erobert, auf seine ganz eigene Art, in seinem ganz eigenen Tempo, wie es sich entwickelt, wie es Spaß hat an den Dingen, die es tut, wenn zum Beispiel die Freude am Laufen für die Eltern wichtiger ist, als dass es früher oder schneller läuft als ein anderes Kind, dann wird es besondere Leistungen erbringen, nicht um sicherzustellen, dass es für den Erfolg seiner Anstrengungen geliebt wird, sondern einfach nur, weil es

Freude hat am Tun. Natürlich werden sich die besonderen Leistungen dann nicht unbedingt in den von den Eltern gewünschten Bereichen zeigen, sondern nur genau dort und genau so, wie es dem individuellen, wahren Sein des Kindes entspricht. Aber so soll es auch sein, denn nur wenn wir in Übereinstimmung mit unserem wahren Ich leben, können wir glücklich sein.

Eltern, die nicht die Lebensfreude, sondern den Leistungserfolg in den Vordergrund stellen, vermitteln ihren Kindern im besten Fall Freude am Erfolg – wenn diese Freude nicht überhaupt nur auf der Erleichterung beruht, es Gott sei Dank geschafft zu haben. Und jedes Mal, wenn es den erwarteten Erfolg nicht bringt, spürt das Kind auch die Enttäuschung der Eltern und leidet darunter. Mit dieser Enttäuschung wird dem Kind das Gefühl vermittelt, dass es nicht gut genug ist, und es fühlt sich minderwertig.

Es sind die empfundenen Erniedrigungen und Verletzungen unserer Würde wie auch die empfundene Enttäuschung der Eltern – oder anderer für uns wichtiger Personen – über unsere angeblichen Unzulänglichkeiten, die unsere Selbstliebe erschüttern und sukzessive zerstören. Wobei es egal ist, was die tatsächliche Absicht der Eltern oder dieser anderen Personen war. Für die Auswirkung auf seine Selbstliebe zählt nur, was das Kind *empfindet*. Die meisten Eltern versuchen wohl immer im besten Interesse ihres Kindes zu handeln. Trotzdem kommt bei den Kindern die gute Absicht nicht immer an, sondern sie empfinden oft eine Abwertung ihrer Person, die vielleicht gar nicht so gemeint war.

Die von Anfang an so gesunde Selbstliebe geht Kindern also nicht nur dann immer mehr verloren, wenn sie körperlicher Gewalt und offensichtlichen seelischen Grausamkeiten ausgesetzt sind. Auch mit jedem Schimpfen, mit dem Kinder als in irgendeiner Form unzureichend abgestempelt werden, schrumpft die Selbstliebe ein kleines bisschen. Jedes Mal, wenn Kinder zu wenig beachtet werden und daher das Gefühl bekommen, der Beachtung nicht wert zu sein, nagt das an ihrer Selbstliebe. Jedes Mal, wenn ein Kind bestraft wird – sei es durch körperliche Gewalt oder seelischen Schmerz, zum Beispiel durch den gezielten Entzug von Freude –, wird seine Selbstliebe darunter leiden. Denn Strafe bedeutet nichts anderes als das absichtliche Zufügen von Leid, weil das Kind nicht »brav« war, nicht den Anforderungen entsprochen hat. Die implizite Mitteilung an das Kind ist dabei, dass es nicht »gut« ist, so wie es ist, und dass es erlaubt ist, ihm Schmerz zuzufügen, dass es also in der Werteskala so tief steht, dass man ihm Schmerz zufügen darf. Ich glaube, dass es für die gesunde Entwicklung der Selbstliebe ein großer Unterschied ist, ob ich dem Kind das Fernsehen untersage, weil ich es für das Kind wichtig halte, zuerst seine Hausaufgaben zu machen, oder ob ich das Fernsehverbot als Strafe einsetze, weil es zum Beispiel nicht zum vereinbarten Zeitpunkt nach Hause gekommen ist.

Für die Entwicklung einer gesunden Selbstliebe ist es auch sehr, sehr wichtig, dass Eltern mit ihrem Kind durch die Nähe der Liebe verbunden sind. Es ist nicht genug, für das Kind da zu sein, wenn es physische Nähe braucht. Auch die innere Nähe ist von immenser Bedeutung – und zwar in guten wie in schlechten Zeiten! Wenn sich Eltern bemühen, ihre Emotionen vor dem Kind zu verbergen, weil sie zum Beispiel versuchen, dem Ratschlag eines Erziehungsbuchs zu folgen, ohne innerlich und gefühlsmäßig mit dieser Verhaltensempfehlung übereinzustimmen, dann entsteht eine emotionale Distanz, die das Kind spürt. Seine Gefühle zu zeigen, auch negative Gefühle wie zum Beispiel Ärger und Unmut, ist wichtig, denn diese gehören genauso zu uns wie die netten, angenehmen Momente unseres Seins. Negative Gefühle nicht zu zeigen ist ein absichtliches Entziehen von Nähe, ein Distanzhalten, das Ablehnung oder Geringschätzung signalisiert, eine Form von Liebesentzug. Manche Kinder versuchen den dadurch verursachten Schmerz zu unterdrücken, indem sie die empfundene Geringschätzung umdrehen und auf die Eltern richten: »Offensichtlich sind eure Gefühle nicht wichtig genug, um meine Beachtung zu verdienen.« Eine ganz typische Strategie für jemanden, der im Egoismus Schutz sucht. Wenn Eltern krampfhaft freundlich bleiben, innerlich aber kochen, spüren die Kinder, dass da etwas nicht stimmt, dass da etwas vorgegeben wird, was nicht ist, dass sie plötzlich abgeschnitten sind von Offenheit, Ehrlichkeit und Nähe – ein Liebesentzug, der sie in Unsicherheit zurücklässt. Wenn auch die Ausdrucksform unserer Emotionen nicht entgleisen soll, so ist das Teilhaben-Lassen an unseren Gefühlen eine Grundvoraussetzung für die Liebe – auch für die Liebe zu einem Kind. Es ist wichtig, einem Kind zu sagen, wenn man sauer ist, wenn einem die Geduld ausgeht oder wenn man traurig oder besorgt ist. Gleichzeitig sollte man dem Kind aber auch vermitteln, dass das kein Grund ist, auszuflippen, dass man auch mit solchen Herausforderungen gut umgehen kann – eine Fähigkeit, die idealerweise allen Erwachsenen eigen sein sollte und die mit einer starken Selbstliebe Hand in Hand geht.

Dies hier ist kein Buch über Erziehungsmethoden. Ich kann aber nicht umhin, auf den Zusammenhang zwischen gängigen Erziehungsmaßnahmen und der Entwicklung der Selbstliebe hinzuweisen. Außerdem liegt es mir fern, Eltern vorzuwerfen, dass sie »schuld« sind, wenn ihre Kinder zu Erwachsenen mit mangelnder Selbstliebe heranwachsen. Ich bin überzeugt davon, dass *alle* Eltern trotz allen Bemühens irgendwann irgendwelche Erziehungsfehler machen, die einen so und die anderen anders, weil Menschen eben nicht unfehlbar sind. Und ich bin überzeugt davon, dass uns die Natur mit genug innerer Kraft ausgestattet hat, um ein gewisses Quantum an leidvollen Erfahrungen – auch wenn diese vielleicht »unnötig« waren – gut zu verkraften. Solange die elterlichen Handlungen auf starker, ehrlicher Liebe zu ihren Kindern beruhen, werden auch die einen oder anderen Erziehungsfehler dieses verkraftbare Quantum vermutlich nicht überschreiten. Und was immer Eltern getan oder nicht getan haben, enthebt das erwachsen gewordene Kind nicht der Verantwortung, seinen eigenen Weg zu einem glücklichen Leben zu finden.

Mir geht es hier also nicht um Erziehungsratschläge, sondern darum, einige Zusammenhänge aufzuzeigen, die dazu führen, dass so viele Menschen ein Defizit an Selbstliebe haben.

Die Auswirkungen einer geschwächten Selbstliebe

Je öfter jemandem – erst als Kind, später als Erwachsenem – seine angebliche Minderwertigkeit, Nicht-Liebenswertigkeit, Unwichtigkeit, Schlechtigkeit usw. vermittelt werden – durch Erniedrigungen, Verletzungen seiner Würde, absichtliches Zufügen von Schmerz, Enttäuschungsgefühle oder Verweigerung von Nähe –, desto mehr wird dieser Mensch versuchen, sich gegen solch schmerzvolle Erfahrungen zu schützen, und er wird dafür seine ganz eigenen Strategien entwickeln. Diese sind vielfältig, und jeder Mensch entfaltet dabei seine ganz eigenen Varianten und Kombinationen.

Manche bemühen sich, die Erwartungen, Wünsche und Bedürfnisse anderer besonders gut zu erfüllen, und stellen dabei ihre eigenen Wichtigkeiten hintan. Damit versuchen sie ihren eigenen minder empfundenen Wert so hochzuschrauben, dass andere gar nicht umhinkönnen, sie zu lieben. Durch Unterordnung und Selbstaufopferung wollen sie sich unverzichtbar machen. Keinesfalls können sie riskieren, dass die anderen von ihnen enttäuscht sind oder auf sie herabschauen.

Manche haben so sehr Angst davor, andere (und sich selbst!) zu enttäuschen, dass sie sich unter keinen Umständen aus ihrem gewohnten, bewährten Umfeld hinaustrauen. Mit all ihrer Kraft vermeiden sie neue Herausforderungen und Erwartungen, mit denen sie konfrontiert werden und an denen sie womöglich scheitern könnten, selbst dann, wenn sie durch ihre tatsächlichen Fähigkeiten sehr gut dafür gerüstet wären.

Andere versuchen möglichst keine wichtigen Entscheidungen zu treffen, um nur ja keinen Fehler zu machen. Denn jeder Fehler, so glauben sie, würde ihre vermeintliche Minderwertigkeit nur allzu deutlich machen.

Auch alle Arten, sich über die anderen zu stellen, sind

nichts anderes als Schutzmechanismen, um sich vor dem seelischen Schmerz zu schützen, den einem die anderen zufügen könnten, wenn man irgendwelche Schwächen zeigt. Vor allem versucht man so auch der *eigenen* drohenden Enttäuschung über sich selbst zu entgehen.

Dazu gehört auch jener Ehrgeiz, der durch permanent herausragende Leistungen zu beweisen versucht, dass man vollwertig, wichtig und liebenswert ist – egal ob die Leistungs*inhalte* für einen selbst von Bedeutung sind.

Oder man versucht sich auf andere Art und Weise als ganz besonders und besser als andere darzustellen. Zum Beispiel indem man sich über Konventionen und allgemeingültige Regeln des Zusammenlebens hinwegsetzt, vielleicht nach dem Motto: »Ich hab es nicht nötig, durch angepasste Kleidung zu punkten, ich bin auch dann der Beste, wenn ich in zerrissenen Jeans oder um elf Uhr vormittags in Ballkleidung zu einem wichtigen Kundengespräch komme.« Oder indem man sich extravagante Hobbys zulegt, nicht weil sie eine bestimmte Seite des wahren, inneren Ichs ansprechen, sondern weil man sich dadurch interessant und eben besonders macht – in der irreführenden Hoffnung, aufgrund dieser Besonderheit doch endlich ausreichend geliebt zu werden.

Auch Arroganz und Egoismus fallen in diese Kategorie der Schutzstrategien.

Der Überhebliche behandelt andere von oben herab und vermittelt mit seiner Wortwahl, dass er sich selbst für klüger, gescheiter, besser, wertvoller hält. Er versucht sich selbst über andere zu stellen, um ja niemanden auf die Idee kommen zu lassen, dass er nicht gut und nicht wertvoll genug sein könnte, um geliebt zu werden.

Der Egoist handelt nur im Sinne seiner eigenen Wichtigkeiten, während er die Wichtigkeiten anderer Menschen bagatellisiert oder ignoriert. Er nimmt für sich selbst mehr Rechte und Annehmlichkeiten in Anspruch, als er anderen zugesteht. Auch hinter jeder Form der Gier – sei es nach Geld, Image, Liebschaften usw. – versteckt sich, genauso wie hinter allen anderen Facetten von Egoismus, nichts anderes als die Hoffnung, damit jene schmerzhafte innere Leere zu füllen, die durch mangelnde Selbstliebe entsteht. Geld, Image, Liebschaften, jeder egoistische Vorteil, den man für sich ergattert, sind dann lediglich Ersatztrophäen, weil man befürchtet, für die wirkliche Liebe am Ende doch nicht gut genug zu sein.

Eine andere Schutzstrategie ist die Flucht vor sich selbst. Wer will schon genau auf sich selbst schauen, wenn er tief in sich drinnen glaubt, dass er nicht in Ordnung, nicht gut genug, nicht liebenswert genug ist. Die anderen müssen dann auch auf Distanz gehalten werden. Es ist doch weitaus leichter, weitaus weniger schmerzhaft, Gespräche einfach abzubrechen, statt sich Vorwürfe anzuhören und sich ernsthaft mit ihnen auseinanderzusetzen. Was, wenn sie berechtigt wären und diese innere Angst, dass man nicht gut genug sein könnte, bestätigen? Wie viel leichter ist es da, sich mit schöneren Dingen – Ausgehen mit unkomplizierten Freunden, Shopping, Essen – abzulenken oder diese inneren Ängste mit Alkohol oder anderen Drogen zu betäuben? Auch die Flucht in eine Traumwelt gehört in diese Kategorie der Schutzstrategien. Aber wie sehr man sich auch bemüht, die Wirklichkeit zu verdrängen, sie wird einen immer wieder einholen und sich von Mal zu Mal brutaler bemerkbar machen.

Und dann gibt es jene, die ihre Schutzstrategie auf Aggression und Gewalt aufbauen. Ist es nicht besser, von vornherein andere durch laute Gesten, Aggression und Gewalt einzuschüchtern, als zu riskieren, dass man selbst von anderen wie ein würdeloses Nichts behandelt wird? Von vornherein deutlich zu zeigen, dass man bestimmt nicht so ein wertloser Niemand ist, sondern eine Macht und Gewalt, mit der man rechnen muss?

Diese Liste an Schutzstrategien ließe sich noch lange fortsetzen. Wichtig ist, das wesentliche Gemeinsame an diesen Strategien zu erkennen.

So kann jede einzelne der erwähnten Verhaltensweisen im richtigen Kontext sehr sinnvoll sein. Wenn mich zum Beispiel eine Sache fasziniert, dann ist es durchaus sinnvoll (und macht Freude!), wenn ich all meinen Ehrgeiz dareinsetze, immer mehr davon zu verstehen und zu neuen, weiterführenden Erkenntnissen oder, zum Beispiel im Sport, zu Leistungsverbesserungen zu gelangen. In dem Fall wäre Ehrgeiz keine Schutzstrategie, um von meiner bewusst oder unbewusst empfundenen oder befürchteten Unzulänglichkeit abzulenken, sondern stünde im Dienste meiner Lebensfreude in vollkommenem Einklang mit meinem wahren inneren Sein.

Problematisch werden diese Verhaltensweisen, wenn sie sich als Schutzmechanismen verselbstständigen, wenn wir unser wirkliches, wahres, inneres Ich hinter ihnen verstecken, aus Angst, die Liebe nicht wert zu sein, wenn wir uns so zeigen, wie wir wirklich sind.

Ein Kind ist auf die Liebe seiner Eltern angewiesen. Ohne deren Fürsorge sinken seine Überlebenschancen signifikant. Es ist daher nicht verwunderlich, wenn Kinder unter allen Umständen versuchen, sich die Liebe der Eltern zu sichern, auch wenn sie dafür ihr Ich verbiegen müssen. Unsere Schutzstrategien sind aus der Angst und Verzweiflung entstanden, als Kind nicht geliebt zu werden, so wie wir sind, und ohne Liebe nicht überleben zu können.

Und obwohl wir als Erwachsene durchaus, auch wenn wir nicht geliebt werden, überleben können, haben sich die im Laufe der Zeit erlernten Schutzstrategien so sehr verfestigt, dass sie ein automatischer Bestandteil unserer Verhaltensweisen geworden sind. Verhaltensweisen, die unehrlich sind, weil wir unser wirkliches Ich dahinter verstecken – oft auch vor uns selbst. Verhaltensweisen, die Nähe und Liebe erschweren oder sogar ganz verhindern und somit kontraproduktiv sind für das, was wir erreichen wollen. Statt uns zur Liebe hinzuführen, führen sie uns immer weiter von ihr weg. Da und dort bringen sie vielleicht Scheinerfolge. Aber in unserem wirklichen, inneren Sein hinterlassen sie eine immer größer werdende, schmerzhafte Leere.

Als Erwachsene haben wir aber eine Chance, die das Kind nicht hat. Weil wir für unser Überleben nicht mehr auf die Liebe anderer angewiesen sind, können wir mutiger sein und leichter zu uns selbst stehen, als das in der Kindheit möglich war. Wir können uns abwenden von unseren Bemühungen, irgendwie zu *scheinen*, und stattdessen *sein*, so wie wir wirklich sind, im Einklang mit unserem wahren inneren Ich. Das ist nicht leicht, denn es verlangt von uns, Verhaltensweisen aufzugeben, von denen wir geglaubt haben, sie sicherten unser Überleben und brächten uns der Liebe und einem glücklichen Leben näher. Verhaltensweisen, die sich in uns verfestigt haben und automatisch ablaufen. Und auch wenn in unserem Bauch die Angst sitzt, unser Glück zu riskieren, wenn wir uns weg vom Schein und hin zum wirklichen Sein wagen, so können wir als Erwachsene zumindest intellektuell erfassen, dass genau das Gegenteil der Fall ist. So hilft das Verstehen der Zusammenhänge, den Mut aufzubringen, sich auf die wahre Liebe einzulassen. Jene ehrliche Liebe, die sich dem wahren Menschen, so wie er wirklich ist, zuwendet. Beginnend mit der Selbstliebe.

Wie erkenne ich, ob meine Selbstliebe intakt ist?

Immer wenn man sich nicht oder nicht ausreichend geliebt fühlt, wird die Selbstliebe erschüttert und sukzessive abgebaut. Wobei es hier um ein rein subjektives Gefühl geht – unabhängig davon, was der andere tatsächlich für einen empfindet. In Anlehnung an Alexandra Schwarz-Schilling und Christin Müller-Colli, die Autoren von *Gemeinsam frei sein, Wege ins Beziehungsglück*, nenne ich solche Erlebnisse »Liebesunterbrechungen«, weil dieser Begriff das dabei auftretende Gefühl so passend wiedergibt.

Diese Liebesunterbrechungen gehen immer einher mit einem Einbruch unserer Lebensfreude. Manche werden verursacht durch körperliches Leid, das uns jemand zufügt. Immer aber sind sie verbunden mit innerlichem Leid, dem wir wehrlos ausgeliefert sind. Je nach Situation und unseren charakterlichen Eigenheiten gesellen sich dazu Gefühle wie Angst, Enttäuschung, Wut, Verzweiflung, Ärger, Resignation und vor allem aber auch Selbstzweifel. Bin ich nicht gut genug, um geliebt zu werden, nicht wertvoll und wichtig genug, nicht liebenswert? Bin ich überlebensfähig, wenn ich nicht geliebt werde, weil ich so bin, wie ich bin? In Momenten der Liebesunterbrechung erleben wir Leid, dessen Ursache wir in uns selbst zu sehen glauben, in unserer vermeintlichen Unfähigkeit, Wertlosigkeit, Schlechtigkeit, Nicht-Liebenswertigkeit. Leid, das sich in uns drinnen festsetzt und dem wir so lange ausgeliefert bleiben, bis es uns gelingt, es aufzuarbeiten und die Lücke, die diese Liebesunterbrechung in unserer Selbstliebe verursacht hat, wieder zu schließen.

Liebesunterbrechungen, die wir in unserer Kindheit erleben, wirken besonders stark, weil wir da ja, wie bereits dargestellt, für unser Überleben und unser Wohlergehen auf die liebevolle Zuwendung unserer Eltern angewiesen sind. Je kleiner und jünger wir sind, desto stärker ist die beängstigende Wirkung von Liebesunterbrechungen und desto stärker wird davon unsere Selbstliebe erschüttert. Und ich kann mir nicht vorstellen, dass es irgendein Kind gibt, das solche Erfahrungen nicht macht.

Liebesunterbrechungen sind die Ursache dafür, dass unsere Selbstliebe im Laufe der Zeit geschwächt wird. Die Gefühle, die durch diese Unterbrechungen ausgelöst werden, erleben wir auch im Erwachsenenalter immer wieder – umso mehr, je stärker unsere Selbstliebe beeinträchtigt ist. Selbstzweifel schränken die Lebensfreude ein und ziehen all die anderen negativen Gefühle an, die wir in der Vergangenheit im Zuge einer Liebesunterbrechung erlebt haben. Selbstzweifel, die wir als Erwachsene erleben, sind daher ausgezeichnete Indikatoren für den Zustand unserer Selbstliebe.

Selbstzweifel

Wenn Sie tief in Ihr Innerstes hineinblicken, hinein*fühlen*, sind Sie da vollkommen ohne Selbstzweifel?

Natürlich gibt es immer wieder Situationen, in denen man überlegen sollte, ob und wie gut man einer Sache gewachsen ist. Es ist sehr wichtig, die eigenen Fähigkeiten im Vergleich zu den Anforderungen richtig einzuschätzen, unter anderem, um vorhandene Defizite von vornherein entsprechend berücksichtigen zu können. Das hat erst einmal nichts mit Selbstzweifel zu tun, es sind rationale und sehr sinnvolle Überlegungen.

Selbstzweifel sind es dann, wenn das Erkennen oder die Möglichkeit eines Defizits Sie innerlich traurig oder wütend macht, wenn solche Überlegungen mit innerer Unsicherheit und der Angst verbunden sind, vielleicht nicht so viel wert, nicht so wichtig, nicht so liebenswert, nicht so lebenstüchtig wie andere zu sein.

Manche Menschen müssen gar nicht tief in sich selbst suchen, um solche Selbstzweifel zu spüren. Andere Menschen wieder haben ihre Selbstzweifel extrem tief in ihrem Inneren vergraben.

Wenn Sie in sich selbst ehrlich und tief, mit aller Offenheit hineinhorchen und tatsächlich keinerlei Selbstzweifel spüren, dann stellen Sie sich einmal vor, Sie hätten plötzlich jene Eigenschaften oder jene Erfolge nicht mehr, von denen Sie glauben, dass sie Ihnen Ihren ganz besonderen Wert geben. Stellen Sie sich vor, Sie sind nicht mehr so attraktiv, intelligent, geschickt, reich oder was auch immer Ihnen besonders wichtig erscheint. Stellen Sie sich vor, Ihre gewohnten Erfolge blieben plötzlich aus. Sie könnten sich bestimmte Annehmlichkeiten oder Vergnügen nicht mehr leisten – weil Sie nicht mehr genug Geld haben oder weil Ihnen die Zeit dafür fehlt. Sind solche Vorstellungen beunruhigend oder sogar beängstigend für Sie? Wenn Sie bestimmte Eigenschaften oder Ihre üblichen Erfolge plötzlich nicht mehr hätten, Ihnen bestimmte Möglichkeiten plötzlich verwehrt wären, würde das Ihre grundsätzliche Wertschätzung für Sie selbst verringern? Das wäre ein Zeichen für versteckte Selbstzweifel. Ob versteckt oder deutlich bewusst, Selbstzweifel sind ein klarer Hinweis auf einen Mangel an Selbstliebe.

Auch Ihre Einstellung zu gesellschaftlichen Normen ist in dieser Hinsicht sehr aufschlussreich. Solche Normen, zum Beispiel Benimm- und Bekleidungsregeln, basieren auf Tradition und der Erfahrung des Altbewährten, vor allem aber ermöglichen sie eine rasche, klare Zuordnung und Einschätzung von Personen, die wir gerade erst kennenlernen. Sie haben für Menschen eine ähnliche Funktion wie der Geruch für Ratten. So wie Ratten über den Geruch erkennen, wer zu ihrer Sozietät gehört und wer fremd oder ein Eindringling ist, so treffen Menschen diese Erstentscheidung mithilfe der gesellschaftlichen Normen. Der Vergleich hinkt nur insofern, als Ratten jeden Eindringling sofort totbeißen, Menschen dagegen, wenn sie sich nicht in unmittelbarer Gefahr wähnen, im Allgemeinen bereit sind, die Erstzuordnung durch weitere Beobachtungen zu verifizieren. Aber natürlich ist es schwieriger, in der Gemeinschaft als gleichwertiges Mitglied aufgenommen zu werden, wenn man durch die erste Zuordnung einmal als Außenseiter klassifiziert wurde.

Nun gibt es Menschen, die gesellschaftliche Normen als genau das wahrnehmen, was sie sind, nämlich eine Hilfe, um einen möglichst reibungslosen täglichen Umgang miteinander zu unterstützen. Diese Menschen werden meist kein Problem damit haben, sich in der Gesellschaft, in der sie leben, entsprechend den festgelegten Regeln und Normen zu verhalten, sie werden diese sogar zu schätzen und zu nutzen wissen. Sie werden sich durch das Einhalten dieser Regeln und Normen selbst als integrierter Teil dieser Gesellschaft zu erkennen geben, sich zumindest als jemand zeigen, der diese Gesellschaft respektiert, auch wenn er vielleicht (noch) ein Außenseiter ist. Und sie werden bei ihrer Ersteinschätzung von Menschen zwar auf die schnelle Orientierungshilfe zurückgreifen, die gesellschaftliche Normen bieten, dabei aber immer offen bleiben für spätere Anpassungen und Korrekturen.

Üblicherweise gibt es – zumindest in der heutigen Zeit in unserem Kulturkreis – innerhalb der jeweiligen gesellschaftlichen Normen so viel individuellen Spielraum, dass sich unser wahres, inneres Ich nicht unterdrückt fühlen muss. Es besteht daher kein wirklicher Grund, sich gegen dieses gesellschaftliche Hilfsmittel zu wehren. Trotzdem gibt es aber Menschen, die genau das tun.

Aber warum etwas ablehnen, was grundsätzlich nützlich ist und nicht wehtut? Wohl deshalb, weil man befürchtet, dass es vielleicht doch wehtun könnte.

Wenn Sie zu jenen Personen gehören, die nicht bereit sind, sich den gesellschaftlichen Normen anzupassen, wollen Sie sich vielleicht absichtlich distanzieren und den anderen vermitteln, dass Sie nicht auf die Wertschätzung der Gesellschaft angewiesen sind? Dass für Sie diese Gesellschaft ohnehin zu dumm, zu primitiv, zu versnobt oder zu schlecht ist? Vielleicht halten Sie sich für besser, wichtiger, mehr wert als die anderen? Wie schmerzhaft wäre es wohl, sich sehr wohl an all die Regeln und Normen zu halten und von dieser Gesellschaft trotzdem nicht wertgeschätzt zu werden?

Oder haben Sie Angst, vielleicht gar nicht als Individuum wahrgenommen zu werden, einfach nur ein Teil der großen, durchschnittlichen Masse zu sein? Wollen Sie lieber unangenehm und als Außenseiter auffallen, als gar nicht wahrgenommen zu werden und »nichts« zu sein?

Oder wollen Sie die anderen absichtlich in die Irre führen –

»Haha, weil ich mich anziehe wie ein Penner, glaubt ihr doch tatsächlich, ich bin einer – da hab ich euch doch wieder einmal gezeigt, wie dumm ihr seid!«? Ein Versteckspiel, das es ermöglicht, jede Art der Ablehnung nicht auf eigene Unzulänglichkeiten zurückzuführen, sondern auf die Dummheit und Unfähigkeit der anderen.

Das alles sind versteckte Selbstzweifel, die auf eine verletzte Selbstliebe hinweisen.

Natürlich gibt es auch gesellschaftliche Gruppen, von denen man sich tatsächlich distanzieren möchte, zum Beispiel, wenn man sich nicht mit ihrer Ethik oder ihren politischen Zielen identifizieren kann. Dann wird man sich aber wahrscheinlich auch nicht an deren Veranstaltungen und Aktivitäten beteiligen. Die obigen Überlegungen galten nicht solchen gesellschaftlichen Untergruppen, es geht vielmehr um die Gesellschaft im Ganzen, in der wir leben. Es geht um das Respektieren der Landes-, Familien- oder auch Firmenkultur, der wir zugehören.

Während sich manche gegen gesellschaftliche Regeln und Normen auflehnen, gibt es aber auch das andere Extrem, nämlich jene Menschen, die ganz und gar kein Problem damit haben, sich selbst an die gesellschaftlichen Normen zu halten, die aber andere Personen ausschließlich über deren Normenkonformität bewerten und nicht bereit sind, nach dieser Erstzuordnung den wirklichen Menschen hinter der äußeren Schale zu sehen. Jemand, dessen Erscheinung und Verhalten den gesellschaftlichen Normen entsprechen, wird dann selbstverständlich in der Gemeinschaft aufgenommen, und je hervorragender den Normen entsprochen wird, desto mehr wachsen gesellschaftliches Ansehen und Respekt für diese Person. Sogar über Fehler wird dann da oder dort hinweggesehen. Andererseits wird jemand, der die gesellschaftlichen Normen nicht erfüllt, auf jeden Fall abgelehnt, und jede weitere kleine Abweichung, jeder noch so kleine

Fehler dient dazu, die angebliche Minderwertigkeit dieses Menschen zu unterstreichen. Das auf Normenkonformität begründete Urteil bleibt bestehen, auch wenn aus nachfolgendem Verhalten erkennbar wäre, dass der wirkliche Mensch dieser Beurteilung nicht entspricht.

Warum ist die Normenkonformität für manche so überproportional wichtig, wenn sie doch außer einem ersten oberflächlichen Eindruck nicht viel über den wirklichen Menschen verrät? Steht dahinter die Angst, bei einem in die Tiefe gehenden Vergleich mit anderen Menschen schlecht abzuschneiden? Ist es da nicht leichter und sicherer, auf der oberflächlichen, aber deutlich sichtbaren Ebene der gesellschaftlichen Normen zu brillieren? Auch hinter diesem Verhalten stehen Selbstzweifel, die auf eine geschwächte Selbstliebe hindeuten.

Und wie geht es Ihnen, wenn Sie zu einer Veranstaltung gehen, auf die Sie sich schon sehr gefreut haben, und plötzlich feststellen, dass Sie over- oder underdressed sind? Nicht weil Ihnen Bekleidungsregeln egal wären, sondern weil Sie den Dresscode, aus welchem Grund auch immer, falsch verstanden haben? Fühlen Sie sich dann so unwohl, dass Sie kehrtmachen, obwohl Sie doch so gerne bleiben würden? Ist Ihnen also die Normenkonformität wichtiger als Ihre eigenen Interessen? Sind Sie zuversichtlich, dass man Sie trotz Ihres Bekleidungs-Fauxpas als liebenswerten Menschen akzeptieren wird, oder haben Sie Angst vor den abwertenden, nichtverzeihenden Blicken der anderen? Angst, dass Ihre wahre Persönlichkeit das abwertende Ersturteil der anderen nicht übertönen kann? Auch das wäre ein Zeichen für Selbstzweifel und ein Mangel an Selbstliebe.

Selbstzweifel – ob deutlich bewusst oder versteckt – und eine beeinträchtigte Lebensfreude – unter der Annahme, dass die Lebensgrundbedürfnisse abgedeckt sind – weisen immer auf einen Mangel an Selbstliebe hin.

Und all die anderen negativen Gefühle

Auch die vielen anderen negativen Gefühle, die im Zusammenhang mit Liebesunterbrechungen auftreten können, so wie Angst, Enttäuschung, Wut, Verzweiflung, Ärger, Frust, Resignation, Gier, Neid, Missgunst, Hass, Eifersucht, der Druck, unbedingt besser sein zu müssen als andere oder mehr haben zu müssen als andere, sind nicht immer, aber doch sehr häufig ein Zeichen dafür, dass die Selbstliebe gestärkt werden sollte. Vor allem aber eignen sich diese Gefühle hervorragend, unsere Aufmerksamkeit zu wecken und nach innen zu richten. Und wenn Sie dann tiefer in sich hineinfühlen, werden Sie sehr oft auch die versteckten Selbstzweifel entdecken oder spüren, wie Ihre Lebensfreude leidet – beides deutliche Zeichen für verletzte Selbstliebe.

So gibt es zum Beispiel Enttäuschungen, die uns innerlich nicht wehtun. Etwas ist anders gekommen als gewünscht oder erwartet. Man ist im ersten Moment enttäuscht, weil man sich das alles so schön vorgestellt hat, und jetzt ist nichts mit schön. Aber man kann gut umgehen mit der neuen Situation und findet schnell eine Alternative, die einem auch gefällt. Keine Selbstzweifel, keine Beeinträchtigung der Lebensfreude, kein Hinweis auf geschwächte Selbstliebe.

Doch es gibt auch jene Enttäuschungen, die innerlich sehr schmerzhaft sind, weil wir von uns selbst enttäuscht sind, unsere Wertschätzung für uns selbst erschüttert wurde oder weil wir befürchten, dass jemand anders uns jetzt nicht mehr so schätzt wie zuvor. Hier stehen hinter der Enttäuschung sehr wohl Selbstzweifel, und auch unsere Lebensfreude wird dadurch gemindert. Hier weist die Enttäuschung sehr deutlich auf einen Mangel an Selbstliebe hin.

Auch wenn wir vordergründig nicht von uns selbst, sondern von jemand anders enttäuscht sind, ist es wichtig zu hinterfragen, ob hinter dieser Enttäuschung nicht auch

Selbstzweifel stehen. Erkennen wir zum Beispiel, dass uns jemand nicht so bedingungslos liebt, so wertschätzt, wie wir uns das gewünscht oder erwartet haben, dann spüren wir im ersten Moment vielleicht nur, wie sehr wir von diesem Menschen enttäuscht sind. Aber sehr oft verbergen sich dahinter auch Gedanken des Selbstzweifels. Liegt es an mir? Bin ich nicht gut genug? Bin ich unfähig?

Oder ist es eher so, dass man zwar kurzfristig unter der Enttäuschung leidet, irgendwie aber auch froh ist über die ernüchternde Erkenntnis, die man gewonnen hat? Besser früher als später. Und ganz ohne Selbstzweifel, ohne auch nur die geringste negative Auswirkung auf die Wertschätzung für sich selbst, wendet man sich voll Optimismus den anderen Möglichkeiten zu, die das Leben bereithält. Man lässt die Vergangenheit vergangen sein, mit ihren schönen und auch den weniger schönen Erinnerungen, und wendet sich mit ungetrübter Freude der Zukunft zu.

Es wäre nun müßig, auch für all die anderen negativen Gefühle ähnliche Beispiele zu beschreiben, denn das Prinzip ist immer dasselbe. Jedes Mal, wenn Sie von Gefühlen überfallen werden, die Sie als nicht schön empfinden, können Sie tiefer in sich hineinhorchen und hinterfragen, ob sich dahinter Selbstzweifel verstecken und welche Auswirkung diese Gefühle und die auslösenden Erlebnisse auf Ihre Lebensfreude haben – und so mehr über den Zustand Ihrer Selbstliebe erfahren.

Lebensfreude, innere Geborgenheit und die Leichtigkeit des Seins

Deshalb ist auch das Gefühl der Leichtigkeit und Unbeschwertheit, gepaart mit dem Gefühl von innerer Ruhe und Geborgenheit, ein ausgezeichneter Gradmesser für den Zustand Ihrer Selbstliebe. Je leichter und unbeschwerter Ihr Lebensgefühl ist und je mehr Sie gleichzeitig in Ihrer eigenen Mitte Ruhe finden, desto besser ist Ihre Selbstliebe entwickelt. Je mehr Zwang, Druck, innere Unruhe oder innere Leere Sie empfinden, desto wichtiger wäre es, Ihre Selbstliebe zu stärken.

Natürlich werden Zwang und Druck sehr oft von außen an uns herangetragen. Aber wie gehen Sie damit um? Versuchen Sie Ihre Fähigkeiten unter Beweis zu stellen, indem Sie alle Anforderungen, mit denen Sie konfrontiert werden, immer möglichst gut erfüllen? Vielleicht sind Sie auch schon ein wahrer Meister im erfolgreichen Erledigen der vielen Aufgaben und Pflichten geworden, die oft die Tendenz haben, immer noch mehr zu werden. Vielleicht stürzen Sie sich auch von einer Aktivität in die andere – egal ob im Beruf oder in der Freizeit –, um die innere Leere nicht spüren zu müssen? Haben Sie Angst vor der Leere in Ihrem Inneren, wenn Sie entspannen und nichts tun? Werden Ihre Aktivitäten vorwiegend durch die Erwartungen anderer gesteuert? Wollen Sie den anderen und auch sich selbst beweisen, wie gut und wunderbar Sie sind?

Oder handeln Sie nach Ihren eigenen inneren Prioritäten? Geht es Ihnen darum, das Geschenk des Lebens, nämlich die Lebensfreude, anzunehmen und Ihr Leben an der Freude des Seins auszurichten? Einer Freude, die nicht nur das eigene Sein und nicht nur kurzfristige Aspekte in den Mittelpunkt stellt, sondern dem gesamten, immerwährenden, allumfassenden Sein gilt?

Diese Freude am Sein ist nicht zu verwechseln mit Genusssucht, Faulheit oder Verantwortungslosigkeit. Diese Freude am Sein hat kein Problem, auch die Notwendigkeiten und Herausforderungen des Lebens zu erkennen und anzunehmen. Pflichten, wie zum Beispiel für eine Familie zu sorgen oder die Ausübung eines Berufs, sind Teil des Seins, und es ist unsere Entscheidung, was wir daraus machen.

Wir haben die Wahl. Wir können bei der Bewältigung von Notwendigkeiten und Herausforderungen immer nur versuchen, anderen und uns selbst unseren Wert zu beweisen. Wir können unseren Pflichten nur mit Widerwillen nachkommen. Wir können versuchen, die innere Leere durch Geschäftigkeit oder Vergnügungssucht zu unterdrücken. Wir können aber auch aus Notwendigkeiten und Herausforderungen Freude entstehen lassen. Wir können den Mut aufbringen, in uns hineinzuhorchen, und herausfinden, was sich hinter Gefühlen wie Leere und Unsicherheit tatsächlich verbirgt.

Es ist ein großer Unterschied, ob ich aus innerer Unsicherheit anderen erlaube, meine Aktivitäten zu diktieren, oder selbstbestimmt aus innerer Stärke agiere und meine eigenen Prioritäten setze. Es ist ein großer Unterschied, ob ich mich in Geschäftigkeit oder endlose Vergnügungen stürze, um nicht an meiner inneren Leere und Unruhe zu verzweifeln, oder ob mein Handeln im Einklang ist mit meinem wahren inneren Ich und durch die Freude am Tun motiviert ist.

Wenn die Lebensgrundbedürfnisse abgedeckt sind, so wie das in unserem Kulturkreis – zwar nicht immer, aber im Allgemeinen doch – der Fall ist, dann können Sie am Zustand Ihrer Lebensfreude (und damit meine ich nicht Vergnügungssucht!) sehr gut erkennen, wie es um Ihre Selbstliebe bestellt ist.

Wenn Sie also ausreichend zu essen und zu trinken haben, wenn Ihnen ein sicherer Platz zum Wohnen und Schlafen zur Verfügung steht, wenn Sie nicht ständig mit starken

Schmerzen oder unter lebensbedrohenden Umständen leben und Ihre persönliche Freiheit weder durch Gefangenschaft unterbunden wird noch durch irgendwelche Formen von politischer oder sozialer Unterdrückung, wenn Sie die Möglichkeit haben, das öffentliche Geschehen zu verfolgen, Ihnen aber auch Ihre persönlichen, sozialen Kontakte nicht verwehrt sind, wenn Sie sich nicht unbedingt der Mode entsprechend, aber doch sauber, gepflegt und dem Wetter angepasst kleiden können, wenn Sie die Möglichkeit haben, Ihr Wissen und Ihre Fähigkeiten zu erweitern, sich weiterzuentwickeln, sich auszutauschen, wenn Sie und Ihre Familie täglich mit ausreichender Sicherheit in diesen Grundbedürfnissen versorgt sind – wenn all dies gewährleistet ist, dann überlegen Sie einmal, ob und wie sehr Sie von Lebensfreude erfüllt sind.

Wie oft überfallen Sie Gefühle wie Angst, Enttäuschung, Wut, Verzweiflung, Ärger, Frust, Resignation? Auch Gier, Neid, Missgunst, Hass, Eifersucht sind einerseits Folgegefühle von verletzter Selbstliebe, und andererseits vermiesen sie einem auch die Lebensfreude. Sehen Sie generell mit Freude und Optimismus in die Welt? Erkennen und genießen Sie all das Positive in Ihrem Leben, oder jammern Sie lieber über all das, was Sie nicht haben?

Stellen Sie sich vor, Ihr Leben bleibt für immer so, wie es jetzt ist. Nicht starr und unveränderlich, aber in seinen Grundzügen gleichbleibend. Fühlt sich das gut an? Was stört Ihre Lebensfreude? Sind da Kleinigkeiten, die nicht ganz optimal sind, die Ihre Lebensfreude aber nicht eigentlich beeinträchtigen? Vielleicht gibt es auch größere Probleme, von denen Sie aber wissen, wie Sie damit umgehen, sodass Ihre Lebensfreude trotzdem nicht darunter leidet? Oder gibt es Dinge, die Ihnen das Leben vermiesen? Fühlt sich Ihr Leben irgendwie leer und unbefriedigend an? Fehlen Ihnen manchmal der Optimismus und die Zuversicht, Ihr

Leben so gestalten zu können, dass Sie rundherum glücklich sind?

Stellen Sie sich vor, plötzlich fallen all die Vergünstigungen und Annehmlichkeiten weg, mit denen das Leben Sie bisher verwöhnt hat. Sie können sich plötzlich Ihr Lieblingshobby nicht mehr leisten, und niemand versorgt Sie tagtäglich mit Essen, niemand wäscht Ihnen die Wäsche, die bisher dienstbaren Geister stellen plötzlich ihren Service ein. Alle Vorteile, die Sie bisher anderen gegenüber gehabt haben, sind plötzlich weg. Lediglich Ihre Lebensgrundbedürfnisse bleiben sicher abgedeckt. Wie würde sich das auf Ihre grundsätzliche Lebensfreude auswirken?

Wenn Ihre Selbstliebe voll entwickelt ist, wird all das Ihre Lebensfreude nicht erschüttern. Dann sind Sie nicht angewiesen auf materielle Güter, Wohlstand, exklusive Vergnügungen oder irgendwelche Vergünstigungen und besondere Rechte, auch nicht auf besonderes Lob oder Anerkennung, um glücklich zu sein. Dann müssen Sie auch nicht mit anderen wetteifern, wer mehr hat oder besser ist. Für echte Lebensfreude zählt nicht, was man hat und wer oder wie man ist. Dann reicht allein das Bewusstsein, *dass* man ist, um mit Freude und Optimismus im Leben zu stehen, und man wird auch immer Möglichkeiten finden, sein Leben im Einklang mit dem wahren, inneren Sein zu gestalten. Dann empfindet man das Leben tatsächlich als Geschenk.

Ganz gleich, wie groß oder wie klein der Mangel an Selbstliebe ist, jedes kleine bisschen Verbesserung tut der Seele so wunderbar gut, stärkt unsere Lebensfreude und macht uns – und sehr oft auch die Menschen um uns herum – glücklicher.

Wie kann ich meine Selbstliebe stärken?

Der erste Schritt zu einer gesund entwickelten Selbstliebe ist, von Schuldzuweisungen abzulassen. Ich meine damit nicht, dass Sie irgendetwas entschuldigen sollen. Es geht zuerst einmal nur darum, zu verstehen, dass Ihnen die Schuldfrage nicht weiterhilft.

Natürlich könnten Sie sich den Kopf zermartern mit »Wenn nur ...«, und »Hätte ich nur ...«-Gedanken. Natürlich könnte jemand seinen Eltern Schuld daran geben, dass er ein Egoist geworden ist – denn hätten ihm seine Eltern mehr Liebe gegeben, dann hätte er nicht versucht, den Liebesmangel durch Egoismus wettzumachen. Und natürlich könnte jemand sich selbst beschuldigen, dass er zu faul zum Lernen war und dass er nun seine eingeschränkten Berufsmöglichkeiten als Konsequenz eben ertragen muss. Jemand könnte auch überlegen, wie er sich an jenen Personen, die zu ihm besonders grausam und kaltherzig waren, am besten rächen könnte. Mit all diesen Gedanken würde man aber lediglich Kraft und Energie an die Vergangenheit binden, ohne dadurch auch nur irgendeine Verbesserung in der Gegenwart und in der Zukunft zu bewirken.

»Schuld« ist ein Begriff, der in der Rechtsprechung wichtig und notwendig ist, aber in zwischenmenschlichen Beziehungen nur Schaden anrichtet. Natürlich gibt es immer Auslöser in unserem Ursache-Wirkung-Weltverständnis. Aber etwas auszulösen ist nicht gleichbedeutend damit, schuldig zu sein. Es ist immer eine Vielzahl von Dingen, die zusammenspielen und etwas auslösen. Und jeder Auslöser hatte davor einen anderen Auslöser, durch den er ausgelöst wurde. Jedenfalls reichen unsere menschlichen Fähigkeiten nicht annähernd aus, diese Komplexität zu durchschauen – und es ist auch nicht wichtig, sie durchschauen zu können.

Es ist schon richtig, dass unsere Eltern oder auch andere

für uns wichtige Personen dazu beigetragen haben, dass unsere Selbstliebe erschüttert wurde. Doch wir haben dabei auch gleichzeitig etwas gelernt. Wir haben Fähigkeiten entwickelt, die wir ohne die empfundene Gefahr eines Liebesverlusts sicherlich nicht oder nicht so gut entwickelt hätten.

Zum Beispiel haben manche Menschen aus Angst, die Liebe ihrer Eltern zu verlieren, wenn sie deren Erwartungen nicht erfüllen, ein besonders starkes Feingefühl für die Absichten und Gefühle anderer Menschen entwickelt. Solche Feinantennen können sowohl in den verschiedensten Berufssparten wie auch im Privatleben extrem hilfreich sein. Solange man diese besonders stark entwickelte Fähigkeit dazu benützt, möglichst allen Erwartungen anderer Menschen in vorauseilendem Gehorsam gerecht zu werden, ist man ein Opfer mangelnder Selbstliebe. Wem es aber gelingt, die Selbstliebe zu stärken und sich von der Automatik der Schutzstrategie zu befreien, für den wird sich dieses Feingefühl anderen Menschen gegenüber als sehr nutzbringende Fähigkeit erweisen.

Wenn wir unseren Eltern also »Schuld« zuweisen wollten, müssten wir uns gleichzeitig auch für das Positive bedanken, das sie mit dieser bestimmten Tat oder diesem bestimmten Verhalten ausgelöst haben.

Leid, das wir durch Liebesunterbrechungen erfahren und nicht aufgearbeitet haben, gärt in uns weiter. Indem wir es – meist unbewusst und unabsichtlich – an unser Umfeld weitergeben, versuchen wir uns von diesem nicht aufgearbeiteten Leid zu befreien. Aber wie viel Leid wir nach außen auch weitergeben mögen, das Leid in uns wird dadurch nicht kleiner. Und so kommt es, dass auch Eltern, entgegen ihren besten Vorsätzen, an ihre Kinder immer wieder Leid weitergeben und damit auch deren Selbstliebe schwächen.

Aber was für einen Nutzen hätte es, unseren Eltern (oder anderen Personen) Schuld zu geben für das Leid, das wir, unserer Meinung nach unnötig, durch sie erlitten haben? Was gewännen wir daraus, sie dafür zu beschuldigen, dass unsere Selbstliebe nicht so toll entwickelt ist, wie wir es gerne hätten? Unsere Eltern waren in diesem Fall genauso Opfer, wie wir es waren und immer wieder sein werden. Nur wenn das erlebte Leid aufgearbeitet wird, kann diese Opferkette des weitergegebenen Leids durchbrochen und beendet werden.

In den meisten Fällen haben sich die Eltern sogar sehr bemüht, für ihre Kinder ihr Bestes zu geben – auf ihre Art, basierend auf ihren eigenen Erfahrungen und Überzeugungen. Wenn wir schon von »Schuld« sprechen, dann läge sie meistens darin, dass jemand im besten Glauben, das Richtige zu tun, einen Fehler gemacht hat. Wobei dieser Fehler sehr oft aus dem Versäumnis resultiert, das erlebte Leid aufgearbeitet zu haben, bevor es nach außen – unter anderem an die Kinder – weitergegeben wurde.

Aber dieses Aufarbeiten des verinnerlichten Leids ist nicht so einfach. Viele Menschen haben Teile davon so sehr verdrängt, dass ihnen nicht einmal mehr bewusst ist, dass es da etwas Wichtiges zum Aufarbeiten gäbe. Und sind Sie selbst so sicher, dass Sie nicht auch in genau so einer Opferkette gefangen sind? Was würde es helfen, hier über Schuld zu sprechen?

Viel hilfreicher ist es, das eigene, vergangene und vielleicht verdrängte Leid aufzuarbeiten und damit frei zu werden von unbewussten Zwängen, wie zum Beispiel den automatisch ablaufenden Schutzstrategien, mit denen wir uns immer wieder selbst im Wege stehen.

Wenn wir unser Leid aufarbeiten wollen, müssen wir ihm aber zuerst einmal all die Aufmerksamkeit zukommen lassen, die ihm gebührt. Erlebtes Leid ist ein Teil von uns, es gehört zu unserem wahren, unverfälschten Sein, und es will wahrgenommen und akzeptiert werden, so wie jeder andere

Teil unseres wahren Ichs. Seelisches Leid, das sich deutlich äußern konnte, das in seinem vollen Ausmaß wahrgenommen und gefühlt wurde, das akzeptiert wurde als das, was es ist – wie schlimm und schmerzhaft auch immer –, muss nicht mehr versuchen, über die Schienen des Unterbewusstseins Aufmerksamkeit auf sich zu lenken. Es ist wichtig, unser Leid mit all seinen Schmerzen und Ängsten, der aus ihm resultierenden Wut und Verzweiflung als zu unserer Vergangenheit gehörend in uns aufzunehmen – nicht zu verdrängen, sondern es gefühlt und akzeptiert zu haben, es wertzuschätzen für all das, was es zu unserem Reifungsprozess beigetragen hat. Es mitzulieben als einen Teil unseres gesamten, wahren Seins, inklusive der Verletzungen und der Narben, die wir durch das Leid davongetragen haben.

Gleichzeitig ist es aber auch wichtig, dass wir uns gegen ähnliches Leid in Zukunft abgrenzen können, ohne dabei unser wahres, inneres Ich zu verbiegen und einer Scheinidentität zu opfern. Das ist für ein Kind nahezu unmöglich. Aber einem Erwachsenen bieten sich dafür meist genug Möglichkeiten.

Wenn es uns einerseits gelingt, altes, nicht aufgearbeitetes Leid mit seiner vollen Gefühlsintensität in unser Bewusstsein zu holen, und wenn wir uns im Laufe dieses Prozesses andererseits nicht von Schuldgedanken beherrschen lassen, sondern uns stattdessen unserem verletzten, vielleicht sogar verzweifelten Ich der Vergangenheit mit bedingungsloser Liebe zuwenden, dann kann sich unser altes Leid in innere Stärke verwandeln. Indem wir uns selbst jene Liebe vermitteln, die wir in der damaligen Situation so dringend gebraucht hätten, wird die Lücke, die damals in unserer Selbstliebe entstanden ist, wieder gefüllt.

Jedes Mal, wenn unsere Selbstliebe geschwächt wurde, hatten wir das Gefühl, nicht ausreichend geliebt zu werden. Und jedes Mal, wenn es uns gelingt, vergangene Situationen so aufzuarbeiten, dass das alte Gefühl, nicht geliebt zu werden, aufgelöst wird durch das Gefühl, inniglich geliebt zu werden, dann bauen wir damit wieder ein Stück Selbstliebe auf.

Das gelingt sehr gut, wenn man mit all seinen Gefühlen in die alte, vergangene Situation einsteigt und sich dabei gleichzeitig mit seinem heutigen Ich liebevoll begleitet. Das heutige Ich ist naturgemäß reicher an Erfahrung als das Ich der Vergangenheit, und es hat in der Zwischenzeit dazugelernt. Wenn wir uns mit Kindheitserlebnissen oder mit anderen länger zurückliegenden Erlebnissen auseinandersetzen, dann weiß das heutige Ich auch, dass es letztlich stark genug war, um die ehemals empfundene Bedrohung und die schmerzhaften seelischen Verletzungen trotz allem zu überleben. Aus der zeitlichen Distanz zu dem, was einmal war, kann das heutige Ich dem Ich der Vergangenheit all jene Liebe geben, die es damals nicht erleben konnte.

Während das Ich der Vergangenheit die alten, so stark verletzten Gefühle nochmals in der Erinnerung durchlebt, kann es das heutige Ich in Liebe auffangen und festhalten. »Ich habe dich so unendlich lieb«, kann das heutige Ich zum Ich der Vergangenheit sagen. »Ich fühle deinen Schmerz und deine Verzweiflung mit dir. Aber du musst keine Angst haben, ich halte dich fest. Du bist mir so lieb und wichtig, dass ich dich immer mit all meiner Kraft beschützen werde. Bei mir bist du sicher und geborgen. Ich weiß auch, wie wunderbar und einzigartig du bist. Ich bin sehr stolz auf dich. Auch wenn du vielleicht einen Fehler gemacht hast, bist du um nichts weniger wert. Im Gegenteil, Fehler machen alle, und jeder Fehler, den du machst und den du erkennst, lässt dich in deinen Fähigkeiten wachsen. Egal, was andere über dich sagen oder denken, meiner Liebe kannst du dir immer sicher sein. Und gemeinsam können wir das alles sehr gut meistern.«

Wenn Sie sich auf diesen Prozess einlassen, werden Sie zuerst einmal überschwemmt von all den schmerzvollen und traurigen, manchmal auch wütenden Gefühlen, die mit dem alten Erlebnis in Verbindung stehen. Aber nach einiger Zeit werden die liebenden Worte oder Gedanken des heutigen Ichs immer stärker zu Ihrem Ich der Vergangenheit durchdringen. Und sukzessive werden der Schmerz und die Verzweiflung einer inneren Entspanntheit und Ruhe weichen. Das Ich der Vergangenheit versteht und *spürt* plötzlich wieder, wie unbeschreiblich wertvoll, wichtig und liebenswert es ist und war, auch wenn damals Dinge passiert sind, die einen anderen Eindruck vermittelt haben.

Jede Situation aus der Vergangenheit, in der Sie sich nicht ausreichend geliebt oder wertgeschätzt fühlten und die Sie in der oben beschriebenen Weise aufarbeiten, wird Ihre Selbstliebe stärken. Generell sind sowohl vergangene wie auch gegenwärtige Situationen, die von starken negativen Gefühlen geprägt sind, solche Aufarbeitungskandidaten, denn sehr häufig verbirgt sich dahinter eine Liebesunterbrechung aus früheren Zeiten und damit eine verletzte Selbstliebe.

Am effektivsten ist es, möglichst mit den am weitesten zurückliegenden Erlebnissen in der Kindheit zu beginnen, denn diese haben den Grundstein gelegt für die Zweifel an uns selbst. Spätere Situationen, in denen wir uns nicht ausreichend geliebt oder wertgeschätzt gefühlt haben, sind oft nur noch eine Bestätigung und Verstärkung der früheren Erfahrungen. Je besser es uns gelingt, an die Wurzeln unserer Selbstzweifel heranzukommen, desto stärker regeneriert sich die Selbstliebe, und desto leichter lassen sich auch die weniger weit zurückliegenden Erlebnisse aufarbeiten.

Manchen Menschen gelingt es durchaus, diese Aufarbeitung allein zu bewerkstelligen. Andere werden die Unterstützung eines Psychotherapeuten bevorzugen, und wieder andere werden ohne professionelle Hilfe ganz und gar nicht weiterkommen. Diese alten Gefühle können so vernichtend und bedrohend gewesen sein, dass man nicht in der Lage ist, sie ohne therapeutische Unterstützung überhaupt wieder hochkommen zu lassen. Auch ist es wichtig, sich wirklich voll auf diese Gefühle einzulassen, und es ist daher nicht ungewöhnlich, dass dieses gefühlsmäßige Zurücksteigen in die Vergangenheit von heftigem Weinen begleitet wird. Keinesfalls sollte man sich aber von diesen neu auflebenden Emotionen in einen Strudel zerstörerischer Handlungen hineinreißen lassen. Auch das ist ein guter Grund, lieber Unterstützung bei einem Therapeuten zu suchen. Sie werden jedenfalls sehr schnell merken, ob und wie weit Sie diesen Aufarbeitungsprozess allein bewältigen können oder ob Sie nicht doch professionelle Hilfe in Anspruch nehmen wollen.

Jedenfalls ist es bei diesem Aufarbeitungsprozess wichtig, möglichst tief und detailliert in die damalige Situation einzusteigen. Sowohl die Gedanken und Gefühle, die man damals empfunden hat, wie auch die Liebe, die man dem Ich der Vergangenheit entgegenbringt, sollte man intensiv spüren. Die oben gewählten Formulierungen, die ich dem heutigen Ich in den Mund gelegt habe, sind lediglich ein Rahmen. Jede einzelne dieser Aussagen muss mit Details aufgefüllt werden und ganz genau auf die konkrete Situation passen. Wenn das nicht der Fall ist, dann werden die Worte nur im Kopf verstanden, es wird aber nicht gelingen, das Gefühl, aufrichtig geliebt zu werden, zu erfassen und zu verinnerlichen.

Ich möchte das anhand eines Beispiels verdeutlichen: Es ist nicht genug, wenn das heutige Ich zum Ich der Vergangenheit sagt: »Ich habe dich so unendlich lieb.« Sie müssen sich dabei dieses Liebhaben auch ganz intensiv vorstellen. *Zeigen* Sie dem verzweifelten oder gedemütigten Kind, dass Sie es lieb haben. Vielleicht stellen Sie sich vor, wie Sie es in Ihren Armen wiegen. Oder Sie umarmen das Kind und streicheln seinen Kopf.

Und wenn das heutige Ich dem Ich der Vergangenheit sagt: »Ich fühle deinen Schmerz und deine Verzweiflung mit dir«, dann hören Sie dem Ich der Vergangenheit genau zu, was denn so schlimm war in der damaligen Situation. Und sagen Sie dem Kind, dass Sie seine Gedanken und Gefühle verstehen. Vielleicht haben die Eltern geschimpft, weil es schon wieder schlimm war. Dabei ist es doch nur auf dem Bett gehüpft, weil das so viel Spaß gemacht hat. Es gibt immer nur Dinge, die es nicht tun darf. Alles, was Spaß macht, darf es nicht tun. Darf ich keine Freude haben? Bin ich nicht wichtig genug, dass ich auch Freude haben darf? Immer wenn ich Freude haben möchte, bin ich ein böses Kind. Und jetzt haben sie mich nicht mehr lieb.

Es soll also nicht nur das heutige Ich sprechen, sondern es soll ein intensiver, gefühlsstarker Dialog stattfinden zwischen dem Ich der Vergangenheit und dem heutigen Ich.

Und so könnte zum Beispiel dieses innere Zwiegespräch weitergehen mit dem Kind, das immer geschimpft wurde, wenn es Spaß haben wollte:

»Aber du musst keine Angst haben, ich halte dich fest. Du bist mir so lieb und wichtig, dass ich dich immer mit all meiner Kraft beschützen werde. Bei mir bist du sicher und geborgen.« Dabei drücken Sie das Kind an sich, damit es auch spürt, wie Sie es festhalten und beschützen. Sie können dem Kind auch erklären, dass es ganz normal ist, dass man manchmal andere Menschen unabsichtlich verärgert, dass das jedem ab und zu passiert, dass die anderen dann oft mit Schimpfen reagieren. Dass das aber nichts ändert an unserem grundsätzlichen Wert, dass man trotzdem ein ganz liebenswerter Mensch ist. Sie können dem Kind auch sagen, dass ihm selbst das allerstärkste Schimpfen nichts antun kann, weil Sie es so liebhaben und ihm immer helfen werden. Und das können Sie ja auch wirklich, denn Sie haben in der Zwischenzeit so viel mehr Erfahrung gesammelt und sind nun erwachsen.

Dazwischen hören Sie dem Kind immer wieder ganz genau zu, versuchen Sie zu spüren, was genau ihm so wehtut, und gehen Sie ganz genau darauf ein.

»Ich weiß auch, wie wunderbar und einzigartig du bist.« Lenken Sie die Aufmerksamkeit des Kindes auf seine Qualitäten: »Du hast einen gigantischen Energielevel. Da ist so viel Lebenskraft drin. Deine Kraft und Energie sind toll. Und es ist großartig, mit welcher Freude du dich in deine Aktivitäten stürzt. Viele Menschen wären froh, aus so einem Energiereservoir schöpfen zu können.«

»Ich bin sehr stolz auf dich. Weil du nicht aufgibst und immer wieder eine neue Möglichkeiten suchst, deine Lebenskraft und Lebensfreude auch tatsächlich zu leben. Du lässt dich nicht unterkriegen. Das ist stark, sehr stark von dir.

Auch wenn du vielleicht einen Fehler gemacht hast, bist du um nichts weniger wert. Im Gegenteil, Fehler machen alle, und jeder Fehler, den du machst und erkennst, lässt dich in deinen Fähigkeiten wachsen. Du konntest das damals noch nicht verstehen und hast noch nicht gewusst, wie du sonst deinen Bewegungsdrang ausleben hättest können. Aber natürlich haben es die Eltern nicht gut gefunden, dass du auf dem Bett gehüpft bist. Heute weißt du selbst schon, dass Betten davon kaputtgehen, und dann müssen neue gekauft werden – das ist eine sehr teure Hüpferei. Durch das Schimpfen der Eltern hast du aber auch dazugelernt, dass etwas, was für dich super ist, für andere vielleicht ganz und gar nicht super ist und dass es wichtig ist, immer Wege zu finden, die deinen Bedürfnissen entsprechen, ohne anderen Schaden zuzufügen. Heute weißt du schon, dass ein Sportverein eine sehr gute Lösung gewesen wäre.

Egal, was andere über dich sagen oder denken, meiner

Liebe kannst du dir immer sicher sein. Und gemeinsam können wir das alles sehr gut meistern. – Jeder sieht immer nur einen Teilaspekt einer Sache. So haben die Eltern damals übersehen, dass du noch zu klein warst, um dir selbstständig ein passenderes Betätigungsfeld für deinen Energieabbau zu suchen. Es kann immer wieder vorkommen, dass dich andere Leute nicht richtig erkennen und verstehen. Aber *ich* kenne, verstehe und liebe dich uneingeschränkt und immer. Und gemeinsam sind wir so stark, dass wir wissen, wie wir solche Herausforderungen bewältigen können – wir erklären den anderen unsere Sicht und versuchen, deren offensichtlich andere Sichtweise unsererseits zu verstehen. Wir entschuldigen uns auch, wenn wir einen Fehler gemacht haben, und überlegen uns, wie wir es das nächste Mal besser machen. Sollten sich die anderen trotzdem unversöhnlich zeigen, dann können wir aber auch ohne deren Verständnis sehr gut leben. Ich jedenfalls weiß, was du für ein wunderbarer, wertvoller Mensch bist!«

Wesentlich ist in diesem Zwiegespräch, dass das Spüren des alten Leids, des damals empfundenen Liebesentzugs, und das Vermitteln und Empfangen von bedingungsloser Liebe durch den Aufarbeitungsprozess in einem einzigen Erlebnis zusammenfließen.

Im Laufe dieses inneren Dialogs sollte das Kind oder, genauer, das Ich der Vergangenheit besser verstehen, was damals passiert ist. Dass jeder Mensch die Welt aus einem anderen Blickwinkel erlebt, einen anderen Erfahrungshintergrund hat und dass jede Form von Leid, Zurückweisung oder Erniedrigung, die daraus entsteht, nichts mit unserem wahren Wert zu tun hat. Dass uns nichts und niemand diesen wahren Wert nehmen kann, weil er einfach da ist – das ganze Leben lang unauslöschlich da ist.

Ebenso wichtig ist es, dass das kindliche Ich der Vergangenheit erkennt, wie es heute oder in Zukunft ähnliche Situationen besser meistern kann. Es ist nicht wichtig, wer Schuld hat, aber es ist wichtig, *dass* es dieses Erlebnis gegeben hat und *wie* es war und eben auch, wie man künftig mit solchen Situationen besser umgehen kann, ohne sein wahres Ich einem anderen Menschen oder einer Scheinrealität unterzuordnen.

Mit dem verstärkten Bewusstsein, dass man tatsächlich ein wunderbarer Mensch ist und immer sein wird und dass man jeglichen Attacken auf den eigenen wahren Wert sehr gut gewachsen ist, entsteht eine neue Stärke, eine, die weder durch Gewalt und Aggression noch anderswie bewiesen werden muss. Eine Stärke, die einfach da ist und tief aus der eigenen Mitte wohltuend und wohlwollend herausstrahlt. Eine Stärke, die mit Zuversicht und Freude im Jetzt wirkt und uns die besten Möglichkeiten der Zukunft erkennen und ergreifen lässt.

Und noch etwas wird passieren. Diese innere Stärke, zusammen mit dem Verständnis, dass jeder Mensch eine andere Wahrheit hat, eine andere Wirklichkeit erlebt, dass wir alle da oder dort sowohl Opfer wie auch Überträger in der Leidenskette sind, diese Kombination führt dazu, dass wir verzeihen. Ganz von allein. Plötzlich ist es nicht nur so, dass wir mit dem Kopf wissen, die Schuldfrage bringt uns nicht weiter – die Schuldfrage taucht erst gar nicht mehr auf. Es besteht kein Bedürfnis mehr, über andere zu urteilen oder zu richten.

Verzeihen bedeutet nicht, dass man plötzlich gutheißt, was passiert ist, oder dass alle negativen Gefühle ins Vergessen gedrängt werden. Der Schmerz in all seiner Heftigkeit und Wichtigkeit bleibt in unserer bewussten Erinnerung, aber wir hadern nicht mehr mit unserer Vergangenheit. Sie wird immer zu uns gehören, doch beeinflussen können wir nur das Jetzt und die Zukunft. Weil wir endlich etwas loslassen können, was wir ohnehin nicht mehr ändern können, bringt uns Verzeihen innere Ruhe und mehr Kraft.

So befreiend Verzeihen aber auch ist, man kann es nicht mit dem Kopf erzwingen. Es passiert im Herzen, und zwar dann, wenn wir die innere Liebeslücke, verursacht durch nicht aufgearbeitetes Leid, wieder gefüllt haben.

Manchmal wird so ein Leid durch andere ausgelöst, manchmal sind wir selbst der Auslöser für Leid – nicht nur für andere, sondern auch für uns selbst. Es geht also nicht nur darum, jemand anders zu verzeihen, sondern auch uns selbst. Mit dem Verzeihen ist es so ähnlich wie mit der Liebe. Beides, einen anderen Menschen zu lieben genauso wie einem anderen Menschen zu verzeihen, gelingt wesentlich besser, wenn man sich selbst liebt und sich selbst verzeihen kann.

Solange wir damit beschäftigt sind, jemand anders oder auch uns selbst Schuld zuzuweisen, lenken wir ab von der Eigenverantwortung, die wir im Hier und Jetzt für unsere Zukunft haben. Diese Eigenverantwortung beginnt mit der Akzeptanz dessen, was ist. Nur das, was wirklich ist, ist fester Grund, auf dem man stabil aufbauen kann. Je deutlicher ich sehe, was wirklich ist, desto stabiler kann ich darauf bauen. Das schließt auch unsere Vergangenheit mit ein, so wie sie war mit all ihren schönen Erlebnissen, aber auch mit den schmerzhaften und traurigen Erfahrungen. Auch unsere Gefühle, die angenehmen wie die unangenehmen und unerwünschten, gehören zu dieser Wirklichkeit. Wenn Sie zum Beispiel das Gefühl haben, nicht verzeihen zu können, sollen Sie es auch nicht verdrängen. Es ist aus gutem Grund da. Genauso ist es mit Schuldgedanken. Oder mit Hass und Missgunst usw. Solange solche Gedanken und Gefühle da sind, gehören sie zu Ihnen, und es ist wichtig, sie wahrzunehmen und anzuerkennen. Natürlich sollen Sie nicht zulassen, dass sich daraus absichtliche gemeine und Leid verursachende Handlungen entwickeln. Sie sollen sich in diese Gefühle auch nicht hineinsteigern, indem Sie sich zum Beispiel in Selbstmitleid suhlen ob der bösen Dinge, die man Ihnen angetan hat. Das wird Sie nicht weiterbringen. Aber wenn Sie diese Gefühle wahrnehmen und akzeptieren, dass sie da sind, dann ist das eine sehr gute Einstiegsmöglichkeit für das Zwiegespräch zwischen dem verletzten Ich der Vergangenheit und dem Liebe gebenden heutigen Ich, um so den Aufarbeitungsprozess in Gang zu setzen.

Die Vergangenheit zu akzeptieren, so wie sie tatsächlich war, bedeutet auch, den Eigenanteil an Auslösern für das erlebte Leid möglichst zu erkennen und zu akzeptieren. Auch das hilft uns, unsere Zukunft besser zu gestalten und uns gegen ähnlich negative Erlebnisse abzugrenzen.

Fehler, die wir gemacht haben, gehören zu unserer Vergangenheit und sollen nicht verdrängt, sondern vollinhaltlich akzeptiert werden. Erst wenn wir erkennen, dass wir für jemand anders oder auch für uns selbst unnötiges Leid ausgelöst oder mitausgelöst haben, können wir den angerichteten Schaden wiedergutmachen – oder es zumindest versuchen. In jedem Fall aber können wir aus der Erkenntnis und Akzeptanz heraus solche Fehler in Zukunft besser vermeiden.

Zum Akzeptieren der eigenen Rolle im Auslösen von unnötigem Leid gehört auch, dass man sich entschuldigt und sagt, dass es einem leidtut. Das hilft nicht nur einem selbst, die Vergangenheit abzuschließen, es hilft auch dem Betroffenen, das erlebte Leid besser aufarbeiten zu können. Wenn einem dann der andere verzeiht, dann ist das sehr schön, aber man kann weder damit rechnen, noch kann man es erzwingen. Auch das ist, wie es eben ist.

Wenn wir die verloren gegangenen Teile unserer Selbstliebe wieder aufbauen, lässt uns das Frieden schließen mit der Vergangenheit. Es macht uns frei für das Leben. Nicht für jenes Leben, das starr und unveränderlich in der Vergangenheit liegt, sondern frei für das Jetzt und für die Zukunft mit all ihren vielfältigen Möglichkeiten.

Eigenverantwortung und Freiheit

Aber können wir tatsächlich frei sein? Wir sind doch alle eingebunden in äußere Gegebenheiten, die allein durch ihr So-und-nicht-anders-Sein in irgendeiner Form eine Einengung mit sich bringen. Manche dieser Einengungen fallen uns gar nicht als solche auf, weil sie irrelevant sind für unsere Wünsche und Bedürfnisse. Andere hingegen empfinden wir als massiv freiheitsberaubend.

Unsere Freiheit liegt aber nicht darin, dass wir unser Umfeld, so wie es in diesem Moment existiert, nach Gutdünken ändern können. So funktioniert die Welt nicht, und es hat daher auch keinen Sinn, diese Art von Freiheit zu suchen. Niemand ist frei von der ihn umgebenden Realität. Aber es gibt eine innere Freiheit, die auf Selbstliebe basiert und die sich auch in unseren Entscheidungen und Handlungen widerspiegelt.

In Wikipedia findet man folgende Definition: Freiheit wird in der Regel als die Möglichkeit verstanden, ohne Zwang zwischen verschiedenen Möglichkeiten auswählen und entscheiden zu können. Der Begriff benennt in Philosophie, Theologie und Recht der Moderne allgemein einen Zustand der Autonomie eines Subjekts.

Vor allem der zweite Teil dieser Definition trifft für mich das Wesen von Freiheit sehr genau. Den ersten Teil empfinde ich als etwas problematisch, denn wenn wir uns mit dem Zwang, der hinter einer Entscheidung steht, genauer auseinandersetzen, dann werden wir feststellen, dass wir viele Zwänge aus unserem Inneren heraus erleben, ohne dass jemand von außen tatsächlich Zwang auf uns ausübt. Aber wenn Freiheit als Autonomie eines Subjekts beschrieben wird, dann ist Freiheit im Wesentlichen nur ein anderes Wort für Selbstbestimmung. Und es liegt in unserer Eigenverantwortung, ob wir uns den Werten, Wünschen und Erwartungen anderer unterordnen oder ob wir unsere Entscheidungen immer im vollen Einklang mit unserem wahren inneren Ich treffen.

Freiheit geht Hand in Hand mit Selbstbestimmung. Und Selbstbestimmung gibt es nur, wenn man Eigenverantwortung übernimmt. Je besser die Selbstliebe entwickelt ist, desto leichter ist es, Eigenverantwortung zu übernehmen und sich gegen Fremdbestimmung abzugrenzen. Und auch wenn die Selbstliebe noch nicht so vortrefflich entwickelt ist, trägt jedes Bemühen um mehr Eigenverantwortung und Selbstbestimmung gleichzeitig dazu bei, die Selbstliebe zu stärken.

Nicht unser Umfeld bestimmt, ob wir glückliche Erwachsene sind. Das, was das Schicksal von außen an uns heranträgt, gibt lediglich den Rahmen, von dem aus wir agieren können. Sobald wir der Kindheit entwachsen sind und wenn man von extrem grausamen Schicksalen absieht, liegt die Verantwortung für unser Lebensglück bei uns selbst.

Wenn uns Schlechtes oder Unangenehmes widerfährt, können wir uns, daraus lernend, weiterentwickeln, oder wir können uns von negativen Gedanken treiben lassen und damit unsere positive Weiterentwicklung und unser Glück selbst blockieren. Aber auch wenn wir Gutes oder Angenehmes erleben, können wir die daraus entstehende Kraft und Freude nutzen, um noch weiter zu wachsen und zu blühen, oder wir können uns darauf ausruhend gehen lassen und so unsere Weiterentwicklung bremsen oder sogar ganz zum Erliegen bringen. Ob jemand glücklich ist, liegt sicherlich nicht an seinem materiellen Reichtum. Es gibt sehr reiche Menschen, die trotzdem sehr unglücklich sind, so wie es auch sehr arme Menschen gibt, die trotz ihrer Armut sehr glücklich sind. Ganz gleich, ob uns Gutes, Angenehmes oder Schlechtes, Unangenehmes widerfährt, in beiden Fällen liegt es an uns und unserer Eigenverantwortung, was wir in weiterer Folge aus unserem Leben machen. Wenn wir auch nicht alles beeinflussen können, was für unsere Zukunft wichtig ist, so ist es doch sehr, sehr viel.

Es liegt auch an uns, ob wir in unserem Umfeld vorwiegend die negativen Aspekte bemerken und darüber jammern oder ob wir offen sind für das Schöne, Beglückende, das so gut wie immer ebenfalls vorhanden ist. Natürlich ist es wenig sinnvoll, alles Schlechte zu ignorieren und so zu tun, als wäre alles wunderbar. Aber es macht einen großen Unterschied für die eigene Lebensqualität, ob man sich von den hässlichen, unangenehmen Dingen in ein Stimmungstief hineinreißen lässt oder ob man sich trotz allem an den schönen, angenehmen Dingen erfreuen kann und sich in seinen Aktivitäten vor allem auf jene konzentriert, die auch für die Zukunft auf das Schöne und Erfreuliche ausgerichtet sind.

Nicht unser Umfeld ist verantwortlich dafür, ob wir glücklich sind oder nicht. Diese Verantwortung liegt bei uns selbst. Wir sind glücklich und voller Lebensfreude, wenn wir unser innerstes wahres Sein nicht verleugnen und zu uns selbst stehen, so wie wir wirklich sind. Wenn wir uns auf unsere Gefühle und unsere Qualitäten einlassen und uns von ihnen leiten lassen. Wenn wir unseren eigenen Werten folgen, statt uns von den Werten und Erwartungen anderer steuern zu lassen. Wenn wir frei sind von allem, was uns nicht *ich* sein lässt. Wenn wir offen sind für das Sein in all seinen Formen, es annehmen, wie es ist, es respektieren und uns von ihm berühren lassen. Wenn wir dabei nicht am Negativen hängen bleiben, sondern uns am Schönen, Erfreulichen orientieren und immer, auch dann, wenn in der momentanen Situation die negativen Aspekte überwiegen, auf das positive Potenzial im Jetzt und in der Zukunft ausgerichtet sind. Von wenigen Ausnahmen abgesehen, sind es nicht einengende, ungünstige Umstände, die unser Glück bedrohen, sondern die von uns persönlich zugelassene Fremdbestimmung, die dazu führt, dass wir uns selbst verlieren. Aber *wer* soll denn glücklich sein, *wer* soll denn voller Lebensfreude sein, wenn *wir* uns verloren haben, wenn *wir* also nicht mehr da sind?

Es ist die Selbstliebe, die sicherstellt, dass wir uns nicht selbst verlieren, dass wir lieben und glücklich sein können und dass wir uns innerlich frei fühlen. Es ist auch die Selbstliebe, die uns den Weg der Freude zeigt – jener Freude wohlgemerkt, die nicht auf Kosten anderer geht, einer nachhaltigen Freude, die nicht nur den Moment, sondern auch die Konsequenzen eines Moments – das Leben insgesamt – berücksichtigt.

Sie kennen sicher Janis Joplins Lied *Me and Bobby McGee*, in dem sie singt: »Freedom's just another word for nothing left to lose.« – Freiheit ist nur ein anderes Wort dafür, nichts mehr zu verlieren zu haben. Das ist eine überaus traurige Interpretation von Freiheit. Sie entspringt einer zutiefst verzweifelten Seele, die ihr Ich bereits verloren hat. Da ist wahrhaftig nichts mehr da, was man noch verlieren könnte. Diesen Zustand würde ich aber nicht als Freiheit bezeichnen, sondern als eine Form, schon gestorben zu sein. Solange ich wirklich »ich« bin, meinem wahren Ich treu bin, mag es manchmal schwer und schmerzhaft sein, etwas zu verlieren – sei es eine Sache, eine Wette, einen Job, ein in den Sand gesetztes Vorhaben oder sogar einen Menschen, aber solange meine Selbstliebe, mein Ich intakt ist, wird der hoffnungsstarke, zuversichtliche Blick in die Zukunft erhalten bleiben. Für mich bedeutet Freiheit nicht, nichts mehr zu verlieren zu haben, sondern die Fähigkeit, verlieren zu können. Zu sich selbst stehen trägt immer die Möglichkeit in sich, etwas, was einem wichtig ist, zu verlieren – zum Beispiel einen gut bezahlten Job, die Aussicht auf einen Karrieresprung oder das Wohlwollen und die Zuneigung eines Menschen. Selbstliebe aber weiß, mit welchem Verlust von Lebensfreude und Lebensenergie das Verleugnen des eigenen wahren Ichs verbunden wäre, und macht uns frei, authentisch zu bleiben, auch wenn das mit Verlusten auf einer anderen Ebene verbunden ist. Wobei die Möglichkeit oder die Angst, etwas zu verlieren, selbstverständlich in die Entscheidungsfindung einfließt – aber nie so, dass man der Angst auf Kosten des wahren inneren Ichs nachgibt. Selbstliebe macht uns frei und stark genug, auch verlieren zu können.

Großzügigkeit

Jede Liebesbeziehung, überhaupt jede partnerschaftliche Beziehung – auch die Beziehung zu sich selbst –, braucht Großzügigkeit. Sie erlaubt jene Abweichungen, die das Leben erst richtig lebendig machen. Ohne Großzügigkeit ist alles streng, todernst, berechenbar, fad, deprimierend und einengend. Die Großzügigkeit ist wie die Würze in einer Speise. Und genauso wohldosiert wie beim Würzen von Speisen muss man mit der Großzügigkeit umgehen. Ohne Würze ist es fad und schmeckt nicht gut, aber zu viel wird so unerträglich, dass man es gar nicht mehr schlucken kann. Erst das rechte Maß macht es zum Genuss – das Essen und ebenso das Leben.

Wie oft kommt es vor, dass irgendetwas schiefgeht, nicht so läuft wie beabsichtigt, und schon ist man mit einem Problem – manchmal größer, manchmal kleiner – konfrontiert, mit dem man nicht gerechnet hat und das einem alle Pläne auf den Kopf stellt. Wohl oder übel stellt man sich der Sache und findet dann auch eine Lösung. Und später, nachdem alles gut und vorbei ist, wird die Geschichte immer wieder unter viel lachendem Applaus oder Staunen und Bewunderung – je nach Art der Begebenheit – in der Freundesrunde erzählt. Denn so ein Abenteuer kann man nicht planen, so etwas passiert einem nur in der unberechenbaren Lebendigkeit unseres Daseins. Im Nachhinein betrachtet, war es oft ein Ereignis, das man nicht hätte missen wollen.

Wie viel angenehmer ist es, wenn wir auf solche Störfaktoren schon von Anfang an mit derselben Leichtigkeit reagieren können, die wir später beim Erzählen der Geschichte empfinden. Es ist die Großzügigkeit, die uns so viel Entspanntheit verleiht, dass wir mit ungeplanten Herausforderungen besser umgehen können, die uns über das nicht wirklich Wichtige hinwegsehen lässt und uns erlaubt, uns auf das Schöne, Interessante und Lebendige zu fokussieren.

Was ist denn so schlimm dabei, wenn der Partner nicht perfekt ist – oder man selbst? Natürlich soll sich ein jeder redlich bemühen, seine Schwächen im Griff zu haben und keine schwerwiegenden Fehler zu machen. Aber wie realistisch ist das schon, dass man dieses Bemühen in jedem Moment seines Lebens mit voller Konzentration aufrechterhalten kann? Da und dort wird es Ausrutscher geben. Na und? Das Leben hat uns eben wieder einmal überrascht.

Ich plädiere hier ganz bestimmt nicht dafür, alles ins Gleichgültige abrutschen zu lassen. Manche Dinge sind so wichtig und kritisch, dass man nicht augenzwinkernd darüber hinwegsehen kann. Und natürlich ist es auch angebracht, Fehler als solche zu erkennen. Aber deswegen muss man sich doch nicht über alles aufregen, was nicht so läuft, wie man es gerne hätte. Unser Partner hat so viele liebenswerte Eigenschaften, jeder Mensch hat sie. Es ist doch viel schöner, *diese* immer wieder bewusst wahrzunehmen und sich daran zu erfreuen, als sich durch die vielen kleinen Abweichungen von dem, was man gerade als korrekt und wünschenswert betrachtet, was aber im Grunde gar nicht so wichtig ist, die Freude über das Schöne verderben zu lassen.

Geben Sie Ihrer Lebensfreude mehr Raum, indem Sie dem Leben – und sich selbst – erlauben, lebendig zu sein. Sie können die Lebendigkeit des Lebens ohnehin nicht verhindern, erfreuen Sie sich lieber daran.

3. Teil
Das Zusammenspiel von Liebe und Beziehung

In den ersten beiden Teilen dieses Buchs habe ich mich mit grundsätzlichen Überlegungen zur Liebe auseinandergesetzt – was die Liebe ist und unter welchen Voraussetzungen sich eine wirklich große und vor allem auch beständige Liebe allein entwickeln kann. Es hat sich dabei gezeigt, dass der Weg zur Liebe immer zuerst über die Selbstliebe führt, die ihrerseits die Basis ist für jene Nähe und jenes Vertrauen, die wiederum unabdingbare Voraussetzungen sind für eine auf Dauer glückliche, intensive Liebesbeziehung. Je stärker wir unsere Selbstliebe entwickeln, desto stärker wird auch unsere Fähigkeit, einen anderen Menschen zu lieben, und desto besser und stärker können wir auch die Liebe eines anderen Menschen zu uns fühlen.

Während die ersten beiden Teile des Buches sich zu einem großen Teil allgemein mit Liebe beschäftigen und die Ausführungen grundsätzlich für alle Arten von Liebe gelten, gehe ich im dritten Teil spezifisch auf die Liebe zwischen erwachsenen Liebes- und Lebenspartnern ein, in der auch die sexuelle Anziehung ein wesentlicher Teil der Beziehung ist. Aber auch Konflikte und andere kritische Phasen gehören dazu und wollen bewältigt werden.

Sex

Liebe an sich hat grundsätzlich nichts mit Sex zu tun. Wenn man die unterschiedlichen Beziehungsarten betrachtet, die auf Liebe basieren, wird man feststellen, dass viele davon asexuell sind. Weder bei der Eltern-Kind-Beziehung noch bei der platonischen Liebe zwischen Freunden oder Geschwistern gehört Sex zum Beziehungsmuster. Auch die Liebe zu einem Tier oder einem Hobby ist nicht sexuell. Wenn es jedoch um die Liebesbeziehung zwischen erwachsenen Menschen geht, die also ein sogenanntes Paar sind, die ihr Leben in irgendeiner Form in inniger Nähe miteinander verbringen möchten, dann ist Sex in den meisten Fällen ein wesentliches Element der Beziehung.

Liebe zeigt sich in der bedingungslosen Akzeptanz und Freude am unverfälschten Sein. Sie ist weder an bestimmte Lebensabschnitte noch an bestimmte Situationen gebunden. Liebe ist auch vollkommen unabhängig von unserem Hormonspiegel. Sex dagegen entspringt jenem hormongesteuerten Trieb, der einerseits unsere Fortpflanzung sichert und der sich andererseits durch den sexuellen Lustgewinn sowohl positiv auf unsere Lebensfreude auswirkt wie auch die Bindung an den Partner stärkt.

Es ist also nicht verwunderlich, dass die sexuell besonders aktiven Zeiten genau in jenen Lebensabschnitt fallen, in dem der Mensch die besten Voraussetzungen hat, Nachkommen erfolgreich großzuziehen. Während die sexuellen Bedürfnisse in der Kindheit und im späteren Alter entweder nicht vorhanden oder jedenfalls reduziert sind, ist das Bedürfnis nach Liebe – und das schließt auch körperliche Nähe und Zärtlichkeit ein – das ganze Leben lang von elementarer Bedeutung.

Guter Sex ist schön und überaus befriedigend, und in jenen Lebensphasen, in denen Sexualhormone unsere sexuelle Lust aktivieren, rangiert Sex auch entsprechend hoch in unserer Wichtigkeitsskala. Daraus ergibt sich zwangsläufig, dass Sex in genau diesen Lebensphasen auch ein wichtiger Faktor für eine glückliche Liebesbeziehung ist. Wenn das Bedürfnis nach sexueller Erfüllung unbefriedigt bleibt, wird ein wesentlicher Teil unseres wahren Ichs ins Nicht-Sein gedrängt, und das ist einem gemeinsamen Wachsen und Blühen sicherlich nicht zuträglich.

Für Sex in einer Liebesbeziehung gelten grundsätzlich die gleichen Regeln wie für alle anderen Wichtigkeiten. Sie müssen auch vom Partner ernst genommen werden, und die Art, in der Sex gelebt und befriedigt wird, muss für beide passen. Dabei sollten der Kreativität keine Grenzen gesetzt werden, und es sollte keine Tabus geben, solange es für beide gut ist.

Sie werden in diesem Buch keine sexbezogenen Kreativitätsanstöße finden. Schließlich ist das kein Buch über Sex, sondern über Liebe. Mir geht es lediglich darum, die Wichtigkeit von Sex für eine langfristig glückliche Beziehung zwischen Liebespartnern deutlich zu machen. Und was die Kreativität anbelangt, bin ich überzeugt davon, dass es Ihnen nicht daran mangeln wird, wenn Ihre Beziehung auf jener Nähe und jenem Vertrauen aufbaut, die unabdingbare Voraussetzungen sind für Liebe.

So wie es Liebe ohne Sex gibt, gibt es natürlich auch Sex ohne Liebe. Und obwohl Letzteres nicht Thema dieses Buchs ist, möchte ich doch zumindest meine Überzeugung anmerken, dass wirklich guter, rundum befriedigender Sex ohne Liebe nur dann möglich ist, wenn zumindest während der sexuellen Begegnung alle Nähe und Vertrauen behindernden Barrieren fallen.

In der sexuellen Attraktion liegt faszinierend viel Kraft. Was nicht weiter verwunderlich ist, denn sie soll unsere Fortpflanzung sichern. Daher hängt sexuelle Attraktion auch sehr stark davon ab, wie sehr uns jemand – wohl vorwiegend auf unbewusster Ebene – geeignet erscheint, lebenstüchtige Nachkommen zu zeugen und den Anforderungen eines erfolgreichen Großziehens gerecht zu werden. Ich drücke mich absichtlich so unromantisch aus, denn hier folgen wir offenbar demselben primitiven, atavistischen Prinzip wie unsere urgeschichtlichen Vorfahren. Es geht einfach darum, den Fortbestand unserer Spezies bestmöglich zu sichern.

Wobei sich die Kriterien, die für unsere Überlebensfähigkeit relevant sind, im Laufe der Zeit sicherlich geändert haben. Wenn in prähistorischer Zeit zum Beispiel die Muskelkraft eines Mannes von entscheidender Bedeutung war, so sind heute wohl auch sein finanzielles und berufliches Geschick in den Vordergrund gerückt.

Welche Qualitäten jemanden im Einzelfall tatsächlich sexuell attraktiv machen, ist sehr unterschiedlich. Einerseits wirken die alten, urzeitlichen Kriterien nach wie vor – auch wenn manche im Kampf ums Überleben an Bedeutung verloren haben. So verfehlt zum Beispiel ein athletischer Männerkörper auch noch heute nicht seine Wirkung. Andererseits sind neue Kriterien dazugekommen. Es ist auch sehr unterschiedlich, wer auf welche Kriterien anspricht. Wovon immer das auch abhängig ist – vielleicht liegt es am Umfeld, in das wir hineingeboren werden, oder auch daran, wie gut die eigenen Eigenschaften gemeinsam mit den Eigenschaften des anderen ein besonders lebensstarkes Paket ergeben –, jeder fühlt sich von einer anderen Qualitätsmischung sexuell angesprochen. Intellektuelle, geistige und verhaltensspezifische Qualitäten können dabei genauso relevant oder nicht relevant sein wie das Aussehen. Jedenfalls sind es immer solche Qualitäten, die wir in irgendeiner Form mit Gesundheit, Lebenstüchtigkeit und Lebensfreude verbinden.

Lebensfreude und Zuversicht sind wohl zwei der stärksten sexuell attraktiven Attribute. Jemand, der zwar schön und reich ist, aber an allem und jedem etwas auszusetzen hat, der Kälte und Unmut ausstrahlt, wird auf die meisten Menschen weitaus weniger begehrenswert wirken als jemand, der zwar weder schön noch reich, dafür aber voller Freude und Zuversicht ist.

Wenn also Ihre Selbstliebe in Ordnung ist, dann müssen Sie sich auch um Ihre sexuelle Attraktivität keine Sorgen machen. Denn Selbstliebe, Lebensfreude und Zuversicht gehen Hand in Hand.

Ich bin immer wieder fasziniert davon, wie klug die Natur diese Dinge eingerichtet hat. Es stimmt wohl, dass die materiellen Grundbedürfnisse abgedeckt sein müssen, um das Überleben eines Kindes und auch der Spezies Mensch zu sichern. Aber wir wollen ja nicht nur überleben, wir wollen auch, dass wir und unsere Kinder Freude haben an diesem Leben. Und wer könnte einem Kind besser die Freude am Leben übermitteln als eine Mutter und ein Vater, die selbst voller Lebensfreude sind? Und wer könnte auch in plötzlichen, unvorhersehbaren Zeiten der Not die materiellen Grundbedürfnisse des Kindes besser abdecken als Eltern, die generell nie den Mut verlieren und sich voller Zuversicht so lange um eine Lösung bemühen, bis sie eine gefunden haben?

Und sicherlich haben Sie auch schon bemerkt, wie ein spontanes Lächeln ein Gesicht verzaubert. Wie sympathisch und schön ein an sich unauffälliges, vielleicht sogar unattraktives Gesicht plötzlich wirkt, wenn es von einem aus dem Herzen kommenden Lächeln oder einem ehrlichen, herzhaften Lachen erhellt wird. Solch ein Lächeln oder Lachen entsteht, wenn jemand die ungebremste Freude am Sein empfindet und andere daran in entwaffnender Offenheit teilhaben lässt.

Je besser unsere Selbstliebe entwickelt ist, desto öfter und stärker werden wir unser inneres Glück und unsere Freude am Sein auch nach außen hin zeigen, desto deutlicher erkennbar werden auch unsere Bereitschaft und Fähigkeit, dieses Glück und diese Lebensfreude mit jemand anders zu teilen, und desto attraktiver werden wir dadurch auf andere Menschen wirken – nicht nur, aber ganz bestimmt auch auf sexueller Ebene.

Vielleicht fällt Ihnen dazu der Spruch ein: »Nicht auf das Aussehen kommt es an, sondern auf die inneren Werte.« Wenn damit gemeint ist, dass es nicht wichtig ist, welche körperlichen Eigenschaften mir in die Wiege gelegt wurden, dass vielmehr meine innere Haltung bestimmt, ob mich andere Menschen attraktiv und liebenswert finden, dann kann ich diesem Spruch voll zustimmen. Aber ich glaube, dass sehr viele Menschen diesen Spruch in zweierlei Hinsicht fehlinterpretieren, und das finde ich sehr schade.

Zum einen halte ich das äußere Erscheinungsbild sehr wohl für wichtig. Allerdings anders, als viele glauben. Unsere sexuelle Attraktivität wird sehr stark davon beeinflusst, ob wir Gesundheit und Lebenskraft ausstrahlen. Es ist dabei aber ziemlich egal, ob Sie zum Beispiel zu den dickeren oder zu den dünneren Menschen gehören. Es ist nicht wichtig, ob Ihr Körper üppig, kuschelig, genießerisch aussieht oder eher sportlich, asketisch oder zart, elegant oder wie auch immer. Sehr wohl aber ist es wichtig, dass Sie nicht so dick oder so zerbrechlich dünn sind, dass es nicht mehr gesund ist.

Und natürlich schränkt auch ein vernachlässigtes oder verwahrlostes Aussehen die Attraktivität eines Menschen ein. Körperpflege dient ja nicht nur der Optik und einer angenehmen Geruchswahrnehmung, sondern steht auch im Dienste unserer Gesundheit. Ein ungepflegter Mensch signalisiert, dass ihm Parasitenbefall, faule Zähne und generell ein guter körperlicher Zustand nicht so wichtig sind. Die Natur ist nicht interessiert daran, dass wir uns mit jemandem sexuell einlassen, der körperlichem und damit auch gesundheitlichem Verfall Vorschub leistet.

Sex ist eine Huldigung des Lebens und der Lebensstärke. Also vergessen Sie, ob Sie lieber schlanker oder sonst wie anders wären. Geben Sie einfach Ihrem Körper, was er braucht, um gesund und lebensstark zu sein. Pflegen Sie ihn, statt an ihm herumzunörgeln. Es ist der einzige Körper, mit dem Sie das Leben auf dieser Erde bestreiten können. Er leistet so viel für Sie, und deshalb sollten Sie ihn auch mögen und stolz auf ihn sein. Und so, wie man etwas, was man mag und worauf man stolz ist, nicht unter Lumpen versteckt, spricht auch nichts dagegen, diesen Körper nach außen in wohlgefälligen Hüllen zu präsentieren. Auch das ist ein Ausdruck von Lebensfreude.

Ich glaube also, dass das äußere Erscheinungsbild sehr wohl unsere Attraktivität beeinflusst. Aber nicht durch besonders schöne Körpermerkmale, sondern durch die innere Einstellung, die wir zu uns selbst und damit auch zu unserem Körper haben.

Und das führt uns auch zum zweiten Missverständnis, nämlich dem über die »inneren Werte«. Leider glauben viele Menschen, dass es sich dabei um ganz bestimmte, besonders erstrebenswerte Eigenschaften handelt. Und auch dieser Interpretation stimme ich nicht zu. Denn jeder ist von seinen grundsätzlichen Eigenschaften, seinen wertneutralen Qualitäten her genauso gut wie jeder andere. Es geht nicht darum, besonders fleißig oder besonders gutmütig oder besonders sonst etwas zu sein. Die inneren Werte, die in ihrer Wichtigkeit und in ihrer positiven Wirkung aber tatsächlich großen Einfluss auf unsere Attraktivität haben, sind Liebe, Lebensfreude und Zuversicht – jene Geisteshaltung und jene Gefühle, die alle mit einer gesunden Selbstliebe beginnen.

Wenn Ihre Selbstliebe intakt ist, dann wird sich das automatisch auch auf Ihre sexuelle Attraktivität positiv auswirken – ohne Ihren Körper auf ein angebliches Ideal hinzubiegen, ohne krampfhaftes Bemühen um ein besonders weibliches oder besonders männliches Benehmen. *Leben* Sie einfach, leben und genießen Sie *Ihr* Leben mit *Ihrem* Körper, so wie Sie von Natur aus sind, aber achten Sie dabei auch auf Ihre Gesundheit und respektieren Sie dabei immer auch die Wichtigkeiten und die Gefühle anderer Menschen – so wie es für eine gut entwickelte Selbstliebe selbstverständlich ist. Und machen Sie sich dabei keine Sorgen um den Sex. Wenn die Selbstliebe passt, dann findet der Sex Sie ganz von allein – oder Sie ihn.

Häufig gibt es aber auch die Situation, in der sich zwischen zwei Menschen eine starke sexuelle Attraktion aufbaut, beide aber wissen – oder vielleicht empfindet auch nur einer der beiden so –, dass es nicht unbedingt empfehlenswert wäre, diesem Drang tatsächlich nachzugeben. Dabei würden sich die beiden in diesem Moment so gerne hinwegsetzen über gesellschaftliche Zwänge oder andere Hindernisse und Bedenken, sich fallen lassen, den Kopf ausschalten und der Natur nachgeben, sich hingeben und genießen. Was sollte schlecht daran sein, den menschlichen Urinstinkten zu folgen und sich in einem wunderschönen Akt zu vereinigen?

Es ist das Bewusstsein über möglicherweise negative Konsequenzen, das uns innehalten und überlegen lässt, bevor wir uns hemmungslos unseren Trieben und Sehnsüchten überlassen. Diese negativen Konsequenzen können uns selbst betreffen oder auch andere, sie können ganz persönlicher Natur sein, oder sie können sich aus gesellschaftlichen Zwängen ergeben, die wiederum sehr vom jeweiligen kulturellen Hintergrund abhängig sind. In der einen Kultur wird es überhaupt nicht als Problem betrachtet, wenn ein Mann mit mehreren Frauen eine sexuelle Beziehung hat, und sogar mehrere gleichzeitige *Liebes*-Beziehungen werden dem Mann zugestanden. Andere Kulturen sind da weitaus einschränkender. In der einen Kultur ist es überhaupt kein Problem, wenn ein Mädchen oder eine Frau mit einem Mann flirtet, mit dem sie nicht verheiratet oder verlobt ist. In anderen Kulturen kann das schlimme Strafen nach sich ziehen. Auch auf individueller Ebene ist es von Mensch zu Mensch ganz unterschiedlich, ob und in welcher Form sich negative Konsequenzen ergeben könnten.

In solchen Momenten der Entscheidung, ob und wie sehr wir einer sexuellen Attraktion nachgeben, ist es nicht wesentlich, ob wir selbst die jeweiligen gesellschaftlichen Einengungen für richtig oder falsch halten oder ob wir die möglicherweise negativen Konsequenzen im persönlichen Bereich für gerechtfertigt halten oder nicht. Wichtig ist es in solchen Momenten, *dass* wir uns der möglichen Konsequenzen bewusst sind und eine Entscheidung treffen, die nicht nur den momentanen Lustgewinn zum Ziel hat, sondern auch unser langfristiges Glück im Blick behält.

Und wiederum ist es die Selbstliebe, die uns hier hilft, weder das eine noch das andere unterzubewerten. Beides ist wichtig für ein glückliches Leben. Sex ist wichtig und schön – und noch schöner ist es, wenn man Sex auch im Nachhinein nicht bereut.

In einer idealen Welt ...

Wenn im Folgenden von einer »idealen Welt« die Rede ist, dann ist damit nicht eine Welt gemeint, in der es keine Sorgen und Probleme mehr gibt – sondern eine Welt, in der die Selbstliebe aller Menschen vollkommen intakt ist, so unverwüstlich stark, wie man es sich eben nur theoretisch vorstellen kann. Stellen wir uns nun also vor, wir lebten in einer solchen Welt.

Die Kinder in dieser Welt wissen und vor allem spüren sie auch, dass sie absolut wichtig und liebenswert sind, sie fühlen sich von ihren Eltern und anderen für sie wichtigen Personen geliebt und akzeptiert, so wie sie sind. Sie beschäftigen sich mit Dingen, die sie interessieren und die ihnen Spaß machen. Sie verstehen und akzeptieren auch, dass sie manchmal, weil es insgesamt sinnvoll und besser ist, auf etwas verzichten oder Dinge tun müssen, die ihnen nicht unbedingt gefallen. Aber alles in allem ist das Leben voller Freude für sie.

Sie wissen und spüren, dass ihre Eltern sie lieben und für sie sorgen. Sie lernen, dass ihre Wünsche und Bedürfnisse grundsätzlich etwas Gutes und Wichtiges sind, weil sie von den Eltern auch immer ernst genommen werden. Sich für ihre Bedürfnisse einzusetzen ist und bleibt selbstverständlich für sie, und sie tun das auch mit allen ihnen zur Verfügung stehenden Mitteln, anfangs wohl auch mit Schreien und Toben. Doch obwohl die Eltern einerseits voller Verständnis sind für ihre Wünsche, so vermitteln sie den Kindern doch auch, dass es nicht immer möglich ist, ihren Bedürfnissen nachzugeben. Dass es mehr zu berücksichtigen gilt, wenn man nachhaltig glücklich sein möchte. Dass Dinge, die im ersten Moment vielleicht viel Freude machen, im Nachhinein sehr unangenehme Folgen haben können. Dass Dinge, die einen selbst erfreuen würden, für andere sehr schmerzhaft sein könnten. So lernen die Kinder, dass *alle* Menschen Bedürfnisse und Wünsche haben, die manchmal auch zu Konflikten führen. Dass andere Menschen – auch die Eltern! – genauso Freude oder Leid empfinden wie sie selbst. Die Kinder machen überdies die Erfahrung, dass es auch für sie selbst nicht so schön ist, wenn der andere sauer ist, dass es weitaus schöner ist, mit jemandem zu spielen, der ebenfalls Freude hat am Spiel. So entwickeln sie eine gesunde Sensibilität für das Befinden der anderen, und es ist ihnen keineswegs egal, wie es diesen anderen geht. Sie lernen die Gleichwertigkeit aller Menschen zu verstehen und zu akzeptieren und entwickeln die Kunstfertigkeit, unvoreingenommen aufeinander einzugehen.

Wenn sie jemanden neu kennenlernen, gehen sie offen auf ihn zu. Da ist einerseits eine gewisse Neugier, die dem Bedürfnis entspringt, auf das Leben zuzugehen oder auf das, was das Leben anbietet. Wer bist du? Wie bist du? Ist es lustig oder interessant oder sonst wie schön mit dir? Dahinter sind keine festgefahrenen Erwartungen. Wäre schön, wenn du ein neuer Spielkamerad bist für mich, aber ich kann auch akzeptieren, wenn dem nicht so ist. Das Kind hat gelernt, Möglichkeiten wahrzunehmen und auszuloten, aber es erkennt auch das Sein, so wie es wirklich ist, akzeptiert und respektiert es. Es weiß und spürt, dass sich nichts an seinem eigenen Wert, nichts an seiner Liebenswertigkeit ändert, auch wenn aus der neuen Begegnung kein Spielkamerad wird.

Auch später, wenn aus den Kindern Jugendliche und Erwachsene geworden sind, bleibt ihnen diese grundsätzliche Einstellung zu anderen Menschen erhalten. Wenn sie jemanden neu kennenlernen, gehen sie auf ihn mit der gleichen lebensbejahenden Neugierde und Offenheit zu, wie sie es als Kind getan haben. Was sich aus der Begegnung ergibt, bleibt offen. Auch jetzt gibt es keine festgefahrene Beziehungserwartung. Der Jugendliche, der erwachsene Mensch in unserem Gedankenexperiment liebt sich selbst genug, um nicht nach der Liebe von anderen zu lechzen. Es ist schön, wenn sich aus der Begegnung eine Beziehung entwickelt, die einen mit Freude erfüllt – von welcher Art diese Beziehung auch sein mag. Es ist aber auch in Ordnung, wenn sich nichts oder etwas gänzlich anderes entwickelt, als man sich gewünscht hätte.

Die Kinder reifen zu Jugendlichen heran. Die jungen Menschen lösen sich in dieser Phase immer mehr von ihren Eltern ab. Jene Werte und Wichtigkeiten, die ihnen von den Eltern übermittelt wurden und die ihnen während der Kindheit ein hilfreiches Grundgerüst zum besseren Überleben vermittelt haben, werden nun hinterfragt und mit den eigenen Erfahrungen verglichen. Einige dieser alten Werte und Wichtigkeiten werden verworfen und durch neue, aus ihrer Sicht passendere, bessere Werte und Wichtigkeiten ersetzt. Die Jugendlichen finden zu ihrem eigenen Lebenskonzept, und am Ende dieser Entwicklung steht ein junger, selbstbestimmter und selbstverantwortlicher Erwachsener.

Im Zuge dieses Reifungsprozesses entwickelt sich auch die sexuelle Reife. Die Sexualhormone entfalten ihre Wirkung. Die Nähe zum anderen beziehungsweise sexuell attraktiven Geschlecht wird gesucht. Man möchte gefallen, man möchte begehrt werden. Und man begehrt auch selbst. Die Sehnsucht nach einem potenziellen Sexual-, Lebens- und Liebespartner ist erwacht. Diese Sehnsucht erlangt plötzlich eine große Wichtigkeit in unserem Leben. Ohne dies bliebe die Liebe zu einem anderen Menschen wohl immer nur auf dem Niveau der normalen Nächstenliebe. Dabei erleben wir manche Menschen als ganz besonders attraktiv und begehrenswert. Dieses Begehren ist auch nicht von vornherein monogam. Es scheint so, als würden die Sexualhormone alle potenziell passenden Vertreter des sexuell attraktiven Geschlechts abtasten, ob sie als Sexual-, Lebens- und Liebespartner infrage kommen. Und je nach Angebot oder Auswahlmöglichkeit werden die Fühler auch in mehrere Richtungen ausgestreckt.

Jeder Kulturkreis hat Regeln oder zumindest Empfehlungen, wie die Menschen mit ihren sexuellen Empfindungen umgehen sollen. Manches ist verboten, manches erlaubt. Manches, was für Jungen und Männer erlaubt ist, ist für Mädchen und Frauen verboten – oder auch umgekehrt. Selbst unter der Annahme, dass sich die gesellschaftlichen Regeln ursprünglich zum Wohle der Gemeinschaft und in manchen Aspekten auch zum Wohle des Einzelnen entwickelt haben, stehen sie doch sehr oft in Widerspruch zu den eigenen Wünschen und Bedürfnissen. Die Herausforderungen, die sich Jugendlichen in diesem Spannungsfeld stellen, sind sowohl von den Anforderungen und Erwartungen im jeweiligen Kulturkreis abhängig wie auch geschlechtsspezifisch unterschiedlich. Wurde vor hundert Jahren von Mädchen und Frauen auch in unserem Kulturkreis erwartet, keinen vorehelichen Geschlechtsverkehr zu haben, so sollte das wohl auch sicherstellen, dass Kinder in einer intakten Familie aufwachsen und gut versorgt sind. Im gleichen Ausmaß, in dem es so sichere Empfängnisverhütungsmittel wie die Pille gab, haben sich auch die rigorosen Moralanforderungen an Mädchen und Frauen gelockert. Manche Kulturen erlauben Polygamie, andere erlauben das nicht. Aber wie die kultur- und umfeldabhängigen Anforderungen und Erwartungen an Jugendliche auch aussehen mögen, in den seltensten Fällen wird sich das lückenlos mit den unmittelbaren Bedürfnissen des Jugendlichen decken.

Und so ist der junge Mensch immer wieder mit einer Situation konfrontiert, die er – wenn auch aus anderen Zusammenhängen – von klein auf kennt. Wieder einmal stehen die eigenen spontanen Bedürfnisse im Widerspruch zu dem, was angeblich richtig ist. Zusätzlich erschwert wird dieser Konflikt, wenn gerade die Welt der eigenen Werte und Wichtigkeiten im Umbruch ist. Was ist denn nun richtig? Wer hat denn nun recht mit seinen Ansichten und Erwartungen? Die Eltern? Der konservative Teil der Gesellschaft oder doch eher die Progressiven? Was halten die Freunde für richtig? Was halte *ich* für richtig?

Für noch nicht pubertierende Kinder, die sich allumfassend geliebt fühlen, ist es noch relativ leicht, den Werten und Wichtigkeiten der Eltern zu vertrauen. Denn schließlich können und wissen diese mehr, weil sie schon älter, eben erwachsen sind. Die Kinder spüren auch, dass sie allein in dieser großen Welt nicht bestehen könnten, dass sie auf die Eltern angewiesen sind. Und die Kinder fühlen auch, dass ihre Eltern sie lieben und wollen, dass sie glücklich sind. All ihr Wissen und ihre Erfahrung werden sie immer verwenden, um Entscheidungen zu treffen, die für ihre Kinder die besten sind – nicht unbedingt besser für einen kurzen Moment des Lustgewinns, aber insgesamt besser, fürs ganze lange Leben besser.

Doch der heranwachsende Jugendliche spürt, dass er zu seinen ganz eigenen Werten und Wichtigkeiten kommen muss, um ein glücklicher, selbstbestimmter und selbstverantwortlicher Mensch sein zu können, um das Gefühl zu haben, *sein* Leben zu leben und nicht nur eine brave, innerlich tote Marionette zu sein. Er wird also versuchen, die verschiedenen Standpunkte zu verstehen, die jeweiligen Vor- und Nachteile zu erkennen, er wird eigene Erfahrung mit einbeziehen und daraus seine eigenen Werte und Wichtigkeiten entwickeln, auch einen eigenen Moralkodex, wie er mit seinen sexuellen Bedürfnissen umgehen möchte. Die Entwicklung von Werten und Moralkodex ist nie eine abgeschlossene Sache, und der Jugendliche – so wie auch jeder Erwachsene – wird immer wieder dazulernen, aus unangenehmen Erfahrungen genauso lernen wie aus schönen. Werte und Moralkodex werden sich im Laufe der Zeit immer wieder entsprechend ändern. Aber egal, wie ihr Status gerade ist, der Jugendliche – genauso wie der Erwachsene – in unserer theoretischen idealen Welt wird seinen spontanen Bedürfnissen immer nur so weit nachgeben, wie er es auch in Hinblick auf zukünftige Konsequenzen für gut befindet. Denn er hat große Freude am Leben und will dieses Leben voller Freude auch noch sehr lange genießen.

Natürlich wird auch unser theoretischer idealer Mensch mit vollkommen intakter Selbstliebe nicht immer alle zukünftigen Auswirkungen seiner Handlung richtig einschätzen können, und trotz aller Besonnenheit wird er manchmal erst im Nachhinein erkennen, dass es vermutlich besser gewesen wäre, sich anders zu verhalten. Ich sage »vermutlich«, denn wer weiß schon, was tatsächlich alles passiert wäre, hätte er sich anders verhalten? Jedenfalls aber wird er bewusst entscheiden und sich weder nur von spontanen Bedürfnissen leiten lassen, noch von einer lebensbehindernden Ängstlichkeit die Freude am Leben nehmen lassen.

Obwohl die Menschen in dieser idealen Welt sich nicht an konkrete Beziehungserwartungen klammern, werden sie sich durchaus manchmal wünschen, dass sich eine Begegnung in eine bestimmte Richtung entwickelt. Es wäre ja wirklich schön, so wie man sich das vorstellt. Aber in dieser idealen Welt wissen die Menschen auch, dass es genauso möglich und vor allem auch in Ordnung ist, wenn sich die Wirklichkeit nicht mit ihren Wünschen deckt. Dann wird sich eben etwas anderes Schönes ergeben.

Und auch in dieser theoretischen idealen Welt sind die Menschen nicht gefeit vor Enttäuschungen, die sich im Laufe des wirklichen Kennenlernens immer wieder ergeben können. Aber es wird ihnen nicht so schwerfallen, damit umzugehen. Denn nie wird eine Enttäuschung zu Selbstzweifel führen. Vielleicht passt man nicht so zusammen, wie man sich das anfangs vorgestellt hat – und dann ist es gut, das erkannt zu haben. Vielleicht hat man auch Fehler gemacht – indem man zum Beispiel die Wichtigkeiten der anderen Person, aus welchem Grund auch immer, ignoriert hat. Sobald man einen Fehler erkannt hat, kann man sich ja entschuldigen und sich bemühen, ihn wiedergutzumachen. Fehler können schließlich jedem passieren. Und wenn eine Beziehung trotz allen Bemühens scheitert, dann macht das zwar traurig – schließlich hat man etwas verloren, und wenn es vielleicht auch nur ein Traum war –, aber das Wissen um den eigenen Wert, die eigene Liebenswertigkeit bleibt dabei immer intakt. Man kann mit dem Vergangenen als einer wichtigen Erfahrung abschließen und sich weiterhin voller Zufriedenheit und frohen Mutes auf die Zukunft einlassen.

Man wird viele Menschen kennenlernen, zu manchen wird man sich auch sexuell hingezogen fühlen und zu anderen nicht. Manchmal werden da gleich mehrere sein, die man begehrenswert findet – ob nur als Sexualpartner oder als Liebes- und Lebenspartner. Zu anderen Zeiten wird man in keinem einzigen Menschen in seinem Umkreis jemanden sehen, mit dem man sich eine engere Beziehung wünscht. Aber egal, wie es sich gerade verhält, man wird auf alle mit Offenheit zugehen. Auf schöne Menschen genauso wie auf Menschen, die die Natur in ihrer äußeren Erscheinung nicht so verwöhnt hat. Auf die Extrovertierten genauso wie auf die Introvertierten. Auf die Außenseiter einer Gesellschaft genauso wie auf die Integrierten.

Erst über diese Offenheit lernt man andere Menschen wirklich kennen. Wer weiß schon vom ersten Hinschauen, wie diese attraktive Frau oder dieser attraktive Mann wirklich ist? Wer weiß schon, welch interessanter Mensch sich hinter einer stillen Fassade verbirgt? Und wer weiß schon, ob dieser im Moment im Abseits stehende Mensch nicht voller Liebe und Lebensweisheit ist?

Wenn wir jemanden neu kennenlernen, entsteht in uns sofort ein Bild von diesem Menschen. Ein Bild, das weit über die tatsächliche Wahrnehmung hinausgeht. Ein Bild, das von unserem Unterbewusstsein beeinflusst ist, basierend auf unserer bisherigen Erfahrung und auf unseren Wünschen. Aber dieses Bild ist meist nur bedingt richtig. Wenn es in unserer Vergangenheit einen blonden, großen, schlanken Menschen gab, der voller Freude mit uns immer hochinteressante Dinge unternommen hat, heißt das noch lange nicht, dass jemand, den wir neu kennenlernen und der auch blond, groß und schlank ist, an ähnlichen Dingen Freude hat. Trotzdem wird unser Unterbewusstsein gleich im ersten Moment des Kennenlernens die alten positiven Gefühle auf die neue Bekanntschaft übertragen. Manchmal ist der erste Eindruck, den wir von einem Menschen haben, ja sehr wohl richtig. Aber wirklich wissen können wir nicht, wie jemand ist, den wir erst sehr kurz kennen. Denn erst wenn wir allmählich ausreichend Nähe aufgebaut haben, bekommen wir Einblick in das wahre Wesen eines anderen Menschen.

Und so wird sich auch ein Jugendlicher oder ein Erwachsener in unserer idealen Welt in jemanden verlieben, von dem er nicht weiß, ob er tatsächlich so ist, wie er ihm im Moment erscheint. Vielleicht wird er sich sogar zu mehreren Menschen gleichzeitig stark hingezogen fühlen. Jedenfalls wird er das Empfinden dieser Gefühle genießen. Egal, was aus dieser Begegnung einmal wird, ob diese Attraktion einen rein freundschaftlichen Charakter hat oder primär sexuell ist, ob er sich nur zu einer oder zu mehreren Personen hingezogen fühlt, er wird seine Gefühle genießen, so wie man sich freut, wenn man vor einem besonders schönen, beeindruckenden Gemälde steht und den Zauber dieses

Werks auf sich wirken lässt, ohne deshalb sofort das Gemälde kaufen zu wollen.

Je nach Art der Attraktion wird er im Laufe der Zeit Nähe aufbauen und den anderen Menschen oder auch mehrere gleichzeitig – je nach Situation – besser kennenlernen. Aber in jeder Phase der jeweiligen Beziehung wird er sich immer nur so weit einlassen, wie er sich sicher ist, dass daraus keine negativen Konsequenzen folgen, jedenfalls keine, die er nicht bereit ist, auf sich zu nehmen – wohl wissend, dass das Bild, das er vom anderen hat, vor allem in der Anfangsphase einer Beziehung noch ziemlich verfälscht sein kann. Ob die Verfälschung darauf beruht, dass der andere sich gerade besonders bemüht, etwas darzustellen, was er nicht ist, oder ob uns unsere eigenen Wünsche und alten Erfahrungen in die Irre führen, ist dabei egal.

Wenn ich von negativen Konsequenzen spreche, meine ich nicht nur die negativen Aspekte für einen selbst, sondern auch für andere Betroffene. Mag sein, dass man für sich selbst keine negativen Konsequenzen befürchtet, wenn man mit jemandem ein kurzes sexuelles Abenteuer eingeht. Wenn man aber etwa spürt, dass der andere sich viel mehr erhofft, dass es ihn sehr verletzen würde, wenn man nach der sexuellen Episode die Beziehung nicht fortsetzen möchte, dann sind das ebenfalls negative Konsequenzen, die ein wirklich liebesfähiger Mensch dem anderen nicht antun möchte.

Welche Verhaltensweisen tatsächlich negative Konsequenzen nach sich ziehen könnten, ist individuell sehr unterschiedlich, aber auch stark vom Kulturkreis abhängig. Dabei haben nicht nur die großen Kulturkreise ihre ungeschriebenen Gesetze und Erwartungen, auch jedes engere soziale Umfeld hat seine eigenen Anforderungen an die ihm angehörenden Menschen. Dasselbe gilt für Familien-, Vereins- oder Firmenkulturen. Was in dem einen Umfeld vollkommen unbedenklich ist, kann in einem anderen zu Achtungsverlust, Strafen oder zum Ausschluss aus der jeweiligen Gesellschaft führen. Und egal, wie der einzelne Mensch zu den jeweiligen gesellschaftlichen Zwängen und den besonderen individuellen Befindlichkeiten eines anderen Menschen steht, wichtig ist, diese als vorhanden zu erkennen, zu akzeptieren und im eigenen Handeln zu berücksichtigen.

Jedenfalls wird sich erst über die Schritt für Schritt aufgebaute Nähe allmählich zeigen, wer und wie der andere Mensch wirklich ist und welche Art von positiver Beziehung zu ihm überhaupt möglich ist. Vielleicht entwickelt sich etwas, was sich anfangs wie eine Romanze angefühlt hat, zu einer auf einem gemeinsamen Hobby basierenden Freundschaft ohne Sex und ohne Liebes- und Lebenspartnerschaft, die auf ihre Art trotzdem sehr bereichernd ist. Vielleicht entsteht aus einer reinen Interessenverbindung unerwartet eine innige Liebespartnerschaft. Und vielleicht löst sich eine anfangs so vielversprechende Beziehung nach einiger Zeit einfach auf.

Aber was immer sich entwickelt, es wird sich richtig, stimmig, okay anfühlen, weil es auf dem wahren Sein und nicht auf Schein basiert.

Wie in der wirklichen Welt, so werden auch in dieser theoretischen, idealen Welt nicht alle Beziehungen freiwillig gewählt sein. In den seltensten Fällen kann man sich seinen Chef oder seine Chefin aussuchen. In einigen Kulturen, aber manchmal auch infolge von besonderen, persönlichen Schicksalen kann man sich nicht einmal seinen Lebenspartner aussuchen.

Aber auch diese nicht selbst ausgesuchten Beziehungen werden in einer Welt, in der es nur Menschen mit intakter Selbstliebe gibt, immer respektvoll sein. Die Menschen werden einander immer mit Achtung und Wertschätzung begegnen, selbst dann, wenn sie nicht in Stil, Ansichten, Werten,

Wichtigkeiten oder Interessen harmonieren. Anderssein ist kein Grund, den anderen nicht zu respektieren. Auch wenn man extrem unterschiedlich ist, kann man sehr gut miteinander arbeiten, so man über gemeinsame Ziele verbunden ist. Ob es nun darum geht, einen konkreten geschäftlichen Erfolg zu erzielen oder eine Familie mit vereinten Kräften erfolgreich durch eine schwierige Zeit zu bringen, ist dabei irrelevant. In dem Moment, in dem ein gemeinsames Ziel gegeben ist, werden sich die beiden Menschen miteinander auseinandersetzen müssen, wollen sie Erfolg haben. Beide müssen verstehen, was die Werte und Wichtigkeiten des anderen sind im Hinblick auf das Ziel und die Zielerreichung. Sie müssen miteinander reden, einander zuhören – auch im übertragenen Sinn auf einer nonverbalen Ebene. Offenheit, Aufmerksamkeit und Respekt sind dabei von großer Bedeutung. Je besser sie den jeweils anderen verstehen und respektieren, desto besser werden sie zusammenarbeiten können.

Es hat sich noch nie bewährt, am anderen herumzunörgeln und ihm seine angeblichen Unzulänglichkeiten und vermeintlich falschen Ansichten vorzuhalten. Sagen, wenn man etwas anders sieht, ist durchaus in Ordnung und manchmal sogar sehr wichtig. Das heißt aber nicht, dass die Ansichten des anderen automatisch falsch sind. Jeder hat seine eigene Geschichte, seine eigenen Erfahrungen, Gedanken und Gefühle, die ihn zu seinen Überzeugungen geführt haben. Kein Mensch kann jemals das einzig wahre, komplette, ultimativ richtige Bild dieser Welt haben. Warum sich deshalb streiten? Austauschen, ja. Aber streiten? Nur weil ich den anderen besser verstehen lerne, muss ich noch lange nicht meine eigene Meinung ändern. Kann ich natürlich, wenn sich durch das Gespräch neue Einsichten für mich ergeben haben. Muss ich aber nicht. Jedenfalls ist es schön und um so viel lebendiger, wenn ich auch meiner Meinung erlaube, sich weiterzuentwickeln, zu wachsen und zu blühen.

Sowohl im Sinne des gemeinsamen Ziels wie auch einer angenehmen zwischenmenschlichen Kommunikation ist es wesentlich sinnvoller, befriedigender und effizienter, auf dem Gemeinsamen und Verbindenden aufzubauen.

Jedes Mal, wenn ich an jemandem herumnörgle oder ihm in irgendeiner Weise zu verstehen gebe, dass er mit seiner Meinung oder seinem Tun falsch liegt im Gegensatz zu meinen eigenen, selbstverständlich richtigen Überzeugungen, ist das ein Angriff auf das wahre Sein dieses Menschen. Denn, wie schon gesagt, auch er hat Gründe, warum er dieser und nicht anderer Ansicht ist, warum er so und nicht anders gehandelt hat. Wenn ich dem anderen das Recht auf seine eigenen Ansichten abspreche, muss ich mich doch nicht wundern, dass er diese und damit sein Ich, so wie es eben ist, verteidigt. Natürlich wird er sich dann gegen meine Kritik wehren, all seine Bemühungen in seine Verteidigung stecken und somit weder den Willen noch die Energie fürs Zuhören haben. Ganz anders ist es, wenn ich vor allem einmal das hervorhebe, was mir an ihm und seinen Überzeugungen gefällt, und zu den Bereichen, die ich anders sehe, einen gleichberechtigten Wissens- und Meinungsaustausch anbiete, ohne den anderen mit meiner vermeintlich richtigeren Sicht der Dinge belehren zu wollen.

Menschen mit einer gesunden, starken Selbstliebe müssen niemandem etwas beweisen. Sie wissen, dass sie in Ordnung sind, genau so, wie sie sind, und dass das für den anderen ebenso gilt. Anstatt auf ihrer vermeintlich höherwertigen Meinung zu bestehen, finden sie es wesentlich interessanter und befriedigender, herauszufinden, warum denn der andere anders denkt, um so vielleicht auch selbst zu neuen Erkenntnissen zu kommen.

In unserer theoretischen idealen Welt werden sich die

Menschen also auch in nicht freiwillig gewählten Beziehungen einander mit Offenheit, Respekt und ehrlichem Interesse zuwenden – jedenfalls in jenen Bereichen, die für ein erfolgreiches Zusammenwirken relevant sind. In manchen Aspekten wird sich dabei eine Annäherung, vielleicht sogar Übereinstimmung ergeben. In anderen werden die Meinungen weiterhin unterschiedlich bleiben, aber man wird sich darauf einigen können, dass jeder nach seiner eigenen Überzeugung handeln darf. Möglicherweise wird es aber auch Dinge geben, in denen niemand bereit ist, Zugeständnisse zu machen. Ein typisches Beispiel dafür könnten unterschiedliche Auffassungen zu dem Spruch »Der Zweck heiligt die Mittel« sein. Aber auch in solchen Fällen wird das gegenseitige Verständnis und der gegenseitige Respekt dafür sorgen, dass Wege zur gemeinsamen Zielerreichung gefunden werden. Und Vorgehensweisen, die für den jeweils anderen absolut inakzeptabel sind, werden dabei von vornherein ausgegrenzt. Allein die Überzeugung, dass es in dieser Welt der so vielfältigen Möglichkeiten sicherlich auch eine Variante gibt, die sich für beide richtig anfühlt, wird helfen, das positive Potenzial, das jeder Situation innewohnt, zu erkennen.

Es gibt viele Beispiele für Ehen, die mit der vermeintlich großen Liebe begonnen und mit Hass geendet haben. Ebenso wie es genug Beispiele gibt für reine Vernunftehen, die sich im Laufe der Zeit – oder wir können auch sagen, durch das Aufbauen von wahrer Nähe – in sehr glückliche Liebesbeziehungen entwickelt haben.

Die einen haben sich auf jene Dinge konzentriert, die sie gestört haben, und wurden dabei immer stärker in einen negativen Sog gezogen. Die anderen haben ihre Aufmerksamkeit auf das Positive, Gemeinsame, Verbindende gelenkt. Und siehe da, Glück und Freude konnten sich ausbreiten.

Aber angenommen, unser Mensch in dieser theoretischen

idealen Welt findet sich nicht plötzlich in eine Beziehung hineingestellt, die er sich so gar nicht freiwillig ausgesucht hat, sondern ganz im Gegenteil: Da bieten sich plötzlich gleich mehrere Glück und Liebe versprechende Beziehungen an. Wie wird er sich entscheiden?

Er wird das tun, was er immer mit Beziehungen macht. Er wird sich den anderen mit Offenheit, Respekt und Interesse zuwenden – Schritt für Schritt – und immer nur so weit, wie es seine Selbstliebe erlaubt. Er wird also mit allen so viel Nähe aufbauen, wie es in der jeweiligen Kultur und in seinem jeweiligen Umfeld möglich ist, ohne sich dabei in Situationen hineinzumanövrieren, die er lieber vermeiden möchte. Und ohne dabei jemandem unnötig wehzutun. Es ist, als stünde man vor einem Teller mit verschieden gefülltem Blätterteiggebäck. Man weiß nicht, welche Füllung in welchem Stück ist. Aber alle schauen sie köstlich aus. Nun könnte man ein Stück nach dem anderen nehmen, in der Mitte auseinanderbrechen und so herausfinden, ob einem die jeweilige Füllung zusagt. Im ersten ist Nuss. Nuss mag ich nicht, also leg ich es wieder zurück. Im nächsten ist Marmelade. Nicht so schlecht, aber ganze Früchte wären mir lieber. Vielleicht noch ein dritter Versuch? Solch ein Vorgehen gälte in unserem Kulturkreis wohl mehr als ungehörig. Man kann aber auch *fragen*, womit dieses köstlich aussehende Gebäck gefüllt sei – also das wahre Wesen dieser Mehlspeisen etwas genauer ergründen, ohne einen gesellschaftlichen Fauxpas zu begehen und ohne das Gebäck zu zerstören, bevor man sich entscheidet. Natürlich wird die Entscheidung auch davon abhängen, ob die Etikette erlaubt, nur ein einziges Stück davon zu nehmen oder ob man auch zwei oder drei essen darf. Die Auswirkungen des konkreten Vorgehens und der getroffenen Entscheidung sind bei Beziehungen unvergleichlich schwerwiegender, aber der grundsätzliche

Auswahl- und Entscheidungsprozesses unterscheidet sich kaum.

Im Grunde kommt immer dasselbe Prinzip zum Einsatz, nämlich auf den oder die anderen mit Offenheit, Respekt und Interesse zuzugehen. Offenheit, die in beide Richtungen geht, indem man sich selbst dem anderen gegenüber öffnet, zeigt, wer und wie man wirklich ist, und indem man versucht, den anderen zu verstehen, ohne über ihn zu urteilen. Respekt, der den anderen auch in seinem Anders- und Unvollkommensein akzeptiert und wertschätzt. Interesse, das nicht auf Tratschlust oder Sensationslust basiert und auch nicht primär der Unterstützung der eigenen Ziele dient. Ich meine dieses ehrliche und gleichzeitig unaufdringliche Interesse, das sich ganz generell dem Sein – dem eigenen wie auch dem Sein um uns herum – mit Offenheit und Respekt zuwendet und dabei auch immer die individuellen Grenzen der Privatsphäre wahrt. Jenes Interesse, das, basierend auf einer starken Selbstliebe, vollkommen vorurteilsfrei Anteil nimmt und das positive Potenzial nicht nur in einem selbst, sondern auch im anderen erkennt.

Zu diesem grundsätzlichen, auf Selbstliebe basierenden Verhaltensprinzip gehört auch, dass man sich zwar generell vom Pfad der Freude leiten lässt, dabei aber immer auch darauf bedacht ist, anderen nicht unnötig wehzutun, und dass man nicht nur den kurzfristigen Lustgewinn anstrebt, sondern auch die längerfristigen Auswirkungen einer Handlung berücksichtigt.

Auch in dieser theoretischen idealen Welt bleibt den Menschen in vielen Situationen die Qual der Wahl nicht erspart. Aber sie werden sich nicht vorschnell zu Handlungen hinreißen lassen, die sie – oder auch der andere – später vielleicht bereuen könnten. Es wird ihnen wichtig sein, sich *vor* wichtigen, weitreichenden Handlungen oder Entscheidungen ein möglichst wahrheitsgetreues Bild vom anderen machen zu können, sich nicht vom Schein blenden zu lassen, sondern das wirkliche Sein zu erkennen. Je besser das gelingt, umso besser werden sie auch das Potenzial in einer möglichen Beziehung erkennen, was die verbindenden und bereichernden Elemente sein könnten und in welchen Aspekten es möglicherweise Unvereinbarkeiten gibt. Ob zum Beispiel die wirkliche Attraktion einer Beziehung in Wahrheit nur auf dem schönen Aussehen des anderen oder nur auf zufällig gemeinsamen Hobbys beruht und wie weit eine Beziehung gute Voraussetzungen für eine langfristig glückliche Liebes- und Lebenspartnerschaft hat. Diese Menschen mit ihrer so formidablen Selbstliebe werden sicherstellen, dass sie eine möglichst umfassende und valide Entscheidungsbasis haben, bevor sie wichtige Schritte setzen. Aber sobald sie dann eine Entscheidung getroffen haben, werden sie sich nicht mehr damit aufhalten, zweifelnd nach hinten zu blicken, sondern werden ihren Blick nach vorne richten und sich voll auf die Verwirklichung des positiven Potenzials dieser Entscheidung konzentrieren.

Vielleicht stellen Sie sich auch die Frage, ob es in dieser theoretischen idealen Welt möglich sei, mehr als einen Menschen gleichzeitig zu lieben – nicht nur platonisch, sondern Sex inklusive. Und zwar so, dass diese Beziehungskonstellation für alle Betroffenen akzeptabel ist und keiner der Betroffenen darunter leidet. Schließlich hat es die Natur ja so eingerichtet, dass man durchaus mehrere Menschen gleichzeitig sowohl auf sexueller wie auf nichtsexueller Ebene attraktiv finden kann. Andererseits ist es aber nur schwer vorstellbar – zumindest in unserem Kulturkreis –, dass eine Mehrpersonen-Liebesbeziehung nicht Eifersucht auslöst. Eifersucht ist Leid, und wirkliche Liebe wird sicherlich nichts tun, was den anderen leiden lässt.

Aber vielleicht ist Eifersucht ein Gefühl, das lediglich einem Mangel an Selbstliebe entspringt? In manchen Fällen, nämlich wenn die Eifersucht unbegründet ist, trifft das ja auch zu. Aber grundsätzlich, glaube ich, entspringt die Eifersucht sehr gesunden Instinkten, die unser und unserer Kinder bestmögliches Überleben sichern sollen.

Und natürlich wollen wir nicht nur überleben. Es geht auch um unsere Lebensfreude, die durch das Fremdgehen des Partners sehr oft massive Einbrüche erleidet. Wobei wirkliche Lebensfreude nichts mit der Befriedigung von Gier zu tun hat oder damit, unbedingt alles haben zu wollen. Es geht einfach um die Freude am Sein und, im Rahmen einer Liebesbeziehung, um das Glück und die Leichtigkeit, die man empfindet, wenn man einen Partner hat, mit dem man durch innere Nähe verbunden ist. Der einen kennt wie kein anderer und vor dem man sich nie zu verstellen braucht. Mit dem man seine Sorgen teilen und besprechen kann. Der einen versteht und unterstützt bei allen Dingen, die einem wichtig sind. Mit dem daher sowohl allgemeine wie auch die persönlichen wichtigen Lebensziele besser erreichbar werden. Der nie etwas täte, was einem unnötig wehtun könnte. Dem man blind vertrauen kann. Mit dem man viel guten Sex hat. Mit dem das Leben leichter, schöner und erfüllter ist.

Wenn wir einen Sexual-, Liebes- und Lebenspartner gefunden haben, wollen wir mit ihm gemeinsam bestmöglich wachsen und blühen. Gemeinsam mit dem richtigen Partner ist es leichter und schöner, die Herausforderungen des Lebens zu meistern, Kinder großzuziehen und ihnen eine möglichst gute Basis für ein glückliches Leben zu vermitteln. Jeder, der unsere Überlebenschancen und unsere Lebensfreude oder die unserer Kinder gefährdet, ist ein Feind. So wie Liebe, sexuelle Lust oder zum Beispiel auch Angst ist auch Eifersucht nur eines der Gefühle aus der Werkzeugkiste der Natur, die uns in unserem Überlebenskampf unterstützen. Sexuelle Lust stellt sicher, dass die Menschen nicht aussterben. Liebe stärkt die Bindung an den Partner und erhöht damit die Überlebenschancen des Individuums. Und Eifersucht ist die Alarmantenne, um die Gefahr eines Partnerraubs möglichst frühzeitig erkennen zu können.

Wenn die Alarmantenne Gefahr anzeigt, wo gar keine Gefahr ist, dann wird das für eine Beziehung sehr, sehr schwierig und ist unnötig schmerzhaft – nicht nur für den, der die Eifersucht empfindet, sondern auch für den, der mit ihr so ungerechtfertigt konfrontiert wird. Das wäre eine typische Situation, die aufgrund einer geschwächten Selbstliebe entsteht. Wenn aber die Antenne gut funktioniert und Gefahr nur dann anzeigt, wenn tatsächlich Gefahr droht, dann ist Eifersucht sehr sinnvoll. Mit einer Gefahr bewusst und wohlüberlegt umgehen zu können, ist immer besser, als von ihr plötzlich und unvorbereitet erschlagen zu werden.

Es gibt Kulturkreise, in denen polygame Beziehungsmodelle ein integrierter, voll akzeptierter Bestandteil der gesellschaftlichen Ordnung sind und in denen Eifersucht nicht allein schon dadurch ausgelöst wird, dass der Partner noch jemand anders liebt oder gar in die Liebes- und Lebenspartnerschaft aufnimmt.

Wenn zum Beispiel aufgrund der ökonomischen und sozialen Strukturen eine wie bei uns übliche Kleinfamilie nicht oder nur schwer in der Lage ist, das Überleben und Wohlergehen aller Mitglieder zu sichern, und wenn jede zusätzliche, unentgeltliche Arbeitskraft die wirtschaftliche Lage der Familie verbessert, dann ist die Großfamilie eine der Möglichkeiten, den Lebenserhalt und Lebensstandard besser abzusichern. In manchen Kulturen entwickelten sich solche Großfamilien durch das Zusammenleben mehrerer Generationen, in anderen Kulturen beruht die Großfamilie auf dem Konzept der Polygamie. Im entsprechenden ökonomischen und sozialen Umfeld ist es also durchaus möglich, dass eine Lebenspartnerschaft mit mehreren Partnern tatsächlich von allen Betroffenen bevorzugt wird. So habe ich zum Beispiel einmal in einer Dokumentation über Afrika gehört, wie sich eine Frau gefreut hat, dass ihr Mann bald eine zweite Frau heiraten werde und das Leben dann leichter werde, weil die »Neue« unter anderem bei der Kinderbetreuung helfen könne.

Es haben sich, scheint mir, jeweils jene sozialen Strukturen durchgesetzt, die insgesamt für das Überleben des Einzelnen und den Fortbestand der Spezies Mensch die bestmöglichen Voraussetzungen schaffen. Abhängig vom Umfeld – Art der Gefahren, Grad der Technisierung, Vielfalt der Möglichkeiten, verfügbare Mittel usw. – haben sich daher auch sehr unterschiedliche soziale Strukturen entwickelt – eben auch solche, in denen Männer mehrere Frauen haben oder, wie im Matriarchat der südchinesischen Mosuo, ebenso Frauen mehrere Männer. Wikipedia sagt dazu Folgendes: »Die Mosuo kennen keine Ehe zwischen Frau und Mann, bei der das verheiratete Paar zusammenlebt ... Sie pflegen vielmehr die Besuchsehe bzw. Besuchsbeziehung. Sowohl Frauen als auch Männer dürfen mit mehreren (gegengeschlechtlichen) Partnern oder Partnerinnen nebeneinander oder nacheinander sexuelle Beziehungen pflegen, die keinerlei Bestätigung von dritter Seite brauchen und auch von jeder der beiden Seiten ohne Umstände und jederzeit aufgelöst werden können. Die Männer besuchen dabei als Geliebte die Frauen in der Nacht und kehren am Morgen in den Haushalt ihrer Großfamilie zurück.«

So wie sich die Zeiten und ihre spezifischen Herausforderungen ändern, werden sich wohl auch die sozialen Strukturen immer wieder den neuen Gegebenheiten anpassen.

Auch in unserer heutigen westlichen Kultur sind wir in unserem Überleben von der Unterstützung anderer abhängig. Nur dass diese Unterstützung zu einem großen Teil nicht in direktem Kontakt von Mensch zu Mensch, sondern durch anonyme ökonomische und soziale Strukturen erfolgt. Auch ohne Liebes- und Lebenspartner und auch ohne Unterstützung durch die weitere Familie laufen ein einzelner Mensch und seine Kinder in unserem Kulturkreis kaum noch Gefahr, in ihrem Überleben bedroht zu sein. Aber unabhängig vom jeweiligen Kulturkreis gelten die grundsätzlichen Voraussetzungen für Liebe immer und überall. So wird es auch in polygamen Gesellschaften zu eifersüchtigen Reaktionen kommen, wenn einer der Liebes- und Lebenspartner bevorzugt behandelt wird. Ähnlich wie Kinder in einer Familie aufeinander eifersüchtig sind, wenn sie sich benachteiligt fühlen.

Ich glaube, dass wir durchaus fähig sind, mehrere Menschen gleichzeitig zu lieben. Das gilt für die Liebe zu unseren Kindern genauso, wie es grundsätzlich auch für erwachsene Liebes- und Lebenspartnerschaften gilt. Gleichzeitig bin ich überzeugt davon, dass es zumindest in unserem heutigen westlichen Kulturkreis schon aus praktischen Gründen nur sehr, sehr wenige Fälle gibt, in denen eine Mehrpersonen-Liebesbeziehung tatsächlich in einer Form möglich ist, in der alle Beteiligten glücklich sind.

So ist es in unserem Kulturkreis nur sehr wenigen Menschen möglich, ausreichend Zeit für die Nähe der Liebe mit mehr als einem Liebespartner zu haben. In den meisten Fällen wird die Zeit, die man mit dem einen verbringt, für den anderen fehlen. Und damit wird sich auch nicht die Nähe der Liebe so gut entwickeln können, wie es notwendig wäre.

Dasselbe gilt für Vertrauen und Verantwortung. Allein schon um der Ehrlichkeit willen, ohne die das für eine glückliche Liebesbeziehung notwendige Vertrauen nie erreicht werden könnte, müssten alle Beteiligten voneinander wissen und ein klares Verständnis von der Art dieses Beziehungsgeflechts haben. Dann ist da noch die Bereitschaft, erheblichen Mehraufwand und Anstrengungen auf sich zu nehmen, um das Glück und Wohlbefinden des geliebten Menschen in sinnvoller Weise sicherzustellen oder zu unterstützen und nicht nur auf das eigene Glück bedacht zu sein. Auch das wird in den meisten Fällen schwieriger, wenn sich die Anzahl der geliebten Menschen erhöht. Und natürlich müssen auch die Werte und Wichtigkeiten des jeweils anderen verstanden und respektiert werden – was nochmals die Wichtigkeit des Zeitfaktors betont. Der Partner sollte doch bei der Erreichung von Zielen kein Hindernis, sondern eine Stütze sein. Es ist schon für zwei Menschen nicht immer leicht, den notwendigen Gleichklang von Zielen oder zumindest so viel Verträglichkeit zwischen ihnen zu erreichen, dass man einander nicht behindert. Wie viel schwieriger ist es da erst, den unterschiedlichen Wichtigkeiten und Zielen von noch mehr Personen in einer Liebes- und Lebenspartnerschaft gerecht zu werden? In unserer modernen Welt mit einer unüberschaubaren Vielzahl von Möglichkeiten ist das meist extrem kompliziert – vielleicht nicht unmöglich, aber doch sehr, sehr schwierig. Aus welchem Grund sollte sich jemand mit einer gesund entwickelten Selbstliebe auf eine Beziehung einlassen, in der er mit seinen Werten, Wichtigkeiten und Zielen immer wieder in Rivalität zu einem zweiten Liebes- und Lebenspartner steht?

Es gibt so viele Bedürfnisse, die in einer glücklichen Liebes- und Lebenspartnerschaft erfüllt werden sollten, die aber, jedenfalls in unserem Kulturkreis, mit jedem zusätzlichen Liebespartner immer mehr auf der Strecke bleiben – zumindest für einen der Beteiligten. Denken Sie nur an das Bedürfnis nach Gedankenaustausch mit dem Menschen, der einen so gut kennt wie sonst niemand, mit dem man durch ein tiefes, inneres, gegenseitiges Kennen und Verstehen verbunden ist. Oder an das Bedürfnis nach emotionaler Unterstützung in schwierigen Situationen. Das bringt uns unweigerlich zurück zum Faktor Zeit. Und die Zeit, die man braucht, damit die Nähe der Liebe wachsen und erhalten werden kann, ist noch nicht einmal alles. Man benötigt nochmals Zeit, um darauf weiter aufbauen zu können, Zeit, um gemeinsam so sehr wachsen und blühen zu können, wie es allein nicht möglich ist. In dem Maße, in dem Zeit und Mittel fehlen, weil man nicht der einzige Liebespartner ist, in dem Maße, in dem Wichtigkeiten und Ziele und das bestmögliche gemeinsame Wachsen und Blühen durch einen zusätzlichen Liebespartner eingeschränkt werden, entsteht Leid. Leid und berechtigte Eifersucht.

Außerdem ist unser Leben in ein soziales Umfeld eingebettet, von dem wir in vielerlei Hinsicht abhängig sind. Wenn Mehrpersonen-Liebesbeziehungen in der jeweiligen Gesellschaft abgelehnt werden, dann können auch Zeit und Geld den Schmerz nicht verhindern, der durch Ausgrenzung, Verachtung und den Verlust von Ansehen entsteht. Es ist also nicht nur von der materiellen Versorgung und der emotionalen Zuwendung und Verfügbarkeit des Liebespartners abhängig, ob berechtigte Eifersucht entsteht, sondern auch von den Regeln und Erwartungen des sozialen Umfelds.

Und was ist mit dem Bedürfnis, ausreichend oft guten, befriedigenden Sex zu haben? Wie schon bei innerer Nähe und bei Vertrauen und Verantwortung ist auch hierfür ausreichend viel Zeit einer der kritischen Faktoren. Hinzu kommen noch Hormonspiegel und Potenz – für wie viele Partner ist das machbar? Das ist wohl situationsabhängig und individuell sehr unterschiedlich, und letztlich muss sich jeder selbst die Frage beantworten, wie sehr es – ehrlich betrachtet – möglich ist, dass in diesem Beziehungsgeflecht alle mit der Erfüllung ihrer sexuellen Bedürfnisse sowohl körperlich wie auch emotional glücklich sind.

Die Natur hat uns die sexuelle Lust gegeben, um die menschliche Fortpflanzung sicherzustellen. Unsere Instinkte sind darauf ausgerichtet, den dafür bestmöglichen Sexual-,

Liebes- und Lebenspartner zu ergattern. Wir balzen, flirten, umwerben, machen uns schön, zeigen uns von unserer besten Seite, damit wir die Gunst des für uns attraktivsten Menschen gewinnen können. Ich meine damit nicht, dass man sich verstellt und sein wahres Ich versteckt. Es geht vielmehr um das Erwachen jener Turbo-Energie, die uns so vitalisiert, wenn wir verliebt sind und in einem anderen Menschen das Potenzial für einen wunderbaren Liebespartner zu erkennen glauben. Wenn dieser Mensch dadurch so viel Wichtigkeit für uns erlangt, dass sich unsere Sensibilität ihm gegenüber und unser Interesse und unsere Zuwendung automatisch erhöhen. Wenn es uns plötzlich wichtig ist, dass sich dieser Mensch mit uns wohlfühlt.

Offensichtlich ist es im Sinne der Natur und der Evolution, dass man sich um die Aufmerksamkeit, Zuwendung und Liebe des bestmöglichen Fortpflanzungspartners bemüht. Jenes Menschen, den man bewusst, oder vielleicht auch nur auf unbewusster Ebene, für die bestmögliche Mutter oder den bestmöglichen Vater der eigenen Kinder hält. Der mit seinen Genen und seiner Fähigkeit besticht, die Kinder bestmöglich großzuziehen, sodass ihnen der Weg für ein glückliches, erfülltes Leben geebnet wird. Und diese Mechanismen wirken immer, auch dann, wenn wir zum konkreten Zeitpunkt eher an Verhütung als an Fortpflanzung denken, weil sie zu dem tief in uns verwurzelten Erfolgskonzept der Natur gehören.

Wenn nun irgendjemand versucht, uns diesen Menschen abspenstig zu machen, dann macht er sich damit – jedenfalls in unseren sozialen und ökonomischen Strukturen – ganz klar zum Rivalen, dem wir unser und unserer Kinder Schicksal sicher nicht unterordnen wollen. Selbstverständlich wehren wir uns dagegen – nicht weil unsere Selbstliebe vielleicht geschwächt ist, sondern, im Gegenteil, weil sie so gut entwickelt ist. Dann sind wir eifersüchtig und können uns gegen diesen Urinstinkt auch gar nicht wehren. Es sei denn, wir leben in einem Umfeld, in dem polygame Beziehungsformen für uns und unsere Kinder die besseren Lebensverhältnisse bieten. Denn genau darum geht es in der Natur – um das Sichern der Nachkommen, auch wenn im Moment der sexuellen Vereinigung primär die Lust im Vordergrund steht. Nur um unsere Fortpflanzung zu garantieren, hat uns die Natur den Sex und der sexuellen Attraktion so viel Macht über uns gegeben.

Eifersucht und das damit verbundene Leid werden daher *immer* entstehen, wenn die Gefahr erkennbar wird, dass unsere oder unserer Kinder Überlebenschancen oder Lebensfreude negativ beeinflusst werden. Und das ist in unserem auf Kleinfamilien ausgerichteten Kulturkreis bei Mehrpersonen-Liebesbeziehungen fast immer der Fall.

In unserem Kulturkreis wird es kaum möglich sein, mehr als einen Liebespartner gleichzeitig zu haben, ohne zumindest einen davon zu verletzen, weil es so gut wie immer zu irgendeiner Form von Vernachlässigung oder Benachteiligung kommen wird. In unserem Kulturkreis werden daher die Menschen in der von mir beschriebenen theoretischen, idealen Welt mit ihrer wunderbar intakten Selbstliebe ihrem einmal gewählten und in beiderseitigem Einverständnis verbundenen Sexual-, Liebes- und Lebenspartner in jeder Hinsicht treu sein. Weil es ihre Liebe gar nicht anders zulässt. Weil sie den geliebten Menschen nie durch ihre Untreue verletzen wollen, weil sie aus ihrer Liebe das Allerschönste machen wollen, das möglich ist – und das kann man nicht erreichen, indem man sich mit Parallelbeziehungen verzettelt.

Und warum sollte jemand mit einer gesunden Selbstliebe sich mit einem Partner zufriedengeben, der der Beziehung erst gar nicht die Chance gibt, sich so gut zu entwickeln, wie es möglich wäre?

Eine Mehrpersonen-Liebesbeziehung wird es in unserer

idealen Welt in unserem Kulturkreis daher aus zwei Gründen kaum geben. Weder würde sich der eine auf eine Parallelbeziehung einlassen, noch würde es der andere akzeptieren.

Ob Mehrpersonen-Liebesbeziehungen gut funktionieren und das Potenzial haben, tatsächlich alle Betroffenen glücklich zu machen, ist nicht abhängig davon, ob der Mensch prinzipiell fähig ist, mehr als eine Person zu lieben, denn ich glaube, das ist er. Wesentlich ist vielmehr, ob und wie sehr im jeweiligen Kulturkreis diese Beziehungsform in der Gesellschaft akzeptiert ist und ob das Bedürfnis nach innerer Nähe, Aufmerksamkeit, Zuwendung, sexueller Erfüllung und Unterstützung bei der Bewältigung der täglichen Anforderungen wie auch beim Erreichen der größeren Ziele ausreichend abgedeckt wird – so gut, dass die Natur keinen Grund sieht, Eifersucht zu entwickeln.

Bleiben wir aber in unserem Kulturkreis und schauen wir uns an, wie Menschen, die durch eine Liebes- und Lebenspartnerschaft miteinander verbunden sind, in unserer idealen Welt mit Konfliktsituationen umgehen. Zu solchen wird es trotz wunderbar entwickelter Selbstliebe immer wieder kommen. Denn jeder Mensch hat seine eigene Historie, hat andere Erfahrungen gemacht, andere Lehren daraus gezogen und wird entsprechend andere Schwerpunkte in seiner Wahrnehmung und seinen Werten und Zielvorstellungen entwickeln.

Das Schöne in unserer idealen Welt ist, dass sich die Menschen durch Konflikte nicht in ihrem eigenen Wert angegriffen fühlen. Da hat einfach nur ein anderer Mensch einen anderen Zutritt, eine andere Meinung zu einer Sache. Das steht ihm genauso zu, wie mir meine eigene Position zusteht. Es ist sogar interessant, diesem Menschen zuzuhören und herauszufinden, warum er diese konträre Sicht vertritt, welche Aspekte hier einfließen, die mir selbst kaum bewusst waren. Und auch der andere Mensch möchte mich, meine Gedanken und Gefühle dazu verstehen. Dieses gegenseitige Zuhören und Verstehen wird als sehr bereichernd erlebt, weil sich dadurch der eigene Horizont erweitert. Das Sein wird dadurch größer, weil man sich erlaubt, es über die eigenen Grenzen hinausgehend zu spüren. Statt sich hinter starren, eingefrorenen Überzeugungen zu verschanzen, spürt man Lebendigkeit.

Natürlich ist den Menschen auch in dieser idealen Welt bewusst, dass Konflikte möglicherweise die Erreichung oder Durchsetzung ihrer eigenen Ziele gefährden. In dem Moment, in dem ich dem anderen zugestehe, dass auch er recht haben könnte, laufe ich Gefahr, von meinen eigenen Zielen Abstand nehmen zu müssen. Wer will das schon so ohne Weiteres?

Wenn mir aber bewusst ist, dass ein erweitertes, besseres Verständnis einer Situation auch für mich selbst wichtig ist, um auch in meinem eigenen Sinne optimal entscheiden zu können, dann fällt es gar nicht mehr so schwer, die Abänderung eines Ziels oder einer geplanten Vorgehensweise zu riskieren. Und auch wenn Konflikte aus bereits vergangenen Geschehnissen resultieren, ist es wichtig, sie zu klären, um mit ähnlichen zukünftigen Situationen besser umgehen zu können.

Wenn die Selbstliebe stark ist, dann ist es auch viel leichter, sich selbst kurzfristig beiseitezuschieben, um nur beim anderen zu sein. Man muss keine Angst haben, sich selbst zu verlieren, muss sich nicht verteidigen, weiß, dass einem die Konflikte am Ende nichts antun können. Wenn es gelingt, den anderen zu verstehen, sich in ihn einzufühlen, hat man etwas dazugewonnen, aber nichts von sich verloren. Gegenseitiges Zuhören und Verstehen bedeutet immer ein gemeinsames Gewinnen, auch wenn man am Anfang nicht weiß, wie das gehen soll. Es geht hier nicht ums Nachgeben. Keiner muss, keiner soll nachgeben. Wenn erst einmal das gegenseitige Verstehen gegeben ist, basierend auf der Gleichberechtigung der verschiedenen Sichtweisen, dann ist es nicht mehr so schwer, eine gemeinsame konstruktive Konfliktlösung zu finden.

Konflikte werden hier nicht durch Machtkämpfe, sondern durch die Nähe der Liebe gelöst. Wenn ich die Wünsche, Sorgen, Handlungen des anderen nicht verstehen und nachvollziehen kann, dann geht es zuerst einmal darum, die Nähe der Liebe zu verstärken, einander durch besseres gegenseitiges Verstehen noch näherzukommen. Zuerst kommt das Loslassen vom Konflikt und die Hinwendung zum Partner – mit aller Ehrlichkeit und Offenheit von beiden Seiten. Das Erreichen des gegenseitigen Verstehens inmitten eines Konflikts ist ein wunderschönes Gefühl. Es ist ein Moment, in dem die gegenseitige Liebe mit aller Gewissheit gespürt wird, wenn der Partner trotz der unterschiedlichen Positionen uneingeschränkt Ja sagt zu dem, was man denkt und fühlt – nicht etwa, indem er die Meinung übernimmt, aber indem er doch die andere Sichtweise versteht und als gleichberechtigt akzeptiert. Erst wenn dieser Punkt erreicht ist, wendet man sich offen und unverkrampft dem gemeinsamen Lösen des Konflikts zu. Und das ist nach dem vorangegangenen, intensiven Austausch lange nicht mehr so schwer, wie man es ursprünglich vielleicht befürchtet hat.

Die Menschen in unserer idealen Welt, mit ihrer unerschütterlichen Selbstliebe, werden Konflikten daher auch nicht feige ausweichen. Sie werden sich ihnen stellen, selbst wenn die Konfrontation mit unangenehmen Gefühlen verbunden ist. Natürlich ist es nicht erhebend, eventuell Abstriche von seinen Zielvorstellungen machen zu müssen, noch ist es angenehm zu erkennen, dass man den anderen mit einer Handlung verletzt hat oder ihn mit einer geplanten Handlung verletzen würde. Aber das Nicht-Hinschauen ändert ja nichts an der Tatsache.

Das Erkennen der unverfälschten Wirklichkeit ist den Menschen in unserer idealen Welt ein unbedingtes Bedürfnis, und deshalb gehen sie Konflikten auch auf den Grund. Es ist die Basis, um bestmögliche Entscheidungen zu treffen, die nicht auf einer Scheinwelt, sondern auf Realität beruhen. Außerdem verbraucht das Verleugnen der Realität wichtige Lebensenergie und schränkt unserer Gefühl von Lebendigkeit ein. Und Menschen mit einer stark entwickelten Selbstliebe wollen lebendig sein, sie wollen mit Freude und Genuss leben – ohne anderen dabei unnötig wehzutun.

Vor allem aber werden die Menschen in unserer idealen Welt mit Großzügigkeit auf die nur allzu menschlichen Unzulänglichkeiten ihres Partners reagieren. Nicht darüber hinwegsehen im Sinne eines Nicht-wahrhaben-Wollens, denn Hinschauen ist sehr wichtig für Menschen mit einer gesunden Selbstliebe. Es geht vielmehr darum, wirklich Wichtiges von Unwichtigem zu unterscheiden und eine grundsätzlich wohlwollende Einstellung zur Welt zu haben und zu den Menschen, die in ihr leben. Niemand ist perfekt, und jedem werden da und dort Fehler passieren. Aber die wesentlichen Dinge wird man mit der richtigen Einstellung trotz aller Ausrutscher ausgezeichnet miteinander bewältigen.

Ebenso werden die Menschen in unserer idealen Welt in ihren Beziehungen auch alle anderen Voraussetzungen für Liebe bewusst pflegen. Das gilt für die Nähe der Liebe genauso wie für Vertrauen und Verantwortung. Und nicht zuletzt auch für das Bewahren ihrer Selbstliebe.

Nun stellt sich aber noch die Frage, ob sich die Liebes- und Lebenspartner in unserer theoretischen idealen Welt trotz allem manchmal auch auseinanderentwickeln können und wie sie damit umgehen. Ich schränke diese Frage jetzt von vornherein auf den Kulturkreis der modernen westlichen Gesellschaft ein, die auf Kleinfamilien, also auf Paaren oder

Zweierliebesbeziehungen aufbaut, die wiederum eingebettet sind in große, allgemein unterstützende Strukturen.

Gerade in der heutigen Welt mit so vielfältigen Möglichkeiten kann man sich sehr gut vorstellen, dass sich die Interessen von zwei Menschen im Laufe der Zeit unterschiedlich entwickeln können und dass es irgendwann außer einer Wohn- und Wirtschaftsgemeinschaft keine Gemeinsamkeiten mehr gibt. Jeder verfolgt seine Ziele – beruflich und privat – unabhängig vom andern und kommt damit ausgezeichnet zurecht. Der Partner in seiner unterstützenden Funktion ist nicht mehr notwendig. In den unterschiedlichen Interessensbereichen gibt es jeweils andere Ansprechpartner, die mit der Materie viel vertrauter sind und mit denen man weitaus anregendere Diskussionen führt als mit dem Lebenspartner. In so einer Situation kann es sehr leicht passieren, dass sich die Liebe verflüchtigt und aus einer ehemaligen Liebes- und Lebenspartnerschaft eine auf wirtschaftliche Aspekte reduzierte Wohngemeinschaft wird. Das tritt genau dann ein, wenn die Nähe der Liebe vernachlässigt wird. Wenn man nur an sich selbst und immer weniger am Partner interessiert ist.

Doch in unserer theoretischen, idealen Welt bleibt den Menschen die innere Nähe zum Liebes- und Lebenspartner auch dann wichtig, wenn sie sich in ihren Interessen voneinander entfernt haben. Schon seit den frühen Zeiten der Beziehung ist man in Liebe miteinander verbunden. Schon seit damals gibt es die Nähe der Liebe zwischen den beiden, und der jeweils andere ist einem so wichtig, dass man einander nie wieder missen möchte. Daran ändert sich auch nichts, nur weil man nicht mehr die gleichen Interessen hat. Wenn man jemanden wirklich liebt, möchte man unabhängig von Interessen dem anderen innerlich nahe bleiben und weiterhin mit ihm mitfühlen, man möchte verstehen, was ihn bewegt und womit er sich auseinandersetzt, auch dann, wenn all das für die eigenen Aktivitäten und Ziele nicht von unmittelbarer Bedeutung ist. Und es wird einem auch umgekehrt weiterhin wichtig sein, selbst vom Partner wahrgenommen und verstanden zu werden, dass der Partner weiß, womit man sich selbst gerade beschäftigt, dass er versteht, mit welchen Herausforderungen man konfrontiert ist und wie man mit ihnen umgeht. Auch wenn sich die Interessen in unterschiedliche Richtungen entwickelt haben, wird man weiterhin miteinander in einem regen gedanklichen und gefühlsmäßigen Austausch bleiben. Die Nähe der Liebe ist nicht abhängig von der Anzahl der gemeinsamen beruflichen und privaten Interessen. Wirklich relevant ist das ehrliche, andauernde Interesse am *Menschen* – einfach als Mensch, so wie er eben ist. Eine Selbstverständlichkeit, wenn man jemanden liebt und die Selbstliebe intakt ist.

Ebenso sind auch Vertrauen und Verantwortung zwischen Liebespartnern nicht davon abhängig, ob und wie viele Interessen sie gemeinsam haben. Wenn die Liebe einmal da ist, werden auseinanderdriftende Interessen das bestehende Vertrauen und die bestehende Verantwortung nicht minimieren. Nur weil der eine seine Freizeit primär auf dem Golfplatz verbringt und der andere in Museen und Konzerthäusern, warum sollte es deshalb einem liebenden Menschen plötzlich egal sein, wie es seinem Partner geht, was seine Wichtigkeiten und Ziele sind und wie gut es ihm gelingt, sie zu realisieren? Warum sollte ein liebender Mensch plötzlich nicht mehr bereit sein, den Partner in seinen Zielen und Wichtigkeiten sinnvoll zu unterstützen, nur weil die beiden keine gemeinsamen Hobbys und auch im Beruf keine Gemeinsamkeiten haben? So wie die Nähe der Liebe, so gehen auch Vertrauen und Verantwortung nicht aufgrund unterschiedlicher Interessensgebiete verloren, sondern weil man den Partner immer mehr in die Unwichtigkeit abrutschen lässt.

Deshalb ist Selbstliebe auch in diesem Zusammenhang so wichtig, weil sie sicherstellt, dass wir nicht aufgrund eines Schutzmechanismus wie zum Beispiel Egoismus, Gier oder übertriebener Ehrgeiz unsere eigenen Ziele und Interessen immer höher bewerten als unseren Liebes- und Lebenspartner und uns dadurch nicht genug Zeit füreinander nehmen. Zeit, in der es nicht um gemeinsame *Aktivitäten* geht, sondern darum, miteinander zu *sein*, um ganz entspannt Gedanken und Gefühle fließen zu lassen, einander zuzuhören und einander zu spüren – mit Körper, Geist und Seele. Das beinhaltet auch schöne, entspannte Zeit für Sex. Aber auch Gespräche über Wichtigkeiten und Ziele werden sich in solchen Zeiten des gemeinsamen Seins von allein ergeben. Es ist schön, wenn der Partner versteht, was einem wichtig ist, und er auch bereit ist, diese Wichtigkeiten zu unterstützen – ob auf organisatorischer oder finanzieller Ebene; ob es darum geht, einander in schwierigen Situationen den Rücken zu stärken, oder ob die wesentliche gegenseitige Unterstützung darin besteht, immer wieder einen willigen, offenen Gesprächspartner zu haben.

Aber reicht es aus, genug Zeit und Interesse füreinander zu haben, sodass die Nähe der Liebe und auch Vertrauen und Verantwortung nie vernachlässigt werden? Ist das der Garant, eine glückliche Liebes- und Lebenspartnerschaft für immer zu erhalten? Was ist zum Beispiel, wenn sich der Körper verändert, seine jugendliche Kraft, sein gesundes Aussehen verliert, wenn die sexuelle Attraktivität sinkt oder wenn bei einem Partner das sexuelle Interesse generell sinkt, beim anderen aber unvermindert hoch bleibt? Was ist, wenn jemand anders meine Wichtigkeiten und Lebensziele besser unterstützen könnte als mein jetziger Liebes- und Lebenspartner? Wenn mir dieser andere zum Beispiel die bisher unerreichbar erscheinende, teure künstlerische Ausbildung finanzieren kann – Kontakte für eine entsprechende Karriere inklusive. Wenn mit dieser anderen Person ein gemeinsames Wachsen und Blühen viel leichter und erstrebenswerter erscheint als mit dem bisherigen Partner?

Menschen verändern sich im Laufe ihres Lebens – nicht nur körperlich. Jede neue Herausforderung, jede neue Erfahrung formt uns weiter, wir lernen dazu, haben neue Erkenntnisse und richten unser Leben immer wieder neu danach aus. Nur die Nähe der Liebe lässt uns Schritt halten mit den Veränderungen, die unser Partner durchläuft, lässt uns ihn weiter wahrnehmen und verstehen, wie er wirklich ist. So wie uns zu Beginn die Nähe der Liebe zu erkennen hilft, welche Art von Beziehung zwischen mir und einem anderen Menschen überhaupt funktionieren und glücklich machen kann, so gilt das auch für den weiteren Verlauf einer Beziehung.

Die Beziehung zwischen jungen, kinderlosen Partnern wird anders sein als bei einem Paar, das sich gerade mit den Herausforderungen seines ersten Babys auseinandersetzen muss, oder zwischen Eltern, die entdecken, dass sie sehr konträre Vorstellungen über Kinderziehung haben. Im Laufe eines Beziehungslebens gibt es immer wieder äußere Einflüsse, die die Art der Beziehung stark beeinflussen – Kinder, Freunde, Beruf, Erfolge und Misserfolge, Hobbys, Krankheiten usw. Das kann sich auf die Art der Arbeitsteilung auswirken, auf die Art, wie man oder vielleicht sogar ob man überhaupt zusammenwohnt, wie viel Spontanität in dieser Beziehung Platz hat, wie viel und welche Art von Organisation notwendig ist und vieles mehr.

Es sind jedoch nicht nur die äußeren Einflüsse, die sich auf die Art einer Beziehung auswirken. Es verändern sich auch die Menschen selbst. Im Laufe der Zeit wird vielleicht aus einem zurückhaltenden, vorsichtigen Menschen jemand, der selbstsicher und geradezu draufgängerisch seinen Weg geht. Ein anderer, der früher nicht genug bekommen konnte von lustigen Gesellschaften, mag nun plötzlich nur noch Ruhe und stille Entspannung suchen. Und dann gibt es auch die Veränderungen, die mit dem Älterwerden einhergehen. Natürlich wirkt sich all das auch auf die Art einer Beziehung aus.

Aber wirken sich diese Einflüsse und Veränderungen auch auf die Liebe aus? In gewisser Weise bestimmt. Jedoch grundsätzlich wird, wenn man einmal einen Menschen wirklich liebt, diese Liebe auf immer bestehen bleiben. Und da die Menschen in unserer idealen Welt mit ihrer wunderbar starken Selbstliebe nicht die Nähe der Liebe vernachlässigen, werden sie zu jedem Zeitpunkt nicht nur ihren Liebespartner aus der Vergangenheit lieben – so wie er damals war, als die Liebe noch ganz jung war –, sondern sie werden immer auch den Menschen lieben, so wie er heute ist, weil sie alle Veränderungen mit ihm mitgefühlt haben, weil sie ihn auch heute noch so kennen und verstehen, wie er wirklich ist. Sie werden ihn mit all seinen Veränderungen lieben, und es wird ihnen nach wie vor wichtig sein, dass es ihm gut geht – so wie es einem wichtig ist, dass es einem auch selbst weiterhin gut geht.

Je nachdem, wie sich die Situation und die betroffenen Menschen geändert haben, wird sich manchmal aber die *Art* der Liebe ändern. So können partnerschaftliche Teile der Liebe verschwinden und umsorgende Elemente dazukommen, wenn zum Beispiel einer der beiden dauerhaft durch eine Krankheit in seinen körperlichen Fähigkeiten stark eingeschränkt ist. Auch mit dem Älterwerden sinken oft körperliche Kraft und Agilität, dafür machen sie vielleicht einer wohltuenden Entspanntheit Platz, und anstelle einer robusten Gesundheit wird immer mehr die Lebensweisheit zur Quelle der Lebenskraft. Es ändern sich beim Älterwerden ja nicht nur unsere eigenen, für unsere Attraktivität relevanten Eigenschaften, sondern es ändern sich auch die Kriterien, die uns einen anderen Menschen als attraktiv empfinden lassen. Jedenfalls wird sich die Art der Liebe sehr oft auch altersbedingt ändern. So wird das Bedürfnis nach Sex vielleicht sinken, dafür aber das Gefühl der Zusammengehörigkeit steigen – nicht aus Pflicht, sondern, weil es schön ist.

Manchmal entwickelt sich aber eine Liebesbeziehung in eine Richtung, in der grundsätzliche Bedürfnisse nicht mehr abgedeckt werden. In der realen Welt passiert das immer wieder, wenn einer der Partner die Nähe der Liebe oder Vertrauen und Verantwortung vernachlässigt. Dann bleibt der andere zurück mit dieser großen Sehnsucht nach wirklicher Liebe, die in dieser Beziehung aber keine Erfüllung mehr findet. Oder man erlebt den Partner nicht als Stütze, sondern als Hindernis, der einem beim Umsetzen und Erreichen der eigenen Wichtigkeiten und Ziele im Weg steht. Vorbei ist es dann mit dem Gefühl des gemeinsamen Wachsens und Blühens. In der realen Welt stehen dahinter sehr oft Egoismus oder andere Schutzmechanismen, die die Liebe behindern. Aber auch in unserer theoretischen, idealen Welt können beispielsweise schwere Schicksalsschläge dazu führen, dass wesentliche Bedürfnisse in dieser ursprünglich so schönen und glücklichen Beziehung plötzlich unbefriedigt bleiben.

Wie verhält sich nun ein Mensch in unserer theoretischen, idealen Welt, wenn der Partner plötzlich so schwer erkrankt, dass er weder körperlich noch geistig zu irgendeiner Form von Liebespartnerschaft mehr fähig ist und auch keine Aussicht auf Heilung besteht? Ich denke da auch an Patienten im Langzeitkoma oder an fortgeschrittene Demenz, wenn das Eingehen auf andere Menschen nicht mehr möglich ist, wenn andere vielleicht nicht einmal mehr erkannt werden. Das sind natürlich sehr extreme Beispiele, aber selbst da wird unser idealer Mensch mit seiner vollkommenen Selbstliebe diesen bisherigen Liebes- und Lebenspartner weiterlieben. Doch aus der partnerschaftlichen wird eine rein umsorgende Liebe werden – so ähnlich wie die Liebe der Eltern zu einem Kind, das auf die Unterstützung von Vater und Mutter angewiesen ist. Eine Liebe, die vorwiegend auf Geben ausgerichtet ist, weil der geliebte Mensch den Anforderungen einer fairen, ausgewogenen Partnerschaft – aus welchem Grund auch immer – nicht mehr gewachsen ist. Wenn auch eine umsorgende Liebe durchaus beglückende Momente haben kann, trotz der Mühen, die mit ihr verbunden sind – wenn es einem zum Beispiel gelingt, dem geliebten Menschen sein Dasein zu erleichtern oder ihm Freude zu vermitteln –, so ist es aber doch eine andere Art von Glück als das, welches man in einer partnerschaftlichen Liebe erfährt. Dieses umsorgende Glück kann nie eine partnerschaftliche Liebe ersetzen, so wie auch die Liebe zu den Kindern nie ein Ersatz dafür sein kann.

Es gibt Situationen, in denen es meiner Überzeugung nach nicht fair ist, vom Partner ewige, allumfassende Treue zu verlangen. *Verlangen* sollte man Liebe als erwachsener Mensch ohnehin nie. Liebe ist immer freiwillig. Und auch wenn die Liebe für immer hält, ist es nie eine starre Liebe. Die Liebe lebt mit den Menschen, die sie miteinander verbindet. So wie sich die Menschen ändern, so wird sich auch die Liebe mit ändern. Manche Schicksale bringen es mit sich, dass sich situationsbedingt eine vormals partnerschaftlichen Liebe in eine rein umsorgende Liebe verwandelt. Deshalb geht aber das Bedürfnis nach einer partnerschaftlichen Liebe nicht verloren. Wenn jemand in seinem bisherigen Leben schon so viele glückliche Jahre in einer wunderbaren Liebespartnerschaft verbracht hat, wird das Bedürfnis nach einer weiteren partnerschaftlichen Liebesbeziehung vielleicht nicht sehr ausgeprägt sein. Wenn aber für einen jungen, lebenshungrigen Menschen das partnerschaftliche Liebesglück durch einen so krassen Krankheitsfall jäh beendet wird, dann wird sich der innere Drang nach einer neuen partnerschaftlichen Liebesbeziehung kaum unterdrücken lassen. Und das soll er ja auch nicht, denn er gehört genauso zum Menschsein wie all unsere anderen Gefühle. Ich bin überzeugt davon, dass eine gesunde Selbstliebe so eine Gefühlsunterdrückung nicht zulässt.

Das scheint mir eine jener Situationen zu sein, die auch in unserem Kulturkreis dazu führen können, dass man zwei Menschen gleichzeitig liebt, wobei sich die Liebe zum ersten Partner zu einer rein umsorgenden, aber unverändert starken, innigen Liebe entwickelt hat und eine neue partnerschaftliche Liebe – anders, aber ebenso stark und innig – dazukommt.

Derart krasse Situationen gibt es wohl nicht sehr oft. Mischformen mit Elementen der partnerschaftlichen Liebe einerseits und Elementen der umsorgenden Liebe andererseits sind da sicherlich häufiger. Viele Menschen sind trotz schwerster körperlicher Beeinträchtigung wunderbare Liebes- und Lebenspartner. Nur weil man in körperlichen Belangen nicht mehr so fit ist oder auf Hilfe angewiesen, muss sich deshalb nichts auf seelischer und geistiger Ebene ändern. Selbst im sexuellen Bereich lassen sich oft Möglichkeiten finden, die für beide Partner trotz körperlicher Einschränkungen schön und befriedigend sind.

Auch sind schwere körperliche Erkrankungen nicht die einzig mögliche Ursache dafür, dass aus einer Liebes- und Lebenspartnerschaft eine einseitig umsorgende Liebe wird. Altersschwäche kann einen ähnlichen Effekt haben. Aber auch Alkoholismus und andere Arten von Sucht können dazu führen, dass man zu einer fairen, ausgewogenen Partnerschaft nicht mehr fähig ist. So wie auch jede andere psychische Erkrankung. Wobei ich Sucht – egal welcher Art – in Zusammenhang mit unserer idealen Welt nur theoretisch erwähne, denn eine gesunde Selbstliebe ist ein sicherer Garant dafür, nicht in eine Sucht zu flüchten.

Jedenfalls bin ich überzeugt davon, dass in solch einer theoretischen idealen Welt Menschen, die – basierend auf einer gesund entwickelten Selbstliebe – einander so lieben, wie ich es in den vorigen Kapiteln beschrieben habe, für immer in Liebe miteinander verbunden bleiben und auch für sehr schwere Herausforderungen immer eine Lösung finden werden, die von beiden als gut und richtig empfunden wird. Die einmal gefundene innige Nähe, die Geborgenheit und das gegenseitige unumstößliche Vertrauen werden auch nicht für noch so vielversprechende neue Möglichkeiten mit einem potenziellen neuen Partner aufgegeben werden.

Abgesehen davon wird in dieser idealen Welt, die so sehr auf Liebe beruht, nie jemand anders versuchen, in zerstörerischer Weise in eine bestehende glückliche Beziehung einzudringen. Selbst wenn da plötzlich ein Fremder aus der realen Welt erschiene und versuchte, einen der beiden Liebenden aus der bestehenden Beziehung herauszureißen und an sich selbst zu binden, indem er die sichere Erfüllung aller großen, aber bisher unerfüllbar scheinenden Wünsche verspräche, selbst dann würde sich ein bereits in Liebe gebundener Mensch in unserer idealen Welt dadurch nicht verführen lassen. Erstens weil es die bereits bestehende Liebe nie zuließe, den geliebten Menschen zu verlassen. Und zweitens würde er erkennen, dass die verlockenden Versprechungen des Eindringlings nicht von Liebe, sondern Selbstsucht getrieben sind. So ein Eindringling will diesen in einer anderen Liebe bereits gebundenen Menschen für sich *haben*, aber er liebt ihn nicht. Denn wäre es Liebe, würde er Unterstützung und Freundschaft anbieten, ohne für sich selbst Liebe als Gegenleistung zu erwarten.

Schwierigkeiten, Herausforderungen und Probleme entstehen in dieser theoretischen idealen Welt genauso wie in der realen. Der Unterschied liegt in der Art, wie damit umgegangen wird. Menschen, deren Selbstliebe sich durch nichts erschüttern lässt, werden sich trotz der schlimmsten äußeren Unannehmlichkeiten in sich selbst zu Hause und geborgen fühlen. Sie werden immer im Einklang mit ihrem wahren inneren Ich handeln und sich Problemen und Konflikten aus einer inneren Position der Stärke stellen. Achtung, ich sage nicht: aus der Position des Stärkeren! Ich sage bewusst: Position der Stärke. Denn auch der andere, mit dem man einen Konflikt bereinigen möchte, wird aus einer Position der inneren Stärke agieren. Es ist eine Welt der bewusst gelebten Gleichwertigkeit. Eine Welt, in der Freude – nicht nur die eigene, sondern auch die Freude der anderen – einen sehr, sehr hohen Stellenwert hat. Eine Welt, in der die Menschen wissen und spüren, wie wertvoll, wichtig, liebenswert und einmalig ein *jeder* Einzelner ist, in der die Menschen mit Offenheit und Interesse aufeinander zugehen und die Sicht der anderen, deren Bedürfnisse und Probleme als gleichwertig zu den eigenen anerkennen. Eine Welt, in der den Herausforderungen und den Freuden des Lebens im Einklang mit sich selbst und mit Liebe zu dieser Welt begegnet wird.

Liebe und Beziehungen in der wirklichen Welt

Wenn es uns in der realen Welt nicht gelingt, unsere Beziehungsprobleme in befriedigender Weise zu lösen, dann liegt das in den meisten Fällen daran, dass unsere Selbstliebe in irgendeiner Form verletzt ist. Der kritische Punkt ist aber nicht, *dass* Probleme auftreten. Konflikte und Herausforderungen gehören zum Leben dazu. Wir wachsen auch an ihnen, sie helfen uns, unseren Horizont zu erweitern, und vermitteln uns reichhaltigere Gefühle. Am Ende ist es auch schön, wenn es gelingt, Konflikte zu lösen und Herausforderungen zu meistern.

Wenn man aber in einer inneren Welt gefangen ist, in der es für alle Unannehmlichkeiten und Probleme einen Schuldigen geben muss – dabei ist es irrelevant, ob man sich selbst oder jemand anderes beschuldigt, ebenso, ob diese Schuldzuweisung bewusst oder unbewusst erfolgt –, dann fällt es schwer, sich auf das positive Potenzial in der Gegenwart und in der Zukunft zu konzentrieren. Dann werden oft Chancen und Lösungsmöglichkeiten nicht erkannt, und man steht seinem Glück selbst im Weg. Dann sehnt man sich zwar nach Liebe, nach wirklicher Liebe – und sperrt sie doch gleichzeitig aus seinem Leben aus.

Ich spreche hier nicht von Schuld im juristischen Sinn, denn jede Gesellschaft braucht Regeln des Zusammenlebens und Rechtssicherheit, auf die man sich verlassen kann. Ich spreche von jenen Schuldgefühlen und Schuldzuweisungen, die einer mangelnden Selbstliebe entspringen. Wenn die Selbstliebe nicht intakt ist, dann sind wir mit uns selbst nicht zufrieden, halten uns nicht für wertvoll, wichtig, liebenswert genug, um wirklich, ganz und gar, unumstößlich geliebt werden zu können. Dann tun wir alles Mögliche, nur um anderen doch zu gefallen, und unsere vermeintlich nicht liebenswerten Persönlichkeitsanteile irgendwie wettzumachen. Wenn etwas schiefläuft, suchen wir die Schuld dafür entweder bei uns selbst, weil wir uns ja als so mangelhaft empfinden, oder wir lenken von unseren inneren Schuldgefühlen ab, indem wir uns über andere stellen und grundsätzlich diesen anderen für alles die Schuld zuweisen, was uns nicht passt.

Aber es ist nicht nur eine Welt, in der die Freude am Leben immer wieder durch vollkommen unnötige Schuldgefühle und Schuldzuweisungen eingeschränkt wird. Auch gegenseitige Verletzungen erfolgen weitaus häufiger als in der von mir geschilderten Welt der intakten Selbstliebe. Nicht, dass die Menschen in der realen Welt einander absichtlich mehr wehtun wollen. Es passiert einfach – zumeist durch automatisch ablaufende Schutzmechanismen. Es sind Schilde, mit denen wir unser verunsichertes Ich gegen Verletzungen panzern und uns damit gleichzeitig taub machen für das, was andere Menschen fühlen. Wir bemerken häufig nur noch unser eigenes Leid. Selbst wenn das Leid der anderen so groß ist, dass es sich in einer emotionalen Explosion entlädt, spüren wir oft nur den Schmerz, den diese Explosion in uns selbst auslöst, nicht aber den großen Schmerz des anderen, durch den die Explosion erst verursacht wurde.

In der realen Welt, in der es Menschen mit einer völlig intakten Selbstliebe kaum gibt, treten Probleme in den zwischenmenschlichen Beziehungen daher wesentlich öfter auf als in der im vorigen Kapitel beschriebenen idealen Welt, und es wird mit Problemen auch anders umgegangen – weniger zielführend und oft gepaart mit neuerlichen, unnötigen Verletzungen.

Viele Menschen sind so verunsichert über ihren eigenen Wert, ihre Wichtigkeit und Liebenswertigkeit, dass sie ihr Leben lang versuchen, »brav« zu sein und möglichst gut den Erwartungen anderer zu entsprechen. Ihre Beziehungen sind geprägt von ihrem eigenen intensiven Bemühen einerseits und den immer wiederkehrenden Enttäuschungen andererseits – über ihren Partner, über sich selbst und ihr Leben insgesamt. Glück und Freude werden immer wieder durch eine innere Unzufriedenheit getrübt, und trotz aller Bemühungen bleibt da immer diese unstillbare, oft verschwommene Sehnsucht nach mehr Glück und mehr Liebe. Dabei hat man »nur« das eigene Ich verloren, hat es in den eigenen inneren Abgrund verdrängt. Mit jedem weiteren Bemühen, besonders brav zu sein, wird es noch mehr verdrängt. Die Sehnsucht nach Glück und Liebe bleibt. Aber da ist niemand mehr, der Glück und Liebe spüren kann, wenn sie uns auf unserem Lebensweg begegnen, denn das Ich ist vom vielen Bravsein untergegangen.

Manche Menschen haben aufgrund ihrer mangelnden Selbstliebe ihr Ich mehr verdrängt, manche weniger. Manche beugen sich der Unterdrückung, hinter der oft keine böse Absicht steht, die aber nichtsdestoweniger Unterdrückung ist, und geben sich selbst ohne großen Widerstand auf. Andere befinden sich im ewigen Kampf gegen alle Anforderungen und Erwartungen, die die Gesellschaft vermeintlich oder tatsächlich an sie stellt. Sie kämpfen mit all ihrer Kraft und Energie, um ihr verletztes, von Verdrängung bedrohtes Ich vor dem kompletten Untergang zu schützen. Dabei ist es egal, ob die Anforderungen und Erwartungen der Gesellschaft sinnvoll sind oder nicht, es geht nur noch ums Dagegensein. Es ist wie ein letzter, verzweifelter Versuch, das Ich unter allen Umständen am Leben zu erhalten und alle möglicherweise Ich-feindlichen Angriffe von außen von vornherein abzublocken.

In der Entwicklung vom Kind bis zum Erwachsenen kennen wir zwei wichtige, von der Natur aus gutem Grund so vorgesehene, intensive Phasen, in denen wir mit besonderem Einsatz um unser Ich kämpfen – die Trotzphase und die Pubertät.

In der Trotzphase wird dem Kind so richtig bewusst, dass seine eigenen Wünsche oft in Konflikt stehen zu den Wünschen anderer Personen, dass diese eigenen Wünsche aber sehr, sehr wichtig sind und dass es sich lohnt, für sie zu kämpfen.

Eltern mit einer stark entwickelten Selbstliebe werden in einem Trotzanfall nicht nur das wütende Aufbegehren des Kindes gegen die elterliche Macht erkennen. Sie werden auch die dahinterliegende Verzweiflung und die Traurigkeit des Kindes spüren, wenn es erkennt, dass es nicht tun kann und nicht alles haben kann, was es möchte, auch wenn es ihm noch so wichtig wäre. Es ist die Phase, in der das Kind lernt, wie es am besten seinen eigenen Willen durchsetzen kann, in der es lernt, für sich selbst einzustehen. Und hoffentlich lernt es das gut, denn es ist eine Fähigkeit, die für ein glückliches Leben unverzichtbar ist. Gleichzeitig lernt das Kind aber auch, dass es wichtig ist, nicht nur auf momentane Begehrlichkeiten zu reagieren. Auch die Auswirkungen auf die Zukunft und das Wohlbefinden anderer sollte es in seine Entscheidungen einbeziehen, will es nicht nur ein kurzfristiges Hoch erleben, sondern dauerhaft glücklich sein. Eltern mit einer stark entwickelten Selbstliebe werden den Trotzreaktionen des Kindes relativ gelassen begegnen – ohne deswegen klein beizugeben. Sie werden dem Kind helfen, eine gesunde Balance zu finden zwischen der spontanen, ungehemmten Hingabe an momentane Freuden einerseits und Verantwortung andererseits. Verantwortung, die man für sich selbst und die eigene Zukunft trägt, aber auch für den Einfluss, den unsere Taten auf andere haben. Diese verständnisvolle Einstellung der Eltern wird Trotzanfälle nicht verhindern, aber so wird dem Kind nicht seine Würde genommen, und es lernt, dass es nicht ein schlechter Mensch ist, weil es Wünsche hat, die nicht – oder jedenfalls nicht sofort – erfüllbar sind. Das Kind spürt, dass seine Wünsche für die Eltern durchaus wichtig sind, da sie ihm zuhören und sogar Verständnis signalisieren. Aber es lernt darüber hinaus, dass auch die Eltern gute, wichtige Gründe haben, seinen Wünschen nicht nachzugeben. So bleibt die Selbstliebe des Kindes ebenso intakt wie die Autorität der Eltern.

Das war noch einmal ein kurzer Ausflug in unsere ideale, theoretische Welt. Aber was passiert in der Welt, so wie wir sie kennen? Je mehr die Selbstliebe der Eltern geschwächt ist, umso stärker erleben sie die Trotzattacke ihres Kindes lediglich als schlechtes, egoistisches, zerstörerisches Benehmen, das schnellstens korrigiert gehört. Und in gewisser Weise haben sie ja auch recht. Denn es wäre für das Kind und seine Zukunft sehr schlimm, wenn es ein Leben lang mithilfe von Wut- und Schreianfällen seinen Willen auf höchst egoistische Weise durchsetzen wollte. Die geschwächte Selbstliebe lässt Eltern aber sehr leicht übersehen, dass das Kind nicht aus Böswilligkeit oder absichtlicher Uneinsichtigkeit so heftig und zerstörerisch reagiert, sondern dass diese Trotzattacken für die gesunde Entwicklung des Kindes immens wichtig sind. Glücklicherweise hat es die Natur so eingerichtet, dass diese wichtige Entwicklungsphase im frühen Kindesalter auftritt, solange Eltern ihre tobenden Kinder notfalls auch noch festhalten können, um sie selbst und auch andere vor Verletzungen und Zerstörung zu schützen. Wenn ihre eigene Selbstliebe aber geschwächt ist, sind Eltern so sehr vom Angriff auf die eigene Machtposition betroffen, dass sie nicht mehr spüren, wie sehr auch das Kind dabei leidet und sich innerlich zerrissen fühlt, nicht weiß, ob es lieber sich selbst – in Gestalt der eigenen Wünsche – aufgeben oder die Liebe der Eltern riskieren soll. Und so passiert es in der realen Welt sehr oft, dass Trotzanfälle mit einem Machtkampf ausgefochten werden, in dem kein Platz ist für gegenseitiges Verständnis und aus dem immer ein Gewinner und ein Verlierer hervorgehen. Entweder gewinnen die Eltern, und das Kind hat traurigerweise dabei nur gelernt, dass es zu schwach ist, um zu siegen und dass seine Wünsche nichts wert sind. Womit seine Selbstliebe massiv erschüttert wird. Oder das Kind gewinnt den Machtkampf und lernt daraus, dass Schreien und Toben ausgezeichnete Mittel sind, um sich durchzusetzen, dass es in diesem Leben lediglich darauf ankommt, wer stärker ist. Leider lernt es dabei nicht, dass Toben und Schreien Glück und Liebe verhindern – nicht nur für die anderen, die man damit besiegt, sondern auch für einen selbst. Aber selbst wenn das Kind so einen Machtkampf gewinnt, fühlt es sich nicht wichtig und wertvoll genug, dass seine Wünsche ernsthaft angehört werden. Es gewinnt ja nur, weil es ausreichend lange getobt hat, nicht weil es für seine Wünsche und Gefühle Verständnis erfahren hätte. Auch die Beschimpfungen und Drohungen, die manche Eltern während einer Trotzattacke ihrem Kind an den Kopf werfen, wirken sich sehr schädigend auf dessen Selbstliebe aus. Und in der nachfolgenden Phase, wenn sich die besiegten Eltern ihrem Kind gegenüber ablehnend verhalten oder sich durch andere Formen des Liebesentzugs bewusst oder unbewusst rächen, hat das nochmals negative Auswirkungen auf die Selbstliebe des Kindes.

Es gibt hier sehr viele Nuancen, wie Eltern mit ihren Kindern umgehen, wenn sich diese nicht ihren Anforderungen oder Erwartungen entsprechend verhalten. In ebenso vielen Nuancen wird sich das sowohl auf die Selbstliebe des Kindes wie auch auf die Beziehung zwischen Eltern und Kind auswirken. Je nachdem wird die Eltern-Kind-Beziehung auch in Zukunft stärker auf Vertrauen und gegenseitigem Respekt aufbauen oder primär durch die jeweiligen Machtverhältnisse geprägt sein.

Wenn ein Kind spürt, dass sein Glück und Wohlergehen für die Eltern immer sehr wichtig sind, dass die Eltern auch wissen und verstehen wollen, was es fühlt, denkt und will, und dass sie seine Gefühle, seine Gedanken und sein Wollen auch wirklich ernst nehmen – auch dann, wenn sie seinem Wunsch nicht nachkommen und auf dem Einhalten von Geboten und Verboten beharren –, dann wird das Vertrauen dieses Kindes zu seinen Eltern trotzdem immer mehr gefestigt werden, sodass es auch kontroversen Situationen standhält. So ein Kind wird lernen, sowohl seine eigene Position in konstruktiver Weise zu vertreten wie auch anderen zuzuhören und deren Position ernst zu nehmen.

Wenn ein Kind hingegen immer wieder die Erfahrung macht, dass es gar keinen Sinn hat, jemand anders die eigene Position zu erklären, sondern dass es nur darauf ankommt, Stärke zu demonstrieren, dass sich also am Ende immer der Schwächere dem Stärkeren unterordnen muss, dann wird dieses Kind vor allem lernen, sich taktisch möglichst geschickt zu verhalten. Aber es wird sich nicht geliebt fühlen. Es wird immer mehr zur Überzeugung kommen, dass es – so wie es ist, mit seinen Wünschen und Gefühlen – einfach nicht gut genug ist. Die taktischen Verhaltensweisen, die Kinder dann entwickeln, sind sehr unterschiedlich. Manche werden versuchen, so »brav« zu sein, dass sie von vornherein den elterlichen Machtdemonstrationen entgehen, andere werden ihre eigenen körperlichen, stimmlichen und verbalen Fähigkeiten der Machtausübung ausbauen, und manche werden lernen, mithilfe von Lügen oder erpresserischem Geschick ihren Willen durchzusetzen.

So hat die Trotzphase, und wie sie sich auf die Selbstliebe das Kindes auswirkt, einen sehr starken Einfluss darauf, wie sich die Beziehung zwischen Eltern und Kind weiterentwickelt und auf welche Beziehungsmuster das Kind auch später, wenn es erwachsen geworden ist, verstärkt zurückgreifen wird.

Während das Kind die Autorität der Eltern grundsätzlich

anerkennt, auch wenn es sich in einzelnen Phasen und einzelnen Situationen dagegen auflehnt, so ändert sich das in der Pubertät erheblich. Das kleine Kind weiß und spürt ja, dass es in seinem Überleben auf die Eltern angewiesen ist. Ab einem gewissen Alter jedoch ist der junge Mensch sehr gut in der Lage, notfalls für sich selbst zu sorgen, unabhängig von den Eltern. Dass die tatsächliche Selbstständigkeit heute im Schnitt wesentlich später eintritt, ist eine Sache der gesellschaftlichen, kulturellen Entwicklung, was aber nichts daran ändert, dass der junge Mensch mit dem Abschluss der Pubertät grundsätzlich die körperlichen und geistigen Voraussetzungen erlangt hat, ein selbstständiges, eigenverantwortliches Leben führen zu können. Deshalb ist es den Jugendlichen in der Pubertät auch so wichtig, sich von den Eltern abzugrenzen, ihre eigenen Werte zu finden und diese auch zu leben. Der pubertäre Drang nach Selbstbestimmung ist deswegen so groß, weil die jungen Menschen spüren, dass sie nur dann wirklich glücklich werden können, wenn sie ihren ganz eigenen Lebensweg gehen.

In dieser Phase befindet sich der junge Mensch zwischen zwei Welten: der Welt, aus der er herkommt, und der Welt seiner eigenen Zukunft. Die alte Welt ist verbunden mit einem gewissen Gefühl der Sicherheit, denn man hat ja gelernt, wie man sich in ihr bewegen muss, um nicht anzuecken. Aber es ist auch eine Welt der geborgten Werte und der geborgten Lebensstrategien. Geborgt von den Eltern für die Zeit der Kindheit. Für jene Zeit, in der der Mensch noch nicht reif genug ist, die Verantwortung für sein Leben und für seine Zukunft selbst und allein zu tragen. Die zukünftige Welt ist hingegen voller Ungewissheit. Man weiß noch nicht genau, wohin einen die eigenen Ideen und Vorstellungen von einem guten, glücklichen Leben tatsächlich führen werden; manchmal ist man sich nicht einmal sicher, ob es diese neue Welt, nach der man sich so sehnt, tatsächlich geben kann. Und trotzdem lockt sie mit der Aussicht auf ein Leben, das man selbst gestalten kann, so wie es dem eigenen, unverfälschten Ich entspricht.

Es ist daher nicht verwunderlich, dass es in der Pubertät so oft zu Konflikten mit den Eltern kommt, die dazu neigen, ihren Kindern den richtigen Weg weisen zu wollen, nämlich jenen, den sie selbst für richtig halten – alles mit bester Absicht für das Glück und Wohlergehen der Kinder. Dabei ist die Form der Einflussnahme ganz unterschiedlich. Sie geht von ehrlichen, gut gemeinten Ratschlägen über subtile Manipulation bis hin zu brachialer Gewalt. Auch die Reaktion des pubertierenden Kindes wird sehr unterschiedlich sein und ist unter anderem abhängig davon, ob es bisher ermuntert wurde, seine eigenen Gedanken und Meinungen zu äußern und zu vertreten, oder ob von ihm widerspruchsloser Gehorsam erwartet wurde. Ob das Kind auch gelernt hat, sich mit den Gedanken und Gefühlen anderer auseinanderzusetzen, oder ob es in einem Umfeld groß geworden ist, in dem Meinungsverschiedenheiten vorwiegend durch Machtkämpfe entschieden wurden.

Auf welche Weise die typischen Pubertätskonflikte auch ausgetragen werden, grundsätzlich geht es dem Jugendlichen dabei immer darum, endlich selbst über sein Leben bestimmen zu können. Das schließt auch mit ein, dass er in seinen Ansichten als vollwertig genommen werden will. Es geht auch nicht nur darum, eine *Entscheidung* letztlich selbst zu treffen und durchzuziehen. Der junge Mensch möchte auch den *Weg* hin zu der für ihn richtigen Entscheidung selbst finden, auch wenn das mit viel Ausprobieren und Fehlermachen verbunden ist. Das selbstständige Agieren (und Ausprobieren!) hilft dem Jugendlichen, jene Selbstsicherheit aufzubauen, die er braucht, um in seinem Erwachsenendasein den für ihn individuell richtigen Weg eigenständig mit Freude, Energie, Selbstbewusstsein und Zuversicht gehen zu können und sich nicht immer auf den Ratschlag anderer angewiesen zu fühlen. Manches wird durch das selbstständige Agieren nicht so perfekt laufen, dies und das wird vielleicht auch richtig danebengehen. Doch ist das Erfahren von Misserfolgen um vieles wertvoller, als ewig beschützt durch die lebensklugen Weisungen der Erwachsenen »fehlerfrei« durchs jugendliche Leben zu gehen.

Eltern werden ihre pubertierenden Kinder nicht sehenden Auges in ihr Unglück laufen lassen. Aber wie bei so vielen Dingen geht es auch hier darum, die richtige Balance zu finden. Wie groß ist denn das befürchtete, potenzielle Unglück tatsächlich? In ihrem Bedürfnis, dem Kind den Lebensweg möglichst gut zu ebnen, tendieren viele Eltern öfter als notwendig dazu, in die Entscheidungsfindung und Entscheidungsfreiheit des pubertierenden Jugendlichen einzugreifen. Und so sind auch Konflikte häufiger und emotionsgeladener als nötig.

Oder das Kind hält dem meist durchaus wohlmeinenden Druck der Eltern nicht stand, gibt sich selbst auf, indem es sich den elterlichen Werten, Ratschlägen und Forderungen ein für allemal unterordnet, und ist forthin nur noch ein braver Mensch, der hofft, sich mit seinem Brav- und Angepasstsein ein ausreichend großes Stück Lebensglück sichern zu können. Was in vielen Fällen aber nicht funktioniert. Nicht funktionieren kann, wenn sich der Mensch in seinem Bravsein selbst verloren hat.

Mit dem Versuch, dem pubertierenden Jugendlichen ein Leben aufzudrängen, das den elterlichen Werten und der elterlichen Lebensstrategie entspricht, statt das Streben des jungen Menschen nach Selbstständigkeit zu respektieren und zu unterstützen, unterdrücken Eltern die Entwicklung der Eigenständigkeit ihres Kindes. Gleichzeitig vermitteln sie damit dem fast erwachsenen Kind das Gefühl, dass sie ihm nicht zutrauen, sein Leben selbst erfolgreich zu gestalten, dass sie es also nicht für lebenstüchtig genug halten. Warum sonst geben sie ihm denn immer noch für alles und jedes Ratschläge und Anweisungen und erwarten, dass es sie auch befolgt? Glauben die Eltern, dass die Ideen und Lösungsansätze des Jugendlichen so schlecht sind, zumindest nicht gut genug? Jedes Mal, wenn das passiert, ist das ein Angriff auf den Selbstwert und die Selbstliebe des jungen Menschen. Wie soll er Selbstvertrauen entwickeln, wenn ihn die Eltern so behandeln, als wäre er unfähig? Andere werden das Gefühl der Unfähigkeit auf die Eltern projizieren, denn vielleicht sind sie es ja, die unfähig sind, und mit ihnen die ganze Gesellschaft mit ihren Vorgaben und Zwängen? Je nachdem, wie der Jugendliche mit diesen Attacken auf seine Selbstliebe umgeht, auch abhängig davon, wie sehr geschwächt oder gestärkt seine Selbstliebe schon beim Eintritt in die Pubertät war, wird er seine Schlüsse ziehen und seine Werte und Lebensstrategie entsprechend entwickeln.

Es sind nicht nur Trotzphase und Pubertät, in denen die Selbstliebe des Kindes erschüttert wird. Das Leben der Menschen ist vom Baby- und Kleinkindalter an voll mit Situationen, die einen massiven Einfluss auf die Entwicklung der Selbstliebe haben. Trotzphase und Pubertät habe ich nur deshalb besonders hervorgehoben, weil das jene Entwicklungszeiten sind, in denen das Kind bzw. der junge Mensch mit besonderer Vehemenz versucht, für sein Ich-Sein einzustehen und es mit all seinen verfügbaren Mitteln verteidigt.

Fast alle Kinder in der realen Welt wachsen zu Erwachsenen heran, deren Selbstliebe in irgendeiner Form geschwächt ist. Wobei jeder seine eigenen Schutzstrategien entwickelt hat, um sich vor weiteren seelischen Verletzungen zu schützen. Die Auswirkung auf die zwischenmenschlichen Beziehungen ist entsprechend vielfältig und komplex.

So sind sowohl das Verliebtsein wie auch die sogenannten

festen Liebesbeziehungen in der realen Welt nicht nur mit schönen Gefühlen verbunden. Da ist einerseits diese mächtige Sehnsucht nach der großen Liebe, und wir sind überglücklich, wenn plötzlich jemand auftaucht, den wir uns als Liebespartner wünschen. Unser Herz schlägt nochmals höher, wenn uns dieser Mensch zu erkennen gibt, dass auch er an uns interessiert ist. Aber da ist auch Angst dabei, manchmal sehr vordergründig, manchmal mehr unbewusst, dass uns der andere vielleicht gar nicht wirklich liebt, vielleicht gar nicht lieben kann, weil wir ja so viele Mängel haben. Dabei geht es doch um eine große Sache, und wir wollen hier bestimmt nichts vermasseln. Statt mit Offenheit und gesundem Grundvertrauen auf den anderen zuzugehen, schlagen unsere Schutzmechanismen mit all ihrer Kraft zu. Alles, was wir bisher an Taktiken gelernt haben, um uns vor Liebesenttäuschungen zu schützen, wird jetzt eingesetzt.

Weil der sehnsüchtige, innere Druck nach Liebe so groß ist, können wir uns nicht frei und offen auf neue Beziehungen und Begegnungen einlassen. Eigenschaften, die wir nicht so gut an uns finden, werden tunlichst verborgen. Andere Eigenschaften, die gar nicht wirklich zu uns gehören, die wir aber für besonders attraktiv halten, werden vorgespielt. Dabei wird die Sehnsucht nach einem Liebesbeweis immer größer. Aber was auch immer der andere tut, nichts davon erleben wir als so überzeugend, dass wir uns seiner Liebe sicher fühlen. Und wie auch? Die Liebe kann immer nur so weit gehen wie meine Offenheit. Alles von mir, was ich vor dem anderen absichtlich verberge, *kann* der andere auch nicht lieben. Solange ich glaube, Teile von mir vor dem anderen verstecken zu müssen, wird sich die Liebe nie vollkommen anfühlen, und es wird immer ein Gefühl der Ungewissheit und des Zweifels zurückbleiben. Obwohl unsere Sehnsucht nach wirklicher Liebe so groß ist, wird ihr durch diese Verfälschungen des wahren Seins jede Chance genommen.

Und wie lange kann man schon dieses Verstellen durchhalten? Irgendwann durchschaut einen der andere und hat dann allen Grund, enttäuscht zu sein. Nicht unbedingt deshalb, weil man ganz anders ist, als er dachte, sondern vor allem, weil er *absichtlich* getäuscht wurde.

Sehr oft *glauben* wir auch, jemanden mit all unserer Kraft zu lieben, dabei spüren wir lediglich diese übergroße Sehnsucht, selbst geliebt zu werden, und projizieren sie auf diesen bestimmten Menschen, von dem wir – aus welchem Grund auch immer – annehmen oder uns zumindest wünschen, dass er diese Sehnsucht erfüllen kann. Dabei haben wir einander noch gar nicht ausreichend kennengelernt, um wirklich von Liebe sprechen zu können. Weder ist die Nähe der Liebe schon stark genug entwickelt, noch konnte dieses felsenfeste Vertrauen aufgebaut werden, das mit Liebe verbunden ist. Und doch reden wir uns ein, diesen Menschen zu lieben. Weil es eben so wunderschön wäre, von ihm geliebt zu werden.

Manche Menschen verhalten sich dann einfach so, als wäre die Liebe da – beidseitig da – und bedrängen damit den anderen mit einer angeblichen Liebe, die aber nur auf ihrer Vorstellung und ihrem Wunsch basiert. Es ist nicht verwunderlich, wenn sich der andere Mensch in so einer Situation überrumpelt fühlt und die Flucht ergreift. Dabei hätte man vielleicht gut zusammengepasst, die große Liebe miteinander gefunden, wenn man sich auf diese Begegnung ohne Druck eingelassen hätte und von der sich langsam entwickelnden Nähe in eine Partnerschaft hätte führen lassen.

Viele Menschen versuchen auch, die so sehr ersehnte Liebe des anderen zu erzwingen – auf mehr oder weniger subtile Art oder auch durch Einsatz sehr brutaler Methoden. Hier kommen wieder alle Varianten unserer Schutzstrategien zum Einsatz. Während sich die einen mit all ihrer Kraft bemühen, dem anderen alles so recht zu machen, dass der gar nicht anders kann, als sie zu lieben, versuchen andere sich als so toll, begehrenswert und über den Dingen stehend zu inszenieren, dass der andere sich einfach glücklich schätzen muss, ihrer Liebe für würdig befunden zu werden. Da werden die eigenen Fähigkeiten massiv überzeichnet, Erfolge werden vorgegaukelt, andere Menschen – auch der eigene Partner – werden schlecht gemacht, um selbst besser dazustehen. Manche Menschen bedienen sich dabei verbaler Verletzungen, manche ignorieren einfach die Wichtigkeiten des Partners und vermitteln ihm dadurch das Gefühl der Wertlosigkeit, andere wenden sogar tätliche Gewalt an, um ihren verzweifelt angestrebten Mehrwert irgendwie zu manifestieren.

Das alles ist ein verzweifelter Kampf um die Liebe, hat aber mit Liebe überhaupt nichts zu tun. Denn in allen Varianten bleibt das eigene, wahre Sein, jenes einzige Sein, das Liebe empfangen und Liebe geben kann, auf der Strecke. Es wird immer nur versucht, einen Schein zu erzeugen, der das eigene, wirkliche Sein überdeckt. Und je mehr man sich vom eigenen Sein entfernt, umso größer wird aber das Gefühl des Nicht-geliebt-Werdens. Man steckt unentrinnbar im Teufelskreis, und der Druck nach einem wirklichen Liebesbeweis wird immer größer. Der kann zwar so nie gelingen, aber trotzdem wird fieberhaft danach gesucht. Da werden oft Situationen inszeniert, in denen der vermeintlich so sehr geliebte Partner zugunsten eines Liebesbeweises auf etwas anderes, das ihm sehr, sehr wichtig ist, verzichten soll. Da geht es nicht darum, Lösungen zu finden, die die Wichtigkeiten beider Partner berücksichtigen. Da setzt sich nur noch der unbändige Wunsch durch, endlich einen eindeutigen Beweis dafür zu erhalten, dass man für diesen Menschen wichtiger ist als alles andere auf dieser Welt.

Jemand, der eine gesunde Selbstliebe hat, wird solche

Manipulationsversuche schnell durchschauen. Er wird auch sicherlich nicht auf die Ich-tu-doch-alles-für-dich-Rolle des anderen hereinfallen, weil er erkennt, dass ihm da nur eine Hülle ohne ehrlichen Kern präsentiert wird und dass das für eine Liebesbeziehung nicht reicht. Genauso wenig wird sich jemand mit gesunder Selbstliebe in eine untergeordnete Rolle drängen lassen, er wird daher eine demütigende, entwürdigende Beziehung sehr rasch beenden oder erst gar nicht entstehen lassen. Ist die Selbstliebe aber geschwächt, kommt es immer wieder vor, dass Erniedrigungen und gezielte Verletzungen in einer vermeintlichen Liebe akzeptiert werden – bestätigen sie doch nur die eigene empfundene Minderwertigkeit.

Oft fügen sich die Schutzstrategien zweier Menschen zuerst einmal wie zwei Puzzlesteine ineinander – einer in der untergeordneten, der andere in der superioren Rolle –, und man meint anfangs, wirklich in der wahren, großen Liebe gelandet zu sein. Dabei haben beide lediglich einen Partner gefunden, der ihnen die Möglichkeit gibt, sich immer stärker, und ohne viel Widerstand erwarten zu müssen, hinter der jeweils eigenen Schutzstrategie zu verschanzen. So wird der Egoist in seinem Egoismus weiter unterstützt, und der Unterlegene lässt sich immer mehr ausnützen und erniedrigen. Letztlich führt das aber nur zu einer weiteren Bestätigung und Vertiefung des jeweils eigenen Minderwertigkeitsgefühls – auch für den, der sich als der Überlegene gibt. Denn auch für ihn verfestigt sich das Gefühl, nur deshalb überlegen zu sein, weil der andere so minderwertig ist. Im Zuge dieses Prozesses entstehen immer mehr negative Gefühle dem Partner gegenüber, der ja, so glaubt man jedenfalls, schuld an der eigenen Misere ist. Zu dem anfangs so schönen, hoffnungsvollen Gefühl von als real empfundener Liebe gesellen sich dann so verstörende, bedrückende Emotionen wie Abneigung, Verachtung, Angst und Verzweiflung bis hin zu abgrundtiefem Hass. Während sich die einen infolgedessen in die verschiedensten Suchtarten flüchten, werden andere depressiv, und wieder andere versuchen ihrer Verzweiflung durch Gewalttätigkeit ein Ventil zu verschaffen.

Auch die in der realen Welt immer wieder auftretenden Machtkämpfe führen letztlich nur dazu, dass der Partner immer mehr als Feind erlebt wird. Ob man nun als Gewinner oder Verlierer hervorgeht, in einem Machtkampf ist der andere immer ein Gegner – und *bleibt* es in dieser Sache auch, wenn vielleicht auch nur als stiller Gegner –, auch noch *nachdem* der Machtkampf bereits in die eine oder andere Richtung entschieden wurde.

Selbstverständlich ist man nicht immer derselben Meinung, selbstverständlich hat jeder seine eigene Sicht der Dinge, eine eigene Vorstellung darüber, wie ein Problem zu lösen ist. Oft gibt es anfangs nicht einmal eine Übereinstimmung darüber, *dass* es ein Problem gibt, und schon gar nicht, welcher Art es ist und welche Ursachen es hat, denn das stellt sich für jeden Menschen im Detail etwas anders dar. Diskrepanzen, wie wir etwas erleben und wie wir damit umgehen wollen, werden in jeder Beziehung immer wieder auftreten. Die kritische Frage ist aber, wie wichtig es für jemanden ist, mit seiner Sicht unbedingt recht zu behalten und dem anderen zu beweisen, dass er unrecht hat.

Während es für Menschen mit einer stark entwickelten Selbstliebe selbstverständlich ist, sowohl die Sicht des anderen verstehen zu wollen wie auch selbst vom anderen verstanden zu werden und daraus einen für beide sinnvollen Weg abzuleiten, geht es Menschen mit geschwächter Selbstliebe darum, einen Wettkampf zu gewinnen, wer von den beiden mehr wert ist. Da wird nicht zugehört, sondern nur der eigene Standpunkt vertreten, oder man lässt sich erst gar nicht auf eine Diskussion ein, macht einfach, was man selbst für richtig hält, und teilt dem anderen damit implizit mit, dass man ihn für zu blöd und unfähig hält, um in dieser Sache irgendetwas Sinnvolles, Hilfreiches beitragen zu können. Dass er eben nicht wert ist, sich mit ihm ernsthaft auseinanderzusetzen. Welche Mittel bei diesen Machtkämpfen eingesetzt werden, ist wieder sehr stark von den jeweiligen Schutzstrategien abhängig. Verbale Angriffe, Erniedrigungen, Beschimpfungen, Spott, tätliche Gewalt, Gesprächsverweigerung, Druck durch emotionale oder auch physische Distanz, Abdrehen von Annehmlichkeiten – egal welche Strategien hier eingesetzt werden, alle sind sie Liebestöter.

Es geht aber nicht nur um den Umgang mit konkreten, einzelnen Konfliktsituationen, die uns in der realen Welt so oft das Beziehungsleben vergällen. Auch unsere ganz allgemeinen, prinzipiellen Vorstellungen davon, wie eine Beziehung ausschauen soll, sind oft problematisch. Natürlich gibt es für jeden Menschen einige wenige Kriterien, die erfüllt sein müssen, um sich mit jemandem auf eine Liebes- und Lebenspartnerschaft einzulassen. Ich könnte zum Beispiel mit keinem Partner leben, der anderen absichtlich wehtut. Aber viele Menschen haben so vielschichtige und zugleich enge Anforderungen an den Partner, dass jedes Aufkeimen von Liebe im Ansatz erstickt wird und sich die für die beiden bestmögliche Beziehungsform gar nicht entwickeln kann. Welche Pflichten *muss* der andere übernehmen? Welche Vergnügungen *verbietet* man dem Partner? Wen *darf* er treffen? Welche Angewohnheiten müssen *ausgemerzt* werden? Welche Aktivitäten *muss* man unbedingt gemeinsam machen? Solche starren Vorstellungen führen nicht nur zu Dauerkonflikten, sondern verhindern auch die vielen ungeplanten Freuden, die uns erst durch die Lebendigkeit des Lebens eröffnet werden.

Statt uns von Gelassenheit und spontan empfundener Freude leiten zu lassen ohne Beziehungs- oder Zukunftsdruck, sind wir oft Sklaven unserer starren Überzeugungen darüber, was wir für unser Glücklichsein in einer Liebesbeziehung brauchen, was für eine Beziehung gut und was schlecht ist. Dabei richtet sich meine Kritik nicht dagegen, dass wir gewisse Vorstellungen haben, wie wir unser Glück beeinflussen können. Das Problem sehe ich in der Starre und der Inflexibilität unserer Überzeugungen. Oft versuchen wir mit all unserer Kraft, uns eine erhoffte, oft erst in der Zukunft liegende Freude zu sichern, und engen uns dadurch so sehr ein, dass wir die spontan möglichen Freuden im Hier und Jetzt ungenützt vorüberziehen lassen. Wie oft kommt es vor, dass zwei Menschen einander wunderbar verstehen und eine tolle Zeit miteinander verbringen, bis sie sich zu einer ernsthaften, festen Beziehung miteinander entschließen. Das ist dann oft das Ende der spontanen Freuden und der Anfang einer langen Kette des Bemühens einerseits und der enttäuschten Erwartungen andererseits. Man will ja unbedingt eine gute Beziehung miteinander haben, und jeder hat davon seine klaren Vorstellungen, wie so eine Beziehung aussieht. Statt einander weiterhin zuzuhören, aufeinander einzugehen und sich gespannt anzusehen, wohin einen das Zusammenspiel zweier unverfälschter Charaktere führt, kämpft jeder nur für die Verwirklichung seiner eigenen Vorstellungen, und für die muss der Partner zuerst einmal zurechtgemodelt werden. Dass so eine Beziehung nur scheitern kann, liegt auf der Hand, denn der jeweils andere kann dabei gar nicht anders, als sich *nicht* geliebt, nicht verstanden und nicht akzeptiert zu fühlen. Es ist lediglich eine Frage der Zeit, wie lange die beiden Menschen bereit sind, in so einer kräfteraubenden und immer freudloseren Beziehung stecken zu bleiben.

Diesen vermeintlichen Idealmenschen, der tatsächlich alle unsere starren Erwartungen und Anforderungen erfüllt, gibt es nicht, auch nicht in der von mir geschilderten idealen

Welt. So ist es auch absolut unrealistisch, dass man selbst die starren Erwartungen und Anforderungen eines anderen Menschen zu 100 Prozent erfüllen kann. Aber das finde ich auch gut so. Ein Partner, der ganz genau unseren Vorstellungen entspricht, könnte uns nie über unsere eigene kleine Welt hinaustragen, und die faszinierende Vielfalt des Lebens mit ihren unzähligen Möglichkeiten, Glück und Liebe zu finden, bliebe uns in so einer Beziehung verschlossen. Es wäre vergleichsweise starr und langweilig, und der Reiz des Neuen, Anderen, des gemeinsamen Weiterentwickelns und Wachsens würde fehlen.

Trotzdem hängen wir immer wieder in aller Verbissenheit an unseren eigenen Vorstellungen, ohne uns für den anderen Menschen und die Lebendigkeit des Lebens wirklich zu öffnen.

Auch wenn wir unserem Partner immer wieder mit Argwohn statt mit gesundem Grundvertrauen begegnen, so ist das eine Verweigerung, ihn und die Beziehung so zu sehen, wie sie wirklich sind. Dann legen sich unsere Ängste mit aller Vehemenz über die Wirklichkeit, sodass wir auch das Schöne in dieser Beziehung nicht mehr erkennen und genießen können. Der Partner wird vollkommen unbegründet verdächtigt, genau jene Dinge zu tun, die wir am meisten befürchten. Dahinter steht immer ein massiver Mangel an Selbstliebe. Bin ich begehrenswert genug? Ich fürchte, nein. Mein Partner wird sicherlich fremdgehen. Bin ich und ist unsere Familie wichtig genug? Ich fürchte, nein. Mein Partner wird sicherlich das Familiengeld mit Freunden verjubeln oder für lauter unnötige Dinge zum Fenster hinauswerfen. Bin ich intelligent genug oder geschickt genug? Ich fürchte, nein. Mein Partner wird die Freizeit sicherlich lieber mit Freunden verbringen und mich immer links liegen lassen.

Das sind ganz schlimme Gefühle für den, der diese Ängste hat. Schlimm ist es aber auch für den anderen, der immer wieder vollkommen unbegründet verdächtigt wird, den Partner nicht genug zu lieben und mit seinem Verhalten die Beziehung zu zerstören. Der Versuch, jemandem diese Ängste zu nehmen, indem man ihm die Augen für die Wirklichkeit öffnet, scheitert meist kläglich, weil die Ängste nicht in der Wirklichkeit begründet sind, sondern im eigenen Minderwertigkeitsgefühl. Selbst vielfache Liebesbezeugungen und Gesten der Wertschätzung zeigen nur wenig Erfolg, weil das Gefühl der Minderwertigkeit nicht vom Partner ausgeht, sondern aus dem eigenen, tief verwurzelten Inneren kommt.

Wenn der Partner die Hoffnungslosigkeit der Situation erkennt – und hoffnungslos ist sie tatsächlich, solange nicht die Selbstliebe wiederaufgebaut wird –, dann gibt er irgendwann resigniert seine Bemühungen auf und zieht sich aus der Beziehung immer mehr zurück. Oft flüchtet er in seinen Rückzugsstrategien dann genau in jene Verhaltensmuster, die ihm so lange immer wieder unbegründet vorgeworfen wurden. Das besonders Traurige dabei ist, dass sich der in seiner Selbstliebe geschwächte Mensch nun in seinem Argwohn bestätigt fühlt – ich habe ja gewusst, dass du so bist, und du hast versucht, das zu verleugnen. Und damit geht er mit noch mehr Argwohn in den nächsten Beziehungsversuch.

All die zuvor geschilderten Verhaltensmuster führen immer wieder dazu, dass Beziehungen, die mit wunderschönen Verliebtheits- oder Liebesgefühlen begonnen haben, verbunden mit großen Enttäuschungen ein schmerzhaftes Ende finden. Und so, wie man es in seinem bisherigen Leben gelernt hat, muss wieder jemand schuld sein – je nach Schutzmechanismus ist man das selbst oder es ist der andere. Da geht es dann nicht darum, ganz wertneutral Ursachen und Zusammenhänge zu erkennen, um daraus für die Zukunft zu lernen. Nein, da geht es in der realen Welt immer wieder nur darum, einen Schuldigen zu finden. Wenn der andere der Schuldige ist, dann möchte man ihn vielleicht sogar bestrafen, ihm das, was er einem angetan hat, auf möglichst verletzende Weise zurückzahlen. Statt sich bewusst zu sein, dass man trotz allem ein wunderbarer Mensch ist, auch wenn da etwas nicht nach den eigenen Vorstellungen gelaufen ist, statt mit Zuversicht in die Zukunft zu schauen, bleibt man mit Selbstvorwürfen und Rachegedanken in der Vergangenheit hängen und blockiert jede positive Weiterentwicklung. Oder man wirft sich mit großem Bemühen in die nächste Beziehungsoption, nur um noch einmal die gleichen Fehler in leicht veränderter Form zu wiederholen.

Häufig passiert es daher, dass die vermeintliche Liebe zerbröckelt. Durch das so tief integrierte Bedürfnis, sich gegen Enttäuschungen abzuschirmen, bleiben die Menschen in ihren Schutzmechanismen hängen, statt sich dem Partner gegenüber tatsächlich zu öffnen und sich damit frei zu machen für die wirkliche Liebe. So eine von Machtkämpfen und Schuldzuweisungen geprägte Beziehung kostet unheimlich viel Kraft. Dabei sollte wirkliche Liebe doch eine Quelle von Freude und Lebensenergie sein. Irgendwann gibt man dann diesen ineffizienten Kampf auf, weil einem Kraft und Energie ausgegangen sind oder weil man letztlich den Glauben an die Beziehung verloren hat. Manche ziehen dann einen ehrlichen Schlussstrich, andere lassen die Beziehung weiter vor sich hin dümpeln und versuchen ihr Glück auf Seitenwegen zu finden, weil das bequemer scheint. Etwas, was mit so schönen Gefühlen und voller Hoffnung begonnen hat, führt nun von einer leidvollen Erfahrung in die andere, und die Frage ist nur noch, ob man sich lieber für ein Ende mit Schrecken oder für den Schrecken ohne Ende entscheidet.

Aber auch in der realen Welt gibt es eine Alternative zu der eben beschriebenen Beziehungsmisere. Jetzt könnte ich Ihnen natürlich empfehlen, sich ganz einfach so zu verhalten, als wäre Ihre Selbstliebe wunderbar in Ordnung. Sie müssten sich also nur an den vorigen Kapiteln orientieren und sich um das »richtige« Verhalten bemühen. Eine Strategie, die vielen Ratgeber-Büchern zugrunde liegt. Diese Vorgehensweise kann durchaus hilfreich sein. Aber es besteht auch die Gefahr, dass man lediglich in eine neue Form des »Bravseins« verfällt, dass vorgeschlagenes Verhalten kopiert wird, ohne mit dem wahren inneren Ich übereinzustimmen, dass das neu erlernte Verhalten wieder nur eine aufgesetzte Maske ist und bleibt.

Um wirklich und nachhaltig glücklich sein zu können, ist es, scheint mir, unumgänglich, die in unserer Kindheit und auch später im Leben entstandenen Liebeslücken wieder zu füllen. Im Kapitel »Selbstliebe« habe ich beschrieben, wie Sie das erreichen können – beginnend mit dem Wahrhaben und Zulassen des erlebten Schmerzes, begleitet vom heutigen Ich, das sich mit bedingungsloser Liebe und Unterstützung dem alten verletzten Ich zuwendet, hin zu einem nicht nur im Kopf vorhandenen, sondern auch im Bauch manifestierten Wissen, wunderbar, wichtig, wertvoll, einmalig und absolut liebenswert zu sein.

Ein Prozess, der nicht nur Mut, sondern auch Zeit braucht. Und auch wenn jeder kleine Zwischenschritt bereits merkbare Verbesserungen für Ihr Gefühlsleben bringt, so werden Sie vielleicht doch das Bedürfnis haben, parallel dazu noch mehr zu tun, um Ihre Selbstliebe zu stärken.

Hier kommen einerseits die Ratgeber-Bücher ins Spiel, die Ihnen neue Verhaltensweisen nahebringen, vielleicht auch das wiederholte Lesen der vorigen Kapitel in diesem Buch. Wobei ich persönlich vom sturen Befolgen von Verhaltensratschlägen nicht viel halte. Das gilt auch für jene, die Sie in meinem Buch finden. Andererseits aber glaube ich, dass eine intensive, innere Auseinandersetzung mit Empfehlungen sehr hilfreich sein kann, weil sie die Achtsamkeit und das Wahrnehmen versteckter Gefühle schärft, uns helfen kann, innere Ängste deutlicher zu spüren und Schutzmechanismen zu erkennen. Und manchmal reicht das ja auch, um die eine oder andere neue Verhaltensweise von innen heraus zu entwickeln, angelehnt an das vorgeschlagene »richtige« Verhalten *und* im Einklang mit dem wahren inneren Ich.

Vom Hässlichen zum Schönen

Aber Sie können noch etwas tun, was Ihre Selbstliebe und vor allem auch Ihre Lebensfreude und Lebensenergie stärkt. Lassen Sie sich ab sofort nicht mehr vom Hässlichen in Ihrem Leben dirigieren, sondern fokussieren Sie sich ganz bewusst nur auf das Schöne. Dabei geht es selbstverständlich nicht um die optische Differenzierung zwischen hässlich und schön, sondern um Gefühle. Es geht um eine ganz bewusst gesetzte neue Ausrichtung in Ihrem Leben, eine generelle Grundeinstellung. Wenn Ihnen Hässliches begegnet, lassen Sie sich einfach nicht mehr damit ein. Stattdessen konzentrieren Sie Ihre Kraft und Ihre Zeit auf das Schöne. Versuchen Sie es zumindest, immer wieder und immer wieder. Es zahlt sich aus.

Sie werden jetzt vielleicht einwenden, dass sich doch ohnehin kein Mensch freiwillig mit dem Hässlichen einlässt und dass es nicht hilft, es zu ignorieren, wenn es einem begegnet. Meistens ist es da, ohne dass man es wollte. Und wenn man möchte, dass es wieder weggeht, dann muss man sich wohl oder übel damit auseinandersetzen und nicht in schöne Ablenkungen flüchten und hoffen, dass sich das Problem von allein löst.

Prinzipiell stimme ich dieser Argumentation zu. Die Frage ist jedoch, *wie* man sich mit etwas, was man als hässlich und unangenehm empfindet, auseinandersetzt: Man kann das nämlich sehr wohl, ohne sich mit ihm einzulassen, ohne in den automatischen Handlungsablauf einzusteigen, den dieses hässliche Etwas auszulösen droht.

Stellen Sie sich vor, Ihr Partner sagt etwas, was Sie wütend macht oder kränkt, etwas, was Sie in irgendeiner Weise als schmerzhaft, unbefriedigend oder sonst wie hässlich empfinden. Dann können Sie sich darauf einlassen, indem Sie zum Beispiel zurückschimpfen, womit Sie dieses Hässliche, das Ihr Partner gestartet hat, fortsetzen, es mit Energie füttern. Oder haben Sie es vielleicht sogar selbst gestartet – absichtlich oder unabsichtlich, bewusst oder unbewusst, indem Sie zuvor etwas gesagt haben, was Ihren Partner provoziert hat? Wollen Sie dieses Hässliche tatsächlich fortsetzen und ihm weiterhin Energie zukommen lassen – egal, wer damit begonnen hat?

Aber vielleicht sind Sie nicht der Typ, der zurückschimpft, sondern nehmen die Verletzung lieber widerspruchslos hin, hoffen dabei, dass das Hässliche von allein weggeht, während der Schmerz in Ihnen weiternagt? Auch auf diese Weise nähren Sie etwas, was Sie gar nicht haben wollen, mit Ihrer Energie, denn jetzt sitzt es in Ihnen drinnen und tut weiter weh. Und Ihr Partner wird vielleicht nicht einmal bemerken, dass er Sie verletzt hat, und sieht daher auch keine Veranlassung, in Zukunft einfühlsamer zu agieren.

In beiden Varianten lassen Sie sich mit dem Hässlichen ein, indem Sie es weiter mit Ihrer Energie füttern. Dabei wollen Sie doch kein hässliches, sondern ein schönes Leben. Warum sollten Sie in einer Liebesbeziehung eine Handlung fortsetzen, die Ihnen wehtut oder Sie wütend macht? Warum sollten Sie einen Schmerz, den man Ihnen zufügt, in Ihrem Inneren immer weiterwachsen lassen? Was hat denn das mit Liebe zu tun? Genau, gar nichts. Also hören Sie auf damit. Halten Sie einfach einmal still. Nicht schreien, nicht schimpfen, nicht die eigene Position verteidigen, nicht beschuldigen, nicht schlagen, nichts werfen, nicht auf Rache sinnen, nicht überlegen, was Sie beim nächsten Mal besser machen könnten, nicht schmollen, nicht beleidigt sein. Lassen Sie ab von allen Argumentations- und Handlungsimpulsen. Keine Flucht, kein In-sich-selbst-Zurückziehen, keine Aggression. Nur stillhalten. Niemand kann Sie zwingen, einen destruktiven Streit mit Ihrem Partner fortzusetzen. Niemand kann Sie zwingen, Beschimpfungen und Beleidigungen anzuhören.

Sie wollen ein schönes Leben, also stoppen Sie alles, was nicht schön ist.[2]

Dabei sollen Sie Konflikten keineswegs davonlaufen, denn sie lassen sich nicht ungestraft ignorieren. Am Ende holen sie einen immer wieder ein. Aber halten Sie inne, denken Sie daran, dass Sie so nicht wollen, dass es schöner geht. Sagen Sie: »Stopp, so nicht!« Sie können sich das nur denken oder laut aussprechen. Sie können das Innehalten auch mit anderen Worten einleiten. Wichtig ist, *dass* Sie innehalten und dass Ihr Partner merkt, Sie wollen so nicht weitermachen. Wenn Ihnen dieses Stillhalten gelingt, dann haben Sie damit das Hässliche auch schon beendet und sind frei für den nächsten Schritt, indem Sie sich bewusst vom Hässlichen hin zum Schönen bewegen können.

Schön wäre, wenn Sie die Konfrontation auf eine Art und Weise fortsetzten, die sich gut anfühlt – nicht gut in dem Sinne, dass alles plötzlich ganz einfach ist und nach Ihrem Kopf geht, aber gut im Sinne von wirklichem Zuhören, Aufeinander-Eingehen, gegenseitigem Verstehen und Respekt, im Sinne von konstruktiv, bereichernd und hinführend zu einer für beide guten Lösung. Eine Auseinandersetzung, die mit dieser Einstellung geführt wird, fühlt sich tatsächlich auf eigene Weise schön an. Selbst wenn sich dabei zuerst einmal schmerzhafte Erkenntnisse ergeben sollten, so hat das Erkennen der Wahrheit, wenn einander mit Wertschätzung und Respekt begegnet wird, letztlich immer eine sehr befreiende Wirkung und öffnet die Augen für das Schöne, das

---

2 Leider gibt es auch Situationen – vor allem wenn körperliche Gewalt im Spiel ist –, in denen Stillhalten und das Stoppen des Hässlichen kaum funktionieren. Wenn Sie sich in so einer Beziehung befinden – egal ob als Täter oder Opfer –, sollten Sie so schnell wie möglich professionelle Hilfe in Anspruch nehmen und vor allem auch auf permanente sichere, physische Distanz gehen – jedenfalls so lange, bis Sie sicher sind, dass gewalttätige Übergriffe ganz bestimmt nicht mehr vorkommen werden.

möglich ist, statt in einer Welt der enttäuschten Wünsche gefangen zu bleiben.

Ich weiß, das klingt einfacher, als es in der Realität tatsächlich ist. Oft reicht ein kurzes Innehalten bei Weitem nicht aus, um den ersten Zorn oder Schmerz so weit verrauchen zu lassen, dass das Gespräch konstruktiv weitergeführt werden kann. Aber ist es denn genug, nur das *Verrauchen* des ersten Zorns oder Schmerzes abzuwarten? Und warum sollte man Wut und Zorn überhaupt verrauchen lassen – wäre das nicht gleichbedeutend mit dem so ungesunden Ignorieren von Gefühlen?

Nein, Sie sollen Schmerz, Enttäuschung, Wut oder Zorn nicht unterdrücken, Sie sollen *keines* Ihrer Gefühle unterdrücken. Diese gehören schließlich zu Ihnen, sind Teil Ihres momentanen Seins. Darüber hinwegzugehen ist eine Unterdrückung eines Teils des wahren Ichs. Und dieses will sich so ein Ignorieren nicht gefallen lassen. Daher legt sich das hässliche Gefühl so lange auf unser Gemüt, bis ihm die Beachtung gegeben wird, die es verdient.

Wenn Sie schöne Gefühle haben, sollten Sie diese genießen, sich der damit verbundenen Freude mit aller Intensität hingeben, und Sie können sich auch in Ihren weiteren Handlungen von dieser Freude tragen und leiten lassen. Ebenso intensiv – wenn auch auf andere Art und Weise – sollten Sie sich Ihren negativen Gefühlen widmen. Es sind wichtige Boten aus Ihrem Inneren, sie wollen Ihnen etwas sagen, wollen gehört und verstanden werden – vorzugsweise, *bevor* Sie ganz automatisch in Ihre alten Schutzmechanismen flüchten.

Angenommen, Ihr Partner wirft Ihnen vor, dass man sich auf Sie nicht verlassen kann, weil Sie immer unpünktlich sind. Und angenommen, Ihre automatische Reaktion darauf ist Wut und Zorn, weil Sie diesen Vorwurf für falsch und gemein halten. Aber was *genau* regt Sie so auf? Hinter Wut und Zorn steht so gut wie immer Schmerz. Da hat uns jemand wehgetan, und dafür soll er büßen, so sehr, dass er uns nie wieder solch einen Schmerz zufügt. Doch wodurch genau fühlen Sie sich so verletzt? Schmerzt es so sehr, dass mit diesem Vorwurf all jene Situationen ignoriert werden, in denen Sie sehr wohl pünktlich und verlässlich waren? Ist es das Nicht-erkannt-Werden, wie Sie wirklich sind – nämlich überaus pflichtbewusst, überaus zuverlässig und meistens auch pünktlich? Ist es die Angst, nicht perfekt und nicht liebenswert genug zu sein, der Liebe des Partners nicht würdig; die Angst, seine Liebe zu verlieren, weil Sie einmal unpünktlich waren? Vielleicht ist es auch das Gefühl, dass der Partner Ihnen zeigen möchte, wie mangelhaft Sie sind, um wie viel besser er selbst ist? Oder ist es das insgeheime Wissen, dass ein Vorwurf durchaus berechtigt ist, dass Sie das aber ganz bestimmt nicht zugeben möchten, weil Sie dann vielleicht »schlechter« wären, als Sie erscheinen möchten? Hat sich der Partner tatsächlich in irgendeiner Form lieblos, respektlos, aggressiv oder demütigend geäußert? Oder hat er nur – durchaus respektvoll und konstruktiv – ausgedrückt, dass er mit Ihrer Tendenz zu Unpünktlichkeit ein Problem hat und dass es ihm nicht gut geht, wenn er nicht weiß, wann er sich auf Sie verlassen kann? Und wie war der Gesprächsverlauf *vor* der unglückseligen Bemerkung Ihres Partners? Waren Sie vielleicht vorher schon zu ihm gemein? Hat er vielleicht »nur« mit einem Schutzmechanismus auf *Ihren* Angriff reagiert? Sobald Sie verstehen, was genau die Situation für Sie ins Negative hat abgleiten lassen, wird Ihre Reaktion weitaus passender sein, als wenn Sie drauflosschießen.

Und wenn Sie sich wirklich tief auf Ihr verletztes Gefühl einlassen, erinnern Sie sich vielleicht auch plötzlich an eine Situation aus Ihrer Kindheit, in der Sie von Angst und Verzweiflung erfüllt waren, weil Sie fürchteten, durch irgendeine Unachtsamkeit Ihrerseits die Liebe der Eltern verloren zu haben. Angst und Verzweiflung, die Sie auch in der Gegenwart immer wieder verfolgen werden, solange Sie nicht die in der Kindheit entstandene Liebeslücke wieder geschlossen haben. Wenn eine Bemerkung oder eine Handlung eines anderen so hässliche, unangenehme Gefühle wie Schmerz, Selbstzweifel, Wut, Aggression in Ihnen hochsteigen lässt, dann ist es sehr wahrscheinlich, dass hier eine alte Wunde in Ihrer Selbstliebe getroffen wurde. Und selbst wenn es nichts mit verletzter Selbstliebe zu tun hat, ist es sehr gut nachvollziehbar, dass man in solchen Momenten, in denen man sich so mies fühlt, blitzschnell in die automatischen Abläufe der lang geübten Schutzmechanismen zurückfällt – wenn man nicht kurz innehält.

Aber wer hat in der Realität schon die Zeit, sich das alles zu überlegen? Vielleicht sogar in ein aufwühlendes, mit Weinen verbundenes Gespräch zwischen dem heutigen Ich und dem Ich der Vergangenheit einzusteigen, bevor er die nächste Handlung vollzieht? Das wird in den allermeisten Fällen nicht möglich sein, doch ein kurzer Moment des Innehaltens kann trotzdem sehr viel bewirken. Es ist ein Akt des Bewusstwerdens, dass hier etwas Hässliches läuft und dass Sie lieber Schönes erleben möchten. Dass Sie, statt sich von der Eigendynamik der Situation treiben zu lassen, eine bewusste Entscheidung treffen wollen, wie Sie dieses Hässliche in etwas Schönes überführen können.

So können Sie zum Beispiel in diesem knappen Moment beschließen, das ursprüngliche Thema Ihres Gesprächs auf später zu verschieben, um sich dem, was sich auf emotionaler Ebene ereignet hat, sofort zuzuwenden. Oder Sie können das ausführliche Eingehen auf diese hässlichen, unangenehmen Gefühle später nachholen. Doch dieser Verschiebungsentschluss sollte nicht nur leichtfertig dahingesagt oder dahingedacht sein, sondern ein ehrliches, ernst gemeintes Versprechen an Ihr inneres Ich, diese negativen Emotionen nicht zu ignorieren, sondern ihnen ausreichend Zeit zu widmen. Wenn Sie gleichzeitig sicherstellen können, dass auch Ihr Partner deutlich merkt, hier ist etwas passiert, mit dem Sie nicht glücklich sind, dann wird sich in den meisten Fällen das hässliche Gefühl so weit angenommen fühlen, dass es vorerst keine Veranlassung mehr sieht, Ihre Stimmung zu trüben. Es wird sich entspannt schlafen legen, bis Sie sich ihm – wie versprochen – intensiv und ohne Zeitdruck zuwenden. Aber zögern Sie dieses Aufarbeiten nicht zu lange hinaus. Denn wenn Sie dieser Zusage nicht nachkommen, wird sich das hässliche Gefühl bald wieder melden, sich schwer und drückend auf Ihr Gemüt setzen und sich dann nicht mehr so leicht auf einen späteren Zeitpunkt vertrösten lassen. Dasselbe gilt, wenn Sie das Gespräch insgesamt, also auch das ursprüngliche Diskussionsthema, komplett abgebrochen haben. Verschieben Sie nicht unnötig lange. Jedes Verschieben ist wie eine Baustelle – eine Verkehrsbehinderung, solange die Arbeiten nicht abgeschlossen sind.

Die Verlockung, die Auseinandersetzung auf emotionaler Ebene auf einen späteren Zeitpunkt zu verlegen und dann vielleicht ganz zu vergessen, ist unter anderem auch deshalb so groß, weil es natürlich schmerzhaft ist, wenn man ganz bewusst und in aller Intensität in die eigenen traurigen, verzweifelten, wütenden Gefühle einsteigt. Aber es ist gleichzeitig auch wohltuend und schön, diese Gefühle zu akzeptieren, ihnen zuzuhören und dabei Trost und Liebe zu finden. Teile dieser Gefühlsarbeit wird man nur gemeinsam mit dem Partner erfolgreich bewältigen können, manches wird man nur in sich selbst lösen können. Jedenfalls werden dabei nicht nur gegenwärtige Probleme bereinigt, sondern es öffnen sich auch jene Wege, die uns in eine positive, schöne Zukunft führen. Ihr Leben soll ja nicht von einer Feuerwehr-Situation in die nächste stolpern. Sie wollen ja, dass Ihr Leben nachhaltig schöner wird.

Doch wenn Sie das intensive Eingehen auf Ihre Gefühle auf später verschieben wollen oder situationsbedingt müssen, ist es ganz wesentlich, Ihrem Partner, wenn vielleicht auch nur kurz, so doch deutlich zu signalisieren, dass Sie soeben etwas als hässlich erlebt haben. Wie genau Sie das machen, wird nicht nur von der konkreten Situation abhängen, sondern auch sehr stark von Ihrer eigenen Persönlichkeit und Ihrem Temperament und natürlich auch von Ihrem Partner. Manche Menschen werden dieses »Stopp, so nicht!« emotionsgeladener kommunizieren als andere, und es ist auch egal, ob genau diese Worte verwendet werden oder andere oder auch gar keine Worte. Jedenfalls sind Schuldzuweisungen nicht zielführend, sondern, so wie schon oben besprochen, nichts anderes als eine möglichst zu vermeidende Form von Schutzstrategie. Je deutlicher Sie sich dessen bewusst sind, desto besser wird es Ihnen gelingen, die Aufmerksamkeit Ihres Partners nicht auf seine Verteidigung, sondern auf Ihre seelische Verletztheit zu lenken. Dabei kann es sehr wohltuend sein, wenn Sie Ihrem inneren Schmerz all die emotionale Ausdruckskraft geben, die Sie in sich spüren und in diesem Moment auch wirklich mitteilen wollen. Aber Sie würden das Hässliche lediglich fortsetzen, wenn Sie sich zu aggressiven Formulierungen Ihrerseits hinreißen ließen.

Manchmal reicht ein ausdrucksstarker Blick, manchmal braucht es eine kurze verbale Bemerkung, und der Partner erkennt, dass hier etwas nicht in Ordnung war – ohne sich gleich beschuldigt zu fühlen. Sehr oft, vor allem, wenn dieses »Stopp, so nicht!« eine neue Verhaltensweise ist, hat man das Gefühl, egal, was man sagt und wie man es sagt, es kommt auf jeden Fall falsch an. Welche Formulierung oder Vorgehensweise für Sie und Ihren Partner die richtige ist, das können Sie nur gemeinsam herausfinden. Vielleicht passt für Sie beide ein Codewort, wie zum Beispiel »Aua«

oder »Das hat wehgetan« oder ein »Erinnere mich bitte, dazu möchte ich dir später etwas sagen«. Vielleicht ist ein vereinbartes Zeichen hilfreich, zum Beispiel ein tiefer Blick in die Augen, oder Sie drücken in solchen Momenten Ihrem Partner einen kleinen symbolischen Gegenstand in die Hand.

Vielleicht aber funktionieren diese ganz kurzen unspezifischen Hinweise für Ihren Partner überhaupt nicht, weil er nicht Rätsel raten möchte, was denn jetzt los war. Vielleicht ist es für ihn wichtig, auf jeden Fall sofort – wenn auch kurz – nicht nur zu erfahren, *dass*, sondern auch *was* Ihnen zu schaffen macht. Vielleicht sind Sie selbst im Moment so verletzt, so sehr in einem emotionalen Tumult, dass Sie nicht klar denken können. Vielleicht können Sie das Gespräch erst nach fünf Minuten wieder fortsetzen, vielleicht in einer halben Stunde, vielleicht auch erst am nächsten Tag. Auch das gehört respektiert, so gut es in der jeweiligen Situation sinnvoll und möglich ist. Manchen Menschen ist es wichtig, empfundene Hässlichkeiten, wenn es irgendwie geht, sofort ausführlich zu besprechen und aus dem Weg zu räumen, auch wenn das zu einem längeren Abweichen vom ursprünglichen Diskussionsthema führt. Auch situationsabhängig wird man vielleicht einmal das eine und dann wieder das andere bevorzugen. Alles ist okay, wenn es für beide passt. Und *was* passt, können Sie nur gemeinsam mit Ihrem Partner herausfinden.

Alles, was ich bisher gesagt habe, gilt natürlich gleichermaßen für all die Hässlichkeiten, die *wir* dem anderen zufügen. Genauso wie Sie selbst fühlt sich auch Ihr Partner in Konfliktgesprächen oft massiv angegriffen, abgelehnt, erniedrigt, nicht akzeptiert, ungeliebt und in seinen Werten und Wichtigkeiten bedroht – ausgelöst oder zumindest verstärkt durch etwas, was Sie gesagt oder getan haben. Auch das verlangt nach einem Innehalten und einer bewussten Entscheidung, das Hässliche zu beenden und in etwas Schönes zu überführen. Auch das verlangt, dem Partner so schnell wie möglich zu erkennen zu geben, dass uns hier etwas passiert ist, was wir so nicht wollen, und dass es uns leid tut, wenn wir ihn verletzt haben. Leider fallen uns die Verletzungen, die wir bei anderen verursachen, nicht so leicht auf, manchmal erst, nachdem der Partner zum Gegenangriff ausgeholt hat, manchmal auch gar nicht. Doch das ist – wie so vieles andere – eine Sache der Sensibilisierung, die durch das generelle Bemühen, vom Hässlichen weg und hin zum Schönen zu kommen, unterstützt und im Laufe der Zeit immer besser entwickelt wird.

Früher haben Menschen regelmäßig gebetet, um sich aller offengebliebener Seelenarbeit anzunehmen. Manche Menschen tun das auch heute noch, andere benützen ein Tagebuch oder Meditation, um in den Hässlichkeiten des Tages das Tor zum Schönen zu finden. Jedenfalls sind regelmäßige Fixpunkte für Seelenhygiene im persönlichen Tagesablauf sehr hilfreich. Manches werden Sie nur gemeinsam mit Ihrem Partner klären können, denn zu jeder Kommunikation gehören zwei. Wenn sich irgendetwas dabei hässlich angefühlt hat, dann geht das beide an. Manches werden Sie nur zwischen sich selbst und dem hässlichen Gefühl klären können, und dazu müssen Sie, mutig und ohne sich selbst etwas vorzumachen, ganz tief in Ihr inneres Ich einsteigen, dem hässlichen Gefühl sehr, sehr gut zuhören und jenen inneren Dialog führen, der hilft, Ihre verletzte Selbstliebe wieder aufzubauen.

Wenn Ihnen Hässliches begegnet – egal in welcher Form –, ist es, bis auf ganz wenige Ausnahmen, *immer* Ihre Entscheidung, wie Sie damit umgehen. Wollen Sie sich vom Hässlichen treiben lassen, oder wollen Sie bewusst das Schöne suchen? Es ist Ihre Entscheidung und Ihre Verantwortung. Halten Sie kurz still und entscheiden Sie bewusst, welchen Weg Sie weitergehen wollen.

Das gilt sogar für jene Dinge, die man zwar als hässlich erlebt, die einen aber nicht persönlich betreffen und häufig über das hinausgehen, wofür man Verantwortung übernehmen möchte. Ich denke da an das viele Leid in dieser Welt, das uns immer wieder zutiefst berührt, auf das wir aber – wenn überhaupt – nur minimal Einfluss nehmen können. Man kann natürlich da oder dort spenden, sich in dem einen oder anderen Projekt sozial engagieren und versuchen, möglichst umweltverträglich zu leben. Aber es liegt nicht in der Macht des Einzelnen, *alles* Hässliche auf dieser Welt zu bezwingen. Auch hier helfen bewusste Entscheidungen, um nicht von der sogenannten Schlechtigkeit der Welt in ein emotionales Tief gedrückt zu werden, sondern neben den zugegeben vielen unschönen Dingen die noch viel, viel zahlreicheren schönen Dinge wahrzunehmen und sich an ihnen zu erfreuen.

Aber zurück zu den persönlichen Konflikten. Es sind ja nicht nur unglückselige oder absichtlich gemeine Formulierungen, die uns ein Gespräch plötzlich als hässlich empfinden lassen. Jedes Konfliktgespräch – und nicht nur das Gespräch, sondern der Konflikt an sich –, ob ausgesprochen oder nicht, trägt eine hässliche Komponente in sich, wenn man ihn als Machtkampf betrachtet.

Am Beginn eines Konflikts stehen üblicherweise einander widersprechende oder behindernde Ziele, die wie durch eine Kluft voneinander getrennt scheinen. Auf der einen Seite meine Ziele, meine Werte, meine Wichtigkeiten, auf der anderen Seite deine Ziele, deine Werte, deine Wichtigkeiten – und keine Spur von einem gemeinsamen Weg, ohne dass einer zurückstecken, eigene Ziele aufgeben oder sogar die eigenen Werte verraten muss. Wen wundert es, dass beide bei ihren bewährtesten Schutzstrategien Unterstützung suchen und mutig in den Machtkampf schreiten? Selbstverständlich hat auch jeder ganz wunderbare Argumente, warum er und nicht der andere aus diesem Konflikt als Sieger hervorgehen sollte. Eine Situation, die sich ganz bestimmt nicht schön anfühlt und auch keinen schönen Ausgang verspricht. Das ist es, was ich vorhin gemeint habe: Konflikte tragen etwas Hässliches in sich, wenn man glaubt, sie nur mittels Machtkampf lösen zu können. Doch natürlich geht es auch anders. Auch hier hilft es, zuerst einmal innezuhalten und den Fokus auf etwas Schönes zu richten, nämlich weg vom konfliktgeladenen Lösungsdenken hin zum gegenseitigen Verstehen.

Verstanden zu werden fühlt sich nämlich sehr, sehr gut an. Gönnen Sie sich und Ihrem Partner dieses schöne Gefühl! Wirkliches gegenseitiges Verständnis schließt auch die bedrohliche Kluft, und plötzlich tun sich neue Wege auf, die vorher nicht erkennbar waren. Oft genug ist die Kluft in Wirklichkeit auch gar nicht so groß, wie man es empfindet. Manchmal ist es auch nur die Angst vor der Wahrheit, die uns eine Kluft sehen lässt, wo vielleicht gar keine ist. Manchmal, wenn wir glauben, dass uns eine bestimmte Wahrheit den Weg zu unseren Wichtigkeiten verstellt, dann schauen wir lieber weg, versuchen diese Wahrheit durch andere Tatsachen und Befindlichkeiten in den Hintergrund zu drängen oder ganz zu verstecken. Vielleicht werden wir auch aggressiv oder stellen uns als fürchterlich arm und bemitleidenswert dar, oder wir ergreifen die Flucht und gehen auf eisige Distanz, wenn uns jemand zwingen möchte, wirklich hinzuschauen. Aber solange wir unsere Augen vor der Wahrheit verschließen, so lange bleibt die Kluft und das durch sie verursachte bedrohliche Gefühl bestehen. Es geht also nicht nur darum, den jeweils anderen zu verstehen. Das Erkennen und Verstehen unserer eigenen Wahrheiten und Wirklichkeiten ist genauso wichtig, einschließlich jener, vor denen wir Angst haben.

Wodurch auch immer so eine Kluft entsteht, der sichere

Weg zu einer für alle Betroffenen guten Konfliktlösung, der sichere Weg über die Kluft führt immer über die Brücke des Verstehens. Es hat daher auch gar nicht viel Sinn, über Lösungen nachzudenken oder gar zu streiten, bevor man nicht diese Brücke errichtet hat. Solange keine Brücke über die Kluft führt, *gibt* es keinen gemeinsamen Weg. Ohne Brücke wissen Sie nicht einmal, wie es wirklich auf der anderen Seite aussieht, und so lange sollten Sie auch gar keine kostbare Zeit und Energie verschwenden, indem Sie im Lösungsdenken verhaftet bleiben. Es wäre höchst ineffizient und frustrierend. Wieder ein Gefühl, das nicht schön ist und das Sie durch etwas Schöneres ersetzt haben wollen. Konzentrieren Sie sich stattdessen auf die Nähe der Liebe. Die ist immer schön und führt Sie – zwar nicht blitzschnell, dafür umso sicherer – über das Verstehen und Akzeptieren hin zur Lösung.

Konflikte verlieren ihre Hässlichkeit, wenn sie mithilfe der Nähe der Liebe bereinigt werden. Sie argumentieren, dass Sie ja eben diese Nähe der Liebe schon verloren oder einfach noch nicht erreicht haben? Na und? sage ich dazu. Ein Konflikt ist eine ausgezeichnete Gelegenheit, die Nähe der Liebe aufzubauen. Sie wollen eine gute Konfliktlösung? Dann brauchen Sie ein wirklich gutes Verständnis von der Situation, wie sie ist und wie sie sich für beide Seiten darstellt. Sie wollen verstehen? Dann setzen Sie sich mit Ihrem Partner offen und ehrlich auseinander. Hören Sie einander zu und richten Sie Ihr Interesse nicht nur auf Ihr eigenes Empfinden, Wünschen und Wollen, sondern auch auf das Ihres Partners. Stellen Sie sicher, dass beide Seiten gleichberechtigt verstanden und akzeptiert werden. Anerkennen und respektieren Sie, was immer sich Ihnen eröffnet, auch wenn Sie manches davon nicht mögen. Nehmen Sie es, ohne zu werten und zu urteilen, trotzdem in sich auf als Teil des Seins, so wie es wirklich ist. All das gehört zur Nähe der Liebe.

Mit jedem Stückchen mehr Nähe und gegenseitigem Verstehen werden neue Möglichkeiten sichtbar, wie man den Konflikt lösen kann. Natürlich bekommt man nicht immer alles, was man ursprünglich wollte – und das allein wird ja oft schon als Bedrohung empfunden. Aber wer sagt, dass das, was man dann tatsächlich bekommt, schlechter ist als das, was man zuerst wollte? Jedenfalls führt gegenseitiges Verständnis immer zu einer weitaus besseren Lösung als ein Machtkampf.

Je angespannter das Verhältnis zueinander grundsätzlich ist, desto öfter werden im Laufe eines Gesprächs oder eines Konflikts destruktive Emotionen die Oberhand gewinnen, und die Wahrscheinlichkeit ist groß, dass man – manchmal nicht einmal bewusst und absichtlich – einander immer wieder verbal verletzt oder durch Reaktionen wie kalte, beleidigte Distanz, Flucht und Gesprächsverweigerung die angespannte Situation weiter verstärkt. Wenn man noch nicht geübt ist, unterschiedliche Positionen mittels der Nähe der Liebe zu klären, kann sich die Konfliktlösung aufgrund der immer wieder auftretenden emotionalen Übergriffe ganz schön in die Länge ziehen. Umso wichtiger ist es, sich vom Druck zu lösen, den das ungelöste Problem ausübt.

Wenn Sie in so einer Situation stecken, geht es ja um viel mehr als darum, ein einzelnes Problem zu lösen. Eine Beziehung, in der Konflikte primär durch Machtkämpfe gelöst werden, kann langfristig nicht glücklich sein, weil die Liebe mit jedem Machtkampf ein Stück mehr verdrängt wird. Wenn Sie versuchen, eine rasche Lösung zu erzwingen – vielleicht die aus *Ihrer* Sicht einzig vernünftige Lösung, dann rauben Sie sich selbst nicht nur die Sicherheit auf eine gute Problemlösung, sondern auch die Chance auf wirkliche Liebe. Entweder wollen Sie mit diesem Partner eine langfristig glückliche Liebes- und Lebenspartnerschaft, oder Sie wollen das nicht. Wenn Sie wirklich wollen, dann werden Sie auch bereit sein, die notwendige Zeit zu investieren. Es ist ja nicht so, dass Konflikte, die in Liebe gelöst werden, immer so lange dauern. Von Mal zu Mal geht es besser und schneller. Wenn Ihnen das nicht den Aufwand und das Bemühen wert ist, dann wissen Sie, was Ihnen diese Beziehung wirklich wert – oder eben nicht wert ist.

Es ist sicherlich nicht leicht, von alten, eingefahrenen Mustern loszukommen. Manche Paare schaffen es nicht, diesen Weg allein zu gehen, weil sie zwischendurch immer wieder von ihren Emotionen fortgetragen werden und in die alten Schutzstrategien verfallen. Vor allem am Anfang ist es daher oft sinnvoll, Hilfe in Anspruch zu nehmen, um Konflikte gemeinsam unter professioneller Anleitung zu bereinigen. So wie auch beim Aufbauen der Selbstliebe professionelle Hilfe sehr sinnvoll sein kann.

Ich kann mit meinem Buch immer nur zu Ihrem Kopf vordringen. In Ihre Gefühle müssen Sie selbst einsteigen – *tief* einsteigen, sowohl um Ihre Selbstliebe tatsächlich weiterzuentwickeln wie auch für das Lösen von Konflikten mithilfe der Nähe der Liebe. Wenn Ihre Gefühle so heftig sind, dass Sie sich erst gar nicht hineintrauen, wenn Sie befürchten, dass Ihre Gefühle, wenn Sie sie nur tief genug empfinden, so überwältigend sind, dass Sie oder jemand anders daran zerbrechen oder sonst wie Schaden nehmen könnte, dann ist professionelle Hilfe ein absolutes Muss, um den Weg zur Liebe erfolgreich gehen zu können.

Die Hässlichkeiten im Leben begegnen uns aber nicht nur in Konflikten mit dem Partner. Oft sind es Tätigkeiten oder immer wiederkehrende Situationen, die wir einfach nicht mehr in unserem Leben haben möchten, weil sie unangenehm, aufreibend, nervtötend oder sonst wie hässlich sind. Das kann die Art und Weise sein, wie man seine Abende oder die Freizeit verbringt, das können tägliche Routinen sein oder die immer gleiche Urlaubsdestination, die einem eigentlich gar nicht zusagt. Manchmal ist es der Job, in dem man sich unglücklich fühlt. Es kann aber auch der empfundene Druck sein, immer besser sein zu müssen als andere, für sich selbst immer mehr Vorteile erkämpfen zu müssen, anderen deutlich zu machen, wie gescheit man ist und was man alles besser weiß, vielleicht sogar der Druck, andere erniedrigen zu müssen, als unfähig, weniger gescheit oder weniger geschickt erscheinen zu lassen – nur um sich selbst als gut genug zu empfinden. All das können Sie stoppen und in etwas Schönes umwandeln oder durch etwas Schönes ersetzen.

Es beginnt immer damit, dass Sie lernen innezuhalten, wenn sich unangenehme Gefühle bemerkbar machen. Erlauben Sie sich, das Unangenehme auch wirklich zu spüren, sodass Ihnen bewusst wird, *was genau* für Sie nicht passt.

Manche Menschen glauben zum Beispiel, dass sie zu wenig Freizeit haben. Viele davon würden vielleicht, wenn sie tief in Ihre Gefühle einstiegen, feststellen, dass es in Wirklichkeit nicht um mehr Freizeit geht, sondern darum, dass sie in Ihrem Beruf unglücklich sind, dass sie jede Stunde, die sie in ihrem Job verbringen, als tote Zeit erleben und dass ihr natürliches Bedürfnis nach lebendiger Zeit massiv unerfüllt bleibt. Es geht also darum, tote in lebendige Zeit umzuwandeln. Mehr Freizeit wäre hier ein vorschneller Lösungsansatz, der eine nur marginale Verbesserung mit sich brächte. Eine entsprechende Änderung im Berufsleben bewirkte in so einem Fall wohl den größeren Erfolg.

Manche Menschen wiederum stehen unter einem ungeheuren Leistungs- und Erfolgsdruck. Deren vorschneller Lösungsansatz ist dann oft, noch fleißiger und noch effizienter zu werden. Sich noch mehr Wissen anzueignen, um sich noch besser von den anderen abzuheben, oder noch mehr Geld zu verdienen oder noch höher in der Karriereleiter aufzusteigen. Wenn sich diese Menschen aber einmal wirklich tief in ihre Gefühle hineintrauten, würden sie vielleicht feststellen, dass ihnen das Geldscheffeln oder die Tätigkeit, die mit ihrer Karriere verbunden ist, oder das Wissen, das sie immer mehr erweitern, gar nicht wirklich Freude macht. Sondern dass sie immer nur durch ihr Besser- oder Anderssein ihren Wert anderen gegenüber erhöhen wollen. Wie viel schöner wäre es für diese Menschen, sich selbst lieben zu lernen – nicht für ihre Leistungen, sondern sich selbst einfach nur deshalb zu lieben, weil ihnen das Geschenk des Lebens zuteilwurde und sie die Freude des Seins spüren dürfen.

Wahrnehmen und akzeptieren, wie es mir geht, innehalten und tief einsteigen in die eigenen Gefühle, um die eigene Situation deutlich zu verstehen, sind immer der Beginn einer Änderung zum Besseren. Intensiv in die eigenen Gefühle einzusteigen, zu erkennen, was wir tief in unserem Inneren empfinden, durchzudringen zu dem, was sich an der Oberfläche als Problem zeigt, zum tiefer liegenden, wirklichen Problem, all das ist ganz essenziell, will man nicht in Scheinlösungen enden. Scheinlösungen machen nur scheinbar glücklich, indem sie für eine kurze Zeit die unangenehmen Gefühle zudecken, aber tatsächlich führen sie nur von einem Frusterlebnis in das nächste. Wenn, zum Beispiel, Ihre Lösungsansätze in irgendeiner Form zu Suchtverhalten führen, dann ist das ein sehr deutliches Zeichen, dass Sie sich nicht tief genug in Ihre innersten Gefühle hineingewagt haben und sich von einer Scheinlösung haben einlullen lassen. Einer Scheinlösung, die bewirkt, dass Sie sich immer mehr von sich selbst, von Ihrer Lebensfreude und Lebensenergie entfernen.

Nun ist es mir noch wichtig, ein mögliches Missverständnis zu klären. Mein Vorschlag, alles zu stoppen, was sich nicht schön anfühlt, ist keinesfalls eine Aufforderung, übernommene Verpflichtungen und Verantwortungen einfach fallen zu lassen. Das wäre extrem unfair und fiele genau in die Kategorie, die eigene Freude auf dem Leid anderer aufzubauen. Aus einer Verpflichtung aussteigen sollte man nur in Abstimmung mit dem oder den anderen Betroffenen. Viele Verpflichtungen lassen durchaus Spielraum für Umgestaltung. Vieles kann man selbst optimieren, ohne die übernommenen Verpflichtungen und Verantwortungen grundsätzlich zu verletzen. Manches kann man vielleicht tatsächlich weglassen, anderes wiederum so abändern, dass es sich, wenn schon nicht richtig schön, so doch okay anfühlt. Aber denken Sie daran, es geht nicht nur darum, wie *Sie* eine Verpflichtung interpretieren, sondern auch, wie das die anderen Betroffenen tun. Ein klärendes Gespräch ist also unumgänglich. Auch hier ist es so, dass gute neue Lösungen nur dann gefunden werden können, wenn auch die jeweils andere Position gut verstanden und als gleichberechtigt akzeptiert wird. Auch hier führt der beste Weg über Verständnis und die Nähe der Liebe.

In jedem Fall ist es Ihre Verantwortung, wie viel Platz Sie in Ihrem Leben dem Hässlichen und wie viel Platz Sie dem Schönen geben. Sie werden zwar nicht verhindern können, dass Ihnen immer wieder Hässliches begegnet, aber es ist Ihre Entscheidung, wie Sie damit umgehen. Sie können auf negative Schwingungen aufspringen, sich von ihnen tragen und treiben lassen, oder Sie können die Kontrolle übernehmen und Ihr Leben immer wieder dorthin lenken, wo es schön ist, voller Glück, Freude und Liebe.

Aber mein Partner ...

Aber Sie leben ja nicht allein auf dieser Welt. Was tun, wenn Sie sich auf den Weg der Liebe begeben haben, an der Stärkung Ihrer Selbstliebe arbeiten, sich bemühen, Ihr eigenes Glück und Wohlbefinden nicht auf dem Leid anderer aufzubauen, wenn Sie versuchen, das Schöne in Ihrem Leben zu verstärken und das Hässliche zu stoppen – doch Ihr Partner denkt nach wie vor in den Kategorien Schuld und Nichtschuld, gleitet immer wieder in seine Schutzmechanismen ab und ist weit entfernt vom Weg der Liebe?

Wenn Sie jetzt mit Ihrem Partner unzufrieden sind, nur weil er in seiner Selbstliebe nicht so weit entwickelt ist wie Sie, wenn Sie das Bedürfnis haben, ihn deswegen vielleicht sogar gegen ein Ihrer Meinung nach ebenbürtiges Exemplar auszutauschen, dann sind Sie selbst weit weniger fortgeschritten in Ihrer Selbstliebe, als Sie glauben. Egal wie schwach die Selbstliebe eines Menschen entwickelt ist, es ändert *nichts* an seiner grundsätzlichen Gleichwertigkeit und Liebenswertigkeit. Solange Sie nicht bereit sind, gemeinsam mit Ihrem Partner Zeit und Energie aufzuwenden, um auch die schwierigen Herausforderungen einer Beziehung zu meistern – Selbstliebe hin oder her –, stehen *Sie selbst* Ihrem Glück und der Liebe im Weg! Das Bedürfnis, einen Partner auszutauschen, weil einem dessen Selbstliebe zu gering ist, fällt in die Kategorie Schutzmechanismus. Es ist nichts anderes als die eigene Flucht vor der Nähe der Liebe.

Verstehen Sie mich nicht falsch. Ich sage nicht, dass man seinen Partner keinesfalls verlassen darf. Ich sage nur, dass ich die Begründung, dessen Selbstliebe sei zu wenig entwickelt, für eine Ausrede halte, um sich selbst vor der intensiven Nähe der Liebe zu drücken, die unsere einzige Chance ist, wirkliche Liebe zu erfahren, die uns aber gleichzeitig so unheimlich offen und verletzlich macht.

Sie werden in Ihrem Leben immer wieder mit Menschen zu tun haben, deren Selbstliebe nicht sehr stark ist. Das gilt nicht nur für Ihren Liebes- und Lebenspartner. Natürlich macht das manches schwieriger, aber es hindert Sie nicht, selbst den Weg der Liebe zu gehen. Und oft wird das automatisch dazu führen, dass sich Ihre grundsätzlich positive Art auch auf andere Menschen überträgt.

Setzen Sie also bei sich selbst an. Bemühen Sie sich immer wieder um uneingeschränkte Akzeptanz dessen, was ist. Zeigen Sie anderen Menschen Ihren Respekt, auch wenn deren Vorstellungen, Wünsche, Wichtigkeiten und Ziele noch so sehr in Konflikt stehen zu Ihren eigenen Ansichten. Es geht dabei ja nicht ums Zustimmen, sondern »nur« ums Verstehen und Akzeptieren dessen, was des anderen Wahrheit und Wirklichkeit ist. Bemühen Sie sich, andere nicht zu verletzen, und stellen Sie aber auch sicher, dass sie selbst nicht durch andere verletzt werden. Weisen Sie Beschimpfungen und Beleidigungen ruhig, aber bestimmt zurück. Entschuldigen Sie sich auch für Ihre eigenen Entgleisungen, für jene Verletzungen, die Sie dem anderen zugefügt haben. Gehen Sie auf andere Menschen mit einem gesunden Grundvertrauen zu. Haben Sie Mut zu Ehrlichkeit und Offenheit, vor allem Ihrem Partner gegenüber. Und verlieren Sie nie den intensiven Kontakt zu Ihrem eigenen, innersten Ich. Akzeptieren und lieben Sie, was auch immer Sie in Ihrem tiefsten Inneren vorfinden. Haben Sie keine Angst vor Ihren eigenen Gedanken und Gefühlen, unterdrücken Sie sie nicht, sondern lassen Sie sich mit Neugier und Zuversicht auf sie ein. Mit der Zuversicht und dem Wissen, dass Sie, so wie Sie sind, absolut wunderbar sind, einmalig, wertvoll, wichtig und liebenswert und dass die anderen zwar anders, aber ebenso wunderbar, einmalig, wertvoll, wichtig und liebenswert sind.

Doch das ist alles nichts Neues. Das Grundprinzip ist sehr einfach. Gehen Sie prinzipiell in Liebe – im Minimum mit aufrichtiger Nächstenliebe – auf andere Menschen zu, und stellen Sie gleichzeitig sicher, dass Ihnen selbst kein Leid zugefügt wird. Alles getragen von der Freude am Sein – Ihrem eigenen Sein und dem Sein rund um Sie herum.

Mit dieser Grundeinstellung ist es leicht, dem Partner, der vielleicht sogar weniger gefestigt ist in seiner Selbstliebe als Sie, in Konfliktsituationen den Vortritt zu geben und zuerst ihm zuzuhören, bevor er Ihnen zuhört. Schließlich ist es Ihnen genauso wichtig, seine Position zu verstehen, wie es Ihnen wichtig ist, dass auch Sie selbst wirklich verstanden werden. Beides ist gleich wichtig, und daher ist es auch kein Problem, wenn zuerst einmal der Partner mit seinen Gedanken und Gefühlen beginnt, wenn er zuerst dieses schöne Gefühl erlebt, das entsteht, wenn jemand anders ehrlich an ihm und an dem, was er empfindet, interessiert ist, wenn er sich verstanden und akzeptiert fühlt.

Der Knackpunkt kommt oft, wenn Sie danach auch Ihre Position verstanden und akzeptiert wissen wollen. Wenn Ihr Partner danach bereit ist, auch Ihnen zuzuhören und auch Ihre Position als gleichwertig zu akzeptieren, dann ist nicht nur Ihnen, sondern offensichtlich auch Ihrem Partner die Nähe der Liebe wichtig. Wenn er nicht dazu bereit ist, stellt sich allerdings die Frage, ob er wirklich eine Liebesbeziehung mit Ihnen möchte. Vielleicht sind ihm bestimmte Zusammenhänge einfach nicht bewusst. Vielleicht versteht er unter »lieben« etwas anderes, zum Beispiel bedingungslose Übereinstimmung mit allem, was er für richtig hält. Vielleicht ist ihm nicht bewusst, dass Sie sich nicht geliebt fühlen *können*, wenn er Sie weder verstehen möchte noch bereit ist, Sie als gleichwertig zu akzeptieren. Sie können natürlich versuchen, ihm Ihre Position und Situation zu erklären – wenn er zuhört. Aber am Ende muss er sich entscheiden, ob er Sie *wirklich* lieben will – inklusive Verstehen, Akzeptanz und Wertschätzung – oder nicht. Es ist eine sehr wichtige Frage, weil die Antwort auch sehr deutlich zeigt, ob es Sinn hat, weiter in dieser Beziehung zu bleiben oder nicht.

Die gleiche Frage gilt natürlich auch für Sie selbst. *Wollen* Sie den anderen lieben? Das schließt auch die Bereitschaft ein, sich in die Nähe der Liebe hineinzuwagen und dem anderen, zumindest Stück für Stück, das dazu notwendige Vertrauen entgegenzubringen. Für manche ist das schwerer als für andere. Die ersten Schritte zu mehr Nähe und Vertrauen werden womöglich nur sehr klein sein, aber mit jedem weiteren Schritt wird man schneller und besser vorankommen, sodass es binnen kurzer Zeit egal ist, von welchem Level aus man gestartet ist. Worauf es ankommt, ist das ehrliche Wollen.

Möglicherweise scheitert der Versuch, mehr Nähe aufzubauen, auch an der Weigerung Ihres Partners, offen mit Ihnen über *seine* Gedanken und Gefühle zu sprechen. Wenn er Ihnen jenen Teil der Nähe der Liebe verweigert, der mit *seinem* wahren Sein zu tun hat, dann bringt uns das ebenso zurück zu der Frage, ob er tatsächlich eine Liebesbeziehung mit Ihnen möchte oder lieber doch nicht.

Manchmal ist es aber auch nicht leicht, sich zu öffnen. Wenn Ihr Partner vielleicht ein grundsätzliches Problem mit Vertrauen hat, dann braucht es Zeit und beidseitiges Bemühen, um diese Hürde zu überwinden. Oder vielleicht haben *Sie* sich bisher nicht sehr vertrauens*würdig* verhalten? Es passiert doch tatsächlich so leicht, dass man, zum Beispiel, entstehend aus der eigenen Verletztheit, dem anderen Beleidigungen an den Kopf wirft. Warum sollte dann Ihr Partner darauf vertrauen, dass Sie ihn nicht lächerlich machen oder ihm nicht seine angeblichen Unzulänglichkeiten vorhalten, wenn er Sie in sein Innerstes schauen lässt?

Wenn Ihnen die Beziehung mit Ihrem Partner wichtig ist, dann bleibt Ihnen nichts anderes übrig, als auf jeden Fall einmal die notwendige Vertrauensbasis zumindest von Ihrer

Seite aus aufzubauen, indem *Sie* sich durchgängig und nicht nur kurzfristig als vertrauenswürdiger Mensch erweisen. Wenn Ihre Selbstliebe stark ist, wird das auch nicht schwer sein. Eine gesunde Selbstliebe bewirkt ganz von selbst, dass Sie sich vertrauenswürdig verhalten und es natürlich auch sind. Aber auch wenn Sie dabei über Ihre eigene, noch nicht ausreichend aufgebaute Selbstliebe stolpern, sollten Sie nicht aufgeben. Es ist nicht so leicht, alte Muster zu ändern. Seien Sie so großzügig zu sich selbst, wie Sie auch zu Ihrem Partner großzügig sein sollten, und akzeptieren Sie, dass es hier noch einiges Verbesserungspotenzial gibt. Entschuldigen Sie sich für Ihre Ausrutscher, versuchen Sie, so gut es geht, das, was Sie verbockt haben, wiedergutzumachen, und lassen Sie sich keinesfalls in Ihrem Bemühen beirren, auf dem Weg der Liebe weiterzugehen.

Näheblockaden, gleich welchen Ursprungs, gehören genauso zu unserem wahren, unverfälschten Sein wie die Dinge, die sich hinter den Blockaden verstecken. Wenn ich jemanden akzeptiere und wertschätze, so wie er wirklich ist, dann beinhaltet das auch die Blockaden. Aber jedes Mal, wenn man einander in den harmlosen, nichtblockierten Kleinigkeiten des Alltags oder in für den Moment belanglosen Gesprächen besser und intensiver kennenlernt, wird auch ein kleines Stückchen Blockade aufgeweicht. Und jedes noch so kleine Stückchen, das man von sich gezeigt hat, ohne dass es dadurch zu einer Vertrauensverletzung gekommen ist, macht es leichter, sich noch einmal ein Stückchen weiter zu öffnen. Wichtig ist die prinzipielle Bereitschaft, Nähe- und Vertrauensblockaden zu lösen und, wenn nötig, auch professionelle Hilfe dafür in Anspruch zu nehmen.

Je fragiler das Vertrauen in einer Beziehung noch ist, umso schwieriger ist es auch, in Konfliktsituationen die notwendige Offenheit und Ehrlichkeit aufzubringen, und umso wichtiger ist es, diese Verhaltensweisen langsam, aber stetig in entspannter Atmosphäre zu entwickeln. Je unharmonischer und gereizter Ihre Beziehung ist, desto öfter sollten Sie gezielt spannungsfreie, lockere Zeit miteinander verbringen. Zeit, in der Sie Konfliktthemen bewusst ausschließen und in netter Zweisamkeit einfach nur plaudern – möglichst zu persönlichen Themen. Manchmal hilft es, fixe Zeiten einzuplanen, in denen man sich über Gott und die Welt und über sich selbst unterhalten kann, zum Beispiel jeden Sonntag bei einem langen, gemütlichen Frühstück. Erzählen Sie einander zum Beispiel von Ihrer Kindheit, davon, was besonders schön war, was Sie als schlimm erlebt haben und was für Sie wichtig war. Oder was war das früheste Kindheitserlebnis, an das Sie sich erinnern können? Erzählen Sie einander überhaupt so viel wie möglich aus Ihrem Leben, nicht nur von den Ereignissen, sondern auch von den Gefühlen, die dazugehören, und den Schlüssen, die Sie daraus gezogen haben. Je mehr man jemandem erzählt und darauf als Reaktion nur Positives spürt – nämlich Interesse, Verständnis, Akzeptanz und Wertschätzung –, desto mehr wird man sich diesem Menschen gegenüber öffnen, desto mehr wird man sich trauen, auch von jenen Erlebnissen, Ängsten, Bedürfnissen, Gedanken und Gefühlen zu erzählen, die man bisher lieber verstecken wollte. Auch entspannte Diskussionen über Ansichten und Werte eignen sich, um Vertrauen aufzubauen und gleichzeitig die Nähe der Liebe zu fördern.

So kann zum Beispiel eine Diskussion über Ehrlichkeit, was man grundsätzlich darüber denkt, ob man Ehrlichkeit als ein absolutes Muss in jeder Situation betrachtet oder ob man glaubt, dass es manchmal besser ist, nicht ehrlich zu sein, hochinteressant sein, weil man immer wieder entdeckt, dass der andere an Aspekte denkt, die einem bisher gar nicht bewusst waren. Es gibt so viele Werte, Überzeugungen, Zweifel, über die man wunderbar diskutieren und Nähe und

Vertrauen aufbauen kann – vorausgesetzt, man versucht die Position des anderen wirklich zu verstehen und als gleichwertig zu akzeptieren. Jede abfällige Bemerkung über die Meinung des anderen hat die gegenteilige Wirkung, bringt das Gespräch ins Stocken. Warum sollte ich weiterreden, wenn der andere mich und meine Ansichten irgendwie als minderwertig empfindet? Jede abfällige Bemerkung, jedes abfällige oder abweisende Verhalten wird die kleine Vertrauensbasis, die schon da war, wieder zerstören. Und wieder geht es nicht darum, dem anderen die eigene Meinung aufzuzwingen. Es wird in solchen Diskussionen manchmal auch zu Meinungsänderungen kommen, aber darauf kommt es gar nicht an. Es geht immer wieder nur um wirkliches Verstehen, Akzeptanz und die generelle Wertschätzung, die wir dem anderen entgegenbringen.

Nähe- und Vertrauensblockaden lassen sich nicht mit Druck und Zwang auflösen. Das wahre, unverfälschte, innere Ich eines jeden Menschen ist etwas ganz Besonderes, Wunderbares, Wertvolles, Einmaliges. Wenn hier jemand versucht, das Terrain im Sturm zu erobern, ungeachtet der Zerstörung, die er durch Druck, Ignoranz und Unachtsamkeit anrichten könnte, dann kommt das einem Sakrileg gleich. In das Innere eines Menschen tritt man behutsam und mit Respekt ein, man erzwingt auch nicht den Einlass. Wie bei der Wohnung eines anderen klopft man zuerst einmal an, um herauszufinden, ob der Eintritt willkommen ist. Und ein jeder hat das Recht, den Zutritt zu verweigern. So wie man nicht jeden in seine Wohnung einlässt, so wird man auch nicht jeden in sein innerstes Ich einlassen. Manche dürfen gar nicht hinein, manche lässt man nur ins Vorzimmer, und nur ganz wenige dürfen auch ins Schlafzimmer. Und manchmal sind wir einfach nicht bereit, überhaupt Besuch zu empfangen. Wenn wir gerade ein entspannendes Bad nehmen oder mitten in einer Meditationsübung sind, wollen wir durch nichts und niemanden gestört werden. Genauso ist es auch mit der Nähe der Liebe. Selbst wenn diese zwischen zwei Menschen schon sehr fortgeschritten ist, wird es Momente geben, in denen einer von ihnen den Zutritt nicht gestattet oder einen Bereich lieber noch verschlossen halten möchte. Kritisch ist die Situation für eine Liebes- und Lebenspartnerschaft allerdings dann, wenn der Zutritt ins Innerste – ins Schlafzimmer, wenn wir bei der Wohnungsanalogie bleiben wollen – dauerhaft verwehrt wird.

Wessen Selbstliebe einigermaßen entwickelt ist, der wird kein Problem haben, dem Partner ehrlich mitzuteilen, wenn er gerade nicht aufmachen will oder kann. Doch je schwächer die Selbstliebe ist, umso stärker ist das Bedürfnis, sogar dieses Nicht-aufmachen-Wollen zu verstecken aus Angst, »erwischt« zu werden. Dass es da etwas gibt, was nicht gut genug sein könnte, etwas, was man lieber versteckt. Also tut man so, als gäbe man Zutritt, und speist den anderen mit einem Trugbild ab. Man gibt einfach etwas vor, was die vermeintlichen Kriterien des Okay-Seins erfüllt, aber nicht der Realität entspricht. Man nimmt zu einer Lüge Zuflucht. Man ist unehrlich.

Den Zutritt ehrlich zu verweigern kann durchaus okay sein und im Sinne der Nähe der Liebe – jedenfalls wenn es nicht ein auf Dauer gänzliches Verschließen ist und wenn es prinzipiell das Potenzial des Aufmachens in sich trägt. Unehrlichkeit dem Partner gegenüber ist dagegen nicht okay. Nichtsdestoweniger kann Unehrlichkeit passieren. Niemand soll sich anmaßen, das Ausmaß der Ängste einer anderen Person vor dem Aufmachen und dem Entdecktwerden richtig einschätzen zu können. Auch hier sollte man vorerst Großzügigkeit walten lassen. Auch Unehrlichkeiten, die in einer Liebes- und Lebenspartnerschaft keinen Platz haben sollten, können passieren, solange nicht eine ausreichend starke Vertrauensbasis aufgebaut wurde. Wenn Ihr Partner eine Tendenz zum Schummeln und zu Unehrlichkeit hat, ist es umso wichtiger, dass Sie sich selbst zuerst einmal als absolut vertrauenswürdig erweisen.

Ganz besonders schwierig ist es, im Nachhinein eine vorangegangene Unehrlichkeit zuzugeben. Egal, aus welchem Grund es dazu kam. Mag sein, dass jemand so sehr Angst hatte, abgelehnt zu werden oder die Liebe des Partners zu verlieren. Mag sein, dass er einfach nur versucht hat, seine Ziele damit leichter zu erreichen. Doch was auch der Grund war, wenn jemand irgendwann erkennt, wie wichtig ihm die Beziehung ist und diese sich nur dann glücklich entwickeln kann, wenn sie auf Ehrlichkeit aufbaut, dann werden die vergangenen Unehrlichkeiten an ihm nagen, bis er sie aufgeklärt hat. Und dieses nachträgliche Aufklären ist eines der schwierigsten Dinge, die man sich vorstellen kann.

Wie soll sich der Partner anders als betrogen fühlen? Wie soll er wissen, ob das die einzige vergangene Unehrlichkeit war oder ob da Stück für Stück noch andere auftauchen werden – oder auch nicht, weil sie weiter versteckt bleiben? Wie soll er sich fühlen, wenn er plötzlich das Gefühl hat, dass er sein Leben auf einem Trugbild aufgebaut hat, voller Zweifel, ob es vielleicht noch viel größer ist, als es ihm im Moment präsentiert wird? Das Aufklären einer vergangenen Unehrlichkeit ist für beide Partner eine ungeheure Herausforderung. Der eine braucht eine immense Überwindung und Stärke, um endlich mit der Wahrheit herauszurücken. Und der andere braucht eine unheimliche Stärke, um den anderen für den Betrug nicht zu verurteilen.

Relativ einfach ist es noch, wenn das, was verheimlicht oder falsch dargestellt wurde, für den belogenen Partner nie ein Problem gewesen wäre. Dann wird es ihm noch verhältnismäßig leicht fallen zu sagen: »Es ist okay. Ich bin froh, dass du in der Zwischenzeit so viel Vertrauen zu mir entwickelt hast. Das gibt mir ein sehr gutes Gefühl für die Entwicklung unserer Beziehung.«

Wenn das Verheimlichte aber vom belogenen Partner in irgendeiner Weise als verletzend, vielleicht sogar als existenzerschütternd empfunden wird, dann ist es schon viel schwieriger. Dann wird er sich gleich in doppelter Hinsicht betrogen fühlen – zuerst einmal durch den bittern Tatbestand, der offengelegt wurde, und zweitens wegen der Unehrlichkeit.

Wenn Sie sich in so einer Situation befinden, wünsche ich Ihnen als Allererstes die Großzügigkeit, über den Schmerz der Lüge hinwegsehen zu können, denn der andere versucht ja offensichtlich, vom Lügen weg hin zur Ehrlichkeit zu kommen. Das ist prinzipiell positiv. Wenn Ihnen das gelingt, und mit einer stark entwickelten Selbstliebe sollte das kein großes Problem sein, dann können Sie sich – ohne vom Faktor Lüge abgelenkt zu werden – voll auf das konzentrieren, was hier verheimlicht oder falsch dargestellt worden war und was Sie so sehr verletzt. Dann können Sie dieses Problem grundsätzlich so besprechen wie jeden anderen Konflikt. Obwohl so eine Situation natürlich ihre zusätzlichen, besonderen Herausforderungen hat. So hat sich möglicherweise die persönliche Einstellung zu dem verheimlichten Tatbestand im Laufe der Zeit erheblich verändert. Vielleicht fühlen Sie sich auch so vollkommen überrollt, dass Sie sich im ersten Moment gar nicht über die Summe Ihrer Gefühle im Klaren sind, außer denen, die im ersten Moment an der Oberfläche explodieren. Doch meist befinden sich darunterliegend noch eine Vielzahl anderer, oft sehr widerstreitender Emotionen. Setzen Sie sich daher nicht unter Druck, und nehmen Sie sich die notwendige Zeit, um sich über alle Aspekte und alle Gefühle klarzuwerden. Das schließt auch die Sorge ein, dass ähnliche Unehrlichkeiten noch versteckt sein könnten wie auch die Angst vor neuen, ähnlichen Verletzungen. Es wird also auch darum gehen, die Problematik hinter dem Konflikt nicht nur für die Vergangenheit und für jetzt zu bereinigen, sondern auch die zukunftsrelevanten Aspekte entsprechend mit einzubeziehen.

Manchmal ist die Situation so verkorkst, sind so viele Verletzungen passiert, sind die ungelösten Konflikte bereits so vielfältig und komplex und werden immer mehr statt weniger, dass das Abarbeiten eines Konflikts nach dem anderen aussichtslos erscheint – und manchmal vielleicht auch ist.

Manche Menschen werden in so einer Situation beschließen, die Beziehung zu beenden, und hoffen, dass es in einem neuen Liebesverhältnis besser wird. Manche werden es vielleicht noch mit einer Paartherapie versuchen. Und wieder andere werden »ihr Schicksal« akzeptieren, die einen vielleicht, indem sie sich trotz aller Widrigkeiten immer weiter um eine Verbesserung bemühen, die anderen, indem sie ihr Leid resignierend für immer »ertragen«.

Hier drängt sich nun stark die Frage auf, wann es denn genug ist mit dem Bemühen um eine Beziehung. Unter einer Beziehung zu leiden, noch dazu mit der Gewissheit, dass sich nichts an diesem Leid verbessern wird, ist sicherlich nicht im Sinne der Selbstliebe. Wie viel Bemühen hat also Sinn? Wo ist die Grenze?

Eine der wichtigsten Voraussetzung für eine glückliche Beziehung ist das ehrliche *Wollen* beider Partner. Doch um welche Art von Wollen handelt es sich da? Ist es wirklich ein *Lieben*-Wollen? Oder nur ein Wollen, das nur in der Bequemlichkeit verharren möchte? Konzentriert sich dieses Wollen nur auf das eigene Glück?

Hier geht es um ein Wollen, das das Glück des Partners genauso mit einschließt wie das eigene. Wenn dieses Wollen – ich nenne es »faires Wollen« – nicht gegeben ist, egal von welcher Seite, dann werden alle Bemühungen nichts fruchten, und man sollte die Beziehung besser beenden, als weiter chancenlos herumzuwurschteln und zu leiden.

Wobei aber auch das Beenden im ersten Moment viel leichter klingt, als es ist. In wenigen Fällen, wenn es keine Abhängigkeiten voneinander gibt, wie zum Beispiel gemeinsame Kinder, die gemeinsame Wohnung, offene Kredite und so weiter, wird es für beide relativ einfach sein, fortan den eigenen Weg unabhängig vom anderen zu gehen. Meistens ist das jedoch nicht so ohne Weiteres möglich, denn in fast allen Beziehungen gibt es Verpflichtungen, die zuerst aufgelöst oder anders gelöst werden müssen, bevor die Trennung tatsächlich für beide fair vollzogen werden kann. Zumindest so lange, bis es hier zu einer Einigung kommt, bleibt den beiden nicht viel anderes übrig, als miteinander zu reden. »Tschüss, ich will nicht mehr, ich geh jetzt, und das war's« – das wird fast nie funktionieren, jedenfalls nicht ohne die eigene Freiheit auf gemeine Weise auf dem unnötigen Leid des anderen zu begründen.

Wenn nun aber Konflikte schon vor der Trennung nicht in konstruktiver, respektvoller Weise gelöst werden konnten, warum sollte es jetzt leichter sein, nach einem Trennungsbeschluss, der vielleicht sogar nur einseitig getroffen wurde? Warum sollte es gerade jetzt leichter sein, eine für beide akzeptable Einigung zu erzielen, wie die bestehenden Abhängigkeiten aufgelöst werden sollen? Und wie zum Beispiel die Verantwortung und die Liebe für die Kinder auch in Zukunft bestmöglich berücksichtigt werden können? Bei einer Trennung sparen Sie sich vielleicht die Notwendigkeit, *alle* offenen Konflikte aufzuarbeiten, aber Sie kommen nicht umhin, die aus der Trennungssituation entstehenden neuen Konflikte miteinander zu lösen. Sie kennen wahrscheinlich den Spruch: »Bei einer Scheidung bekommt der Rechtsanwalt das Haus, die Frau die Kinder, der Mann bezahlt die Alimente.« Ein typisches Ergebnis, wenn die Partner oder vielmehr Ex-Partner nicht miteinander reden können.

Also selbst wenn Sie sich für eine Trennung entscheiden, ist es sinnvoll, zumindest die Trennungsgespräche im Sinne der Nähe der Liebe zu führen. Keine Angst, dazu müssen Sie Ihren Ex-Partner nicht plötzlich doch wieder lieben. Es geht nur um die *Nähe* der Liebe, darum, dass Sie Ihren bisherigen Partner akzeptieren, wie er ist, dass Sie ehrlich versuchen, seine Wichtigkeiten zu verstehen und zu respektieren, jede Art von Bewerten, Urteilen und Schuld-Denken beiseiteschieben und sich dem Ex-Partner gegenüber eben offen, ehrlich und respektvoll verhalten. Viele Paare schaffen das alleine nicht und holen sich Unterstützung in einer Trennungstherapie – eine durchaus sinnvolle Maßnahme, wenn man nicht alle Finanzreserven für Scheidungsanwälte ausgeben möchte, um am Ende doch nicht mit den gerichtlich festgesetzten Beschlüssen zufrieden zu sein.

Aber angenommen, beide *wollen* miteinander in einer glücklichen Liebes- und Lebenspartnerschaft leben. Und für beide hat das Glück des Partners den gleichen Stellenwert wie das eigene, und auch wenn die Situation im Moment noch so schwierig erscheint, *wollen* sich beide darum bemühen, die Probleme gemeinsam zu meistern. Das ist eine sehr schöne Ausgangssituation, ganz gleich, wie es um die Liebe und die Selbstliebe beider im Moment auch bestellt sein mag.

Doch auch wenn das ehrliche, faire Wollen gegeben ist, ist der Weg aus einem zermürbenden Konfliktszenario heraus nicht einfach. Selbstverständlich ist es auch in dieser Situation sehr hilfreich, Unterstützung durch einen Therapeuten in Anspruch zu nehmen. Alles, was zu einer rascheren Bereinigung des kräftezehrenden Zustands beiträgt, ist sinnvoll – sowohl im Sinne der Selbstliebe wie auch im Sinne der Liebe insgesamt. Jemand, der entsprechend geschult ist, kann von außen viel schneller auch die feinen und versteckten Nuancen der jeweiligen Beziehungsproblematik erkennen und entsprechend besser und rascher bei der Bereinigung der Probleme helfen.

Ehrlich und fair miteinander glücklich sein zu wollen ist auf jeden Fall eine schöne, aber eben auch absolut notwendige Voraussetzung, um Beziehungskrisen gemeinsam gut meistern zu können. Dennoch können gerade durch das Aufbauen von immer mehr Nähe und das damit verbundene bessere Erkennen und Verstehen des Partners auf einmal neue, unüberwindbar scheinende Barrieren auftauchen, deren man sich vorher gar nicht bewusst war. Es könnte zum Beispiel passieren, dass man nun plötzlich die Wichtigkeiten und Werte des Partners *wirklich* erkennt, versteht und auch akzeptiert, dabei aber feststellt, dass diese als vollkommen inkompatibel zu den eigenen Wichtigkeiten und Werten empfunden werden, dass also für den einen etwas ein absolutes *Muss* ist, was für den anderen *absolut nicht infrage kommt*.

Lassen Sie sich durch so erschreckende Momente nicht beirren. Die Wahrscheinlichkeit ist groß, dass sich hier wieder »nur« die alten Machtkämpfe eingeschlichen haben oder dass sich hinter diesen absoluten Positionen »nur« eine zu starre Erwartungshaltung verbirgt und die alten Schutzmechanismen noch immer so mächtig sind, dass man sie von allein weder als solche erkennt noch sie loslassen kann. Grundsätzlich kann ich mir kaum eine Situation vorstellen, in der zwei Menschen wirklich gemeinsam den Weg der Liebe gehen wollen und ihre Probleme nicht in einer für sie beide guten Form lösen können – wie immer diese Lösung auch aussieht. Es wird ganz bestimmt nicht immer das herauskommen, was sie sich ursprünglich als Ergebnis gewünscht haben. Doch es wird der für die beiden absolut richtige Weg sein. Denn es ist ja die Liebe, die zur richtigen Beziehung führt, und nicht umgekehrt.

Eine andere Art von unüberwindbar scheinender Barriere möchte ich noch erwähnen. Wenn nämlich beide Partner wirklich miteinander wollen, aber die Umsetzung am Nichtkönnen scheitert. Eine Situation, die vor allem auch für Suchtszenarien ganz charakteristisch ist. Da wollen beide über den Weg der Liebe mehr Nähe aufbauen, ihre Selbstliebe stärken und gegenseitiges Vertrauen entwickeln und festigen. Dazu gehört auch, dass man sich aufeinander verlassen kann. Aber die Sucht schlägt immer wieder zu. Es werden Pflichten vernachlässigt, Geld und Gut vernichtet, Vereinbarungen gebrochen und übernommene Verantwortungen ignoriert, immer wieder und immer wieder, und vielleicht kommt es sogar zu körperlicher Gewalt. Sucht ist eine Krankheit und gehört entsprechend behandelt. Sucht geht auch immer Hand in Hand mit einer geschwächten Selbstliebe. Es gibt unzählige Situationen, in denen es Menschen gelungen ist, von ihrer Sucht loszukommen, leider aber noch viel mehr, denen das nicht gelungen ist. Ich bin überzeugt davon, dass die Heilung von einer Sucht nur dann erfolgreich gelingen kann, wenn auch die Selbstliebe ausreichend gestärkt wird. Doch der Umkehrschluss gilt genauso. Sobald die Selbstliebe ausreichend gestärkt ist, wird man auch die Sucht bezwingen. Wenn jemand also wirklich den Weg der Liebe gehen *will*, und der beginnt ja bei der Selbstliebe, dann wird er auch seine Sucht und die damit verbundenen seelischen und körperlichen Abhängigkeiten besiegen.

Für die Beziehung stellt sich aber die Frage, ob der andere bereit und auch fähig ist, so lange durchzuhalten, bis der süchtige Partner von der Sucht geheilt ist. Es gibt Paare, die das geschafft haben, doch ist es für beide ein extrem schwieriger Weg. Dabei ist Selbstliebe auch für den Partner einer süchtigen Person von ganz großer Wichtigkeit. Eine Sucht lässt sich nicht von einem Moment zum anderen bezwingen. Bis es zur Heilung kommt, muss man damit rechnen, dass es zwischen den Erfolgen auch immer wieder zu Rückschlägen kommen wird. In dieser Zeit ist es alles andere als einfach, die Balance zu finden zwischen liebevoller Zuwendung einerseits und klaren Grenzen andererseits. Ist die eigene Selbstliebe stark genug, um dem Partner jede Form der Suchtunterstützung konsequent zu versagen? Gelingt es, sich selbst in dieser schwierigen Phase gegen die negativen Auswirkungen der Sucht des Partners gut abzugrenzen? Oder reagiert man auf Rückschläge immer nur mit Vorwürfen und erniedrigenden Beschimpfungen? Schnell kann sich so ein negativer Sog entwickeln, der beide immer tiefer in die Zerstörung absinken lässt.

Alles, was ich über Sucht gesagt habe, gilt gleichermaßen für alle anderen Verhaltensweisen, die so verletzend und zerstörerisch sind, dass es schwierig ist, sich dagegen abzugrenzen und zu schützen – und mit »sich schützen« meine ich selbstverständlich nicht automatisch ablaufende Schutzstrategien, sondern ganz bewusst und situationsadäquat gezogene Grenzen, die dem Ernst der Lage gerecht werden und trotz allem immer auf Respekt und der Wahrung der Würde aller Betroffenen beruhen.

Bei diesen massiv verletzenden und zerstörerischen Verhaltensweisen mag es sich um Formen der Gewaltausübung handeln – zum Beispiel brutale körperliche Übergriffe oder Erpressung. Die zerstörerischen Verletzungen können aber auch auf subtilere Weise ausgeübt werden – wie zum Beispiel durch gemeines Bloßstellen vor anderen, das Hintertreiben von wichtigen Chancen und Plänen, verbale Erniedrigungen und Beschimpfungen oder laufende Benachteiligung des Partners aus Egoismus. Doch immer steckt hinter solch einem Verhalten eine stark verletzte Selbstliebe und ein Mensch, der selbst in seinem Inneren voller Leid ist. Ein Verständnis dafür sollte aber nie dazu führen, sich selbst von seinem Partner kaputt machen zu lassen. Dann wären am Ende zwei Menschen kaputt statt nur einer, geholfen wäre damit niemandem. Ganz im Gegenteil, wenn Sie es zulassen, dass Ihr Partner Sie immer wieder verletzt, dann werden nicht nur Sie selbst sich immer kleiner, verzweifelter und schwächer fühlen. Auch die innere Verzweiflung Ihres Partners wird nur noch größer, weil Sie durch Ihr übermäßig duldsames Verhalten nur seine Flucht vor sich selbst unterstützen.

Die Selbstliebe aufzubauen und zu stärken ist sowohl in einem Suchtszenario wie auch in jedem anderen Zerstörungsszenario für beide Partner ein absolutes Muss. Und wie für alles, was extrem schwierig ist und wobei man immer wieder an die Grenzen der eigenen Kraft stößt, ist professionelle Hilfe ein ganz wichtiger Faktor, um den Erfolg aller Bemühungen möglichst sicherzustellen.

Auch die Frage nach dem wirklichen Wollen stellt sich in einem Sucht- und Zerstörungsszenario immer dringlicher. Will man tatsächlich diesen schwierigen Weg gemeinsam gehen? Oder will man lieber den Partner seinen weiteren Weg allein gehen lassen? Würde man damit den Partner, den man angeblich liebt oder geliebt hat, im Stich lassen? Will man lieber eine Trennung, unter anderem deshalb, weil man sich dann leichter vor der ehrlichen Auseinandersetzung mit sich selbst drücken kann? Weil man dann nicht in den Schmerz der eigenen verletzten Selbstliebe einsteigen muss? Und wie ist das mit dem ehrlichen Wollen des Partners? Will der wirklich von seiner Sucht und anderen destruktiven Schutzmechanismen loskommen? Oder möchte er lieber weiter die Augen vor seinem wahren inneren Sein verschließen, weil das, was er tief in seinem Inneren zu finden befürchtet, so unheimlich bedrohlich ist, dass er lieber alle zerstörerischen Auswirkungen seiner Sucht und seiner Schutzmechanismen in Kauf nimmt?

Bevor ich zu diesen Fragen zurückkomme, möchte ich

näher auf den Begriff »wollen« eingehen, so wie ich ihn verstehe. Wollen ist viel mehr als sich etwas zu wünschen. Beim Wünschen fände ich es schön, wenn sich etwas in eine bestimmte Richtung entwickelte. Beim Wollen übernehme ich Verantwortung und bin bereit, alles, was ich selbst dazu sinnvoll betragen kann, auch zu tun. Wirkliches Wollen inkludiert immer auch das *Tun*!

Angenommen, Ihr Partner sagt – egal ob und wie sehr er in destruktiven Schutzmechanismen gefangen ist –, er möchte mit Ihnen den Weg der Liebe gehen und ist dann aber nicht bereit, sich auf die wesentlichen Elemente dieses Weges tatsächlich einzulassen. Zum Beispiel gibt er Ihnen und Ihren Werten und Wichtigkeiten nicht die gleiche Priorität wie sich selbst und seinen eigenen Werten und Wichtigkeiten, oder er bleibt lieber auf der Flucht vor sich selbst, statt sich dem Schmerz seiner verletzten Selbstliebe zu stellen. Wenn er also nur versichert, den Weg der Liebe mit Ihnen gehen zu wollen, ohne entsprechend zu handeln, dann wissen Sie, dass Ihr Partner sich vielleicht etwas wünscht, vielleicht sogar hofft, dass sich alles irgendwie zum Guten wendet, dass er es aber nicht *wirklich* will, weil es etwas anderes gibt, das ihn daran hindert. Etwas, was in ihm noch viel stärker wirkt als die Aussicht auf eine gemeinsame, langfristig glückliche Liebes- und Lebenspartnerschaft mit Ihnen.

Wenn Sie Ihren Partner wirklich lieben und Ihr Partner wirklich den Weg der Liebe mit Ihnen gehen will, dann werden Sie es auch gemeinsam schaffen. Möglicherweise werden Sie die Unterstützung eines Therapeuten brauchen, aber Sie werden es schaffen. Dann wird sich für Sie die Frage, ob Sie Ihren Partner seinen weiteren Weg lieber allein gehen lassen, gar nicht ernsthaft stellen. Wenn Ihr Partner allerdings nur *sagt*, er will, aber nicht auch die dafür notwendigen Schritte tut, dann haben alle weiteren Bemühungen Ihrerseits keinen Sinn. Mit *wem* wollen Sie sich denn auf eine

Liebesbeziehung einlassen, wenn dieser Jemand nicht den Mut findet, sich wenigstens auf sich selbst einzulassen? *Wen* wollen Sie denn lieben, wenn dieser Jemand sich sogar vor sich selbst versteckt? Und *wer* soll *Sie* denn lieben, wenn dieser Jemand gar nicht wissen und respektieren will, was *Sie* denken und fühlen, was für *Sie* wichtig ist? Und umgekehrt ist es natürlich genauso. Es geht nur, wenn *beide* wollen!

Wie schaut es also aus mit Ihrem eigenen Wollen? Und *was* wollen Sie? Wollen Sie, dass alles endlich nach Ihrem eigenen Kopf funktioniert? Wollen Sie, dass Ihr Beziehungsleben endlich so wird, wie Sie es sich vorstellen und für richtig befinden, ohne aber dabei die Wichtigkeiten Ihres Partners ernst zu nehmen und entsprechend zu berücksichtigen? Diese Art des Wollens nimmt dem anderen die Luft zum Leben und hat ganz bestimmt nichts mit Liebe zu tun.

Oder geht es Ihnen darum, dass Sie *und* Ihr Partner Glück und Liebe finden, und wollen Sie einander dabei unterstützen? Ist Ihnen das Glücklichsein Ihres Partners genauso wichtig wie Ihr eigenes? Wollen Sie gemeinsam den Weg der Liebe gehen? Das heißt aber auch, dass Sie nicht wissen, wohin genau und in welche Beziehungsform Sie dieser Weg führen wird. Sie wissen nur, dass der Weg für beide zwar manchmal anstrengend, aber trotzdem befriedigend und auf seine eigene, besondere Art schön ist, dass er zu Liebe und Glück führt.

Wenn Sie das wollen, dann sollten Sie das Ihrem Partner auch sagen. Sie müssen dabei keine Liebeserklärung abgeben. Wenn Sie in einer Situation sind, in der Sie nicht wissen, wie es mit Ihrer Beziehung weitergehen soll, ist die Wahrscheinlichkeit groß, dass Sie sich zwar nach Liebe sehnen – vielleicht sogar ganz konkret nach der Liebe zu und von diesem besonderen Menschen –, aber in Wirklichkeit noch sehr weit weg sind von der wirklichen Liebe. Trotzdem ist es etwas sehr, sehr Schönes, wenn einem das Glücklichsein des anderen genauso wichtig ist wie das eigene Glücklichsein, wenn man jemanden lieben *will* und von ihm ebenfalls geliebt werden *will*, wenn man einander wahrnehmen, verstehen, insgesamt akzeptieren und wertschätzen *will*, genau so, wie man ist.

Wenn Ihr Partner das auch will, dann ist das ein wunderbarer Neustart.

Es ist wie der Beginn einer Schwangerschaft. Die Freude ist überwältigend, auch wenn es zwischendurch Phasen gibt, in denen man mit Übelkeit kämpft, mit emotionalen Eruptionen fertig werden muss und immer wieder mit Einschränkungen konfrontiert wird. Auch wenn man nicht weiß, ob das Kind ein Mädchen oder ein Bub wird, welche Eigenschaften der Eltern sich beim Kind durchsetzen werden, tut das der Freude keinen Abbruch. Und wenn man sich das Baby noch so schnell herbeiwünscht, es muss zuerst einmal neun Monate lang im Bauch der Mutter heranwachsen, bis es geboren wird. Und selbst dann weiß man immer noch nicht, in welche Richtung sich das geliebte Kind weiterentwickeln wird.

So ist es auch bei einem Neustart und generell am Beginn einer Beziehung, in der beide Partner den Weg der Liebe miteinander gehen wollen. Man ist überglücklich, einen Menschen gefunden zu haben, der mit seiner ganzen Kraft und seinem ganzen Wollen eine Liebes- und Lebenspartnerschaft mit einem eingehen möchte. Man weiß noch nicht, wie sich die Beziehung im Detail weiterentwickeln wird – vielleicht wird man zusammen, vielleicht wird man getrennt wohnen, vielleicht wird man seine Freizeitgestaltung massiv ändern, vielleicht auch nicht, vielleicht wird man nicht mehr vorwiegend in Restaurants essen gehen, sondern gemeinsam zu Hause kochen, vielleicht wird man ein gemeinsames Konto haben, vielleicht auch nicht – man weiß es nicht, und man braucht es auch nicht zu wissen. So wie man nicht weiß, ob das Kind ein Bub oder ein Mädchen wird. Aber wie auch immer sich die Beziehung weiterentwickelt, es wird gut, weil man gemeinsam den Weg der Liebe geht.

Befreien Sie sich vom Druck, alle Probleme sofort aus dem Weg räumen zu müssen. Solange Sie nicht die richtige Basis geschaffen haben, ist es extrem schwierig, Lösungen zu finden, mit denen beide Partner glücklich sind. Doch das Basisschaffen braucht seine Zeit, genauso wie eine Schwangerschaft. Da lässt sich nicht einfach drüber hinwegdudeln. Und genauso wie in einer Schwangerschaft wird es auch dazwischen immer wieder Phasen der ganz besonderen Herausforderungen geben. Schwierigkeiten, die es sich zu meistern lohnt.

Lassen Sie daher los von konkreten Beziehungsvorstellungen. Bleiben Sie einfach offen, lassen Sie sich auf sich selbst und auf Ihren Partner ein, auf das Hier und Jetzt, erleben Sie gemeinsam Freude, und lernen Sie einander wirklich kennen und verstehen. Sie sollten sich auch von Ihrem Wunsch verabschieden, dass die Probleme so gelöst werden, wie Sie sich das im Moment vorstellen. Es gibt so viel mehr Möglichkeiten, die Ihnen gar nicht bewusst sind, nicht bewusst sein können. Warum wollen Sie sich einengen? Gestehen Sie Ihrem Partner zu, dass er Dinge – absolut gleichberechtigt zu Ihnen – anders sieht und anders empfindet und dass daher seine Lösungsansätze und Vorstellungen ebenfalls anders sind. Es ist ganz normal, wenn Ihre Ausgangspositionen unterschiedlich sind.

Wenn Sie erst einmal die richtige Basis geschaffen haben und sowohl die Nähe der Liebe wie auch Ihr gegenseitiges Vertrauen stark genug entwickelt sind, ist es nicht mehr so schwer, auch in unterschiedlichen Standpunkten und Überzeugungen das Gemeinsame und Verbindende zu erkennen und so zu neuen, für beide passenden Lösungen zu finden.

Damit werden Probleme zwischen Ihnen im Laufe der Zeit generell ihre Bedrohlichkeit verlieren.

Natürlich können nicht alle Entscheidungen warten, bis man Nähe und Vertrauen ausreichend aufgebaut hat. Aber vieles ist weit weniger wichtig und dringlich, als man gerade glaubt. Versuchen Sie das wirklich Wichtige vom nicht ganz so Wichtigen zu unterscheiden. Erzwingen Sie Lösungen nicht mit Druck, üben Sie sich in Großzügigkeit und Gelassenheit, und konzentrieren Sie sich umso mehr auf das Stärken Ihrer Selbstliebe, das Aufbauen von Nähe und Vertrauen zwischen Ihnen und Ihrem Partner, das Schöne und die Freude im Leben.

Haben Sie den Mut, sich auf Ihr wahres, inneres Ich einzulassen. Gehen Sie durch die Türen, hinter denen Sie Ihr wahres, inneres Ich weggesperrt haben. Sie haben diese Türen verschlossen, weil sich dahinter immens großer Schmerz verbirgt. Schmerz, den Sie einmal als lebensbedrohend empfunden haben. Es ist Zeit, die Türen zu öffnen und sich der Bedrohung erneut zu stellen. Heute, als erwachsener Mensch, sind Sie dem gewachsen – auch wenn Sie Angst davor haben. Der alte Schmerz wird zwar nochmals in all seiner Intensität aufflammen, aber als erwachsener Mensch – und mehr brauchen Sie dazu nicht, keine besonderen Fähigkeiten, Sie müssen einfach nur erwachsen sein –, als erwachsener Mensch wird es Ihnen gelingen, die alten Bedrohungen aufzulösen, wenn Sie sich ihnen nur stellen und das verletzte Kind geistig in Ihre Arme nehmen und lieben, einfach inniglich lieben. Und dann sind Sie frei. Frei, sich zu zeigen und geliebt zu werden, so wie Sie wirklich sind – ohne Verstellung, ohne Verteidigungsstrategien, ohne Machtkämpfe –, frei für die Liebe, frei für das Leben, für *Ihr* Leben und die Freude des Lebens.

Die eigene Selbstliebe aufzubauen ist nichts anderes, als die Nähe der Liebe zu sich selbst zu suchen. Sobald

Sie diesen Weg einmal beschritten haben und sich durch nichts mehr aufhalten lassen, diesen Weg weiterzugehen, sind Sie auch bereit, die Nähe der Liebe zu Ihrem Partner und generell zu anderen Menschen aufzubauen und immer weiter zu entwickeln. Beides erfordert Mut. Den Mut, sich dem Schmerz der Ablehnung, dem Schmerz des Nicht-geliebt-Werdens auszuliefern. Den Mut zu Offenheit und Ehrlichkeit. Den Mut, für sich selbst geradezustehen, der Wirklichkeit in die Augen zu sehen und die Verantwortung für sein Leben in die Hand zu nehmen.

Es erfordert wesentlich mehr Mut, die Nähe der Liebe zu sich selbst aufzubauen als zu jemand anders. Denn das befürchtete Negativurteil, das man am Ende über sich selbst fällen könnte, hätte weitaus schlimmere Konsequenzen als die Ablehnung durch einen einzelnen anderen. Gleichzeitig haben Sie aber auch viel mehr Kontrolle über den Ausgang des Prozesses, wenn Sie selbst das Urteil sprechen. Sie müssen sich ja nur dafür entscheiden, sich selbst zu lieben, sich selbst so wahrzunehmen, zu verstehen, insgesamt so zu akzeptieren, wie Sie sind, sich aus tiefstem Herzen zu wünschen, dass Sie glücklich sind, und sich selbst nie wieder zu verleugnen. Und da Sie wissen – auf jeden Fall mit Ihrem Intellekt –, dass Sie, so wie auch jeder andere, tatsächlich ein wunderbarer, einzigartiger, wertvoller, wichtiger, liebenswerter Mensch sind, ist es lediglich eine Frage des Muts, sich auf die Nähe der Liebe zu sich selbst einzulassen. Der Ausgang des Prozesses ist auf jeden Fall positiv – wobei positiv ein viel zu schwaches Wort ist. Der Ausgang des Prozesses ist höchst beglückend, wenn Sie nur erst einmal den Mut haben, diesen Weg zu beschreiten. Haben Sie das einmal geschafft, dann ist es vergleichsweise leicht, auch den Mut aufzubringen, sich jemand anders gegenüber so zu öffnen, wie Sie wirklich sind, sich von jemand anders wirklich lieben zu lassen und andere so zu akzeptieren und zu lieben, wie sie wirklich sind.

Haben Sie den Mut zur Nähe der Liebe, und beginnen Sie zuerst einmal bei sich selbst. Öffnen Sie die Türen zu Ihrem wahren, inneren Ich, und trauen Sie sich durch die Schmerzbarriere. Auch wenn es anfangs ziemlich wehtut, so ist es gleichzeitig immens befreiend, und es wird danach alles so viel besser, leichter und schöner. Einmal begonnen, setzen Sie den eingeschlagenen Weg einfach fort und lassen sich von der Nähe der Liebe führen – in Ihrer Beziehung zu sich selbst und in Ihrer Beziehung zu Ihrem Partner –, und behalten Sie dabei auch immer die Freude im Auge.

Mögen Liebe und Freude Ihre immerwährenden Wegbegleiter sein!

Nachwort

Während ich dieses Buch geschrieben habe, wurde mir immer stärker bewusst, wie sehr Beziehungen von der Art und Tiefe der gegenseitigen Wertschätzung abhängen, wie sehr Beziehungen leiden, wenn einer das Gefühl hat, dass er selbst sicherlich recht und der andere sicherlich unrecht hat, und wie negativ die Auswirkung auf eine Beziehung ist, wenn man den anderen mit seinen Wünschen und Bedürfnissen irgendwie für weniger wichtig hält als sich selbst – oder umgekehrt: Wenn einer stets befürchtet, vielleicht nicht recht zu haben, sich minderwertig fühlt, glaubt, nachgeben zu müssen, so ist das genauso schlecht für die Entwicklung einer Beziehung.

Um nichts anders verhält es sich bei Beziehungen innerhalb von Gruppen oder auch zwischen verschiedenen Gruppen. Dabei ist es egal, wie groß diese sind. Ob es Familien sind oder Vereine, Schulklassen oder Cliquen, Dörfer, politische Parteien oder Nationen.

Wie groß die Unterschiede auch sein mögen zwischen verschiedenen Kulturen, zwischen unterschiedlichen persönlichen Zielen oder konträren politischen Überzeugungen, es ist *immer* möglich, respektvoll miteinander umzugehen. Es ist die Wahl eines jeden einzelnen Menschen, sich für eine Welt zu entscheiden, in der Diskrepanzen durch Machtkämpfe ausgetragen werden, oder für eine Welt, in der – trotz aller Unterschiede – immer die selbstverständliche, gegenseitige Wertschätzung dominiert und faire Lösungen dadurch erreicht werden, dass man offen aufeinander zugeht und zuerst einmal versucht, auch die Seite des anderen wirklich zu verstehen. Machtkämpfe, in denen es oft nur noch darum geht, den anderen möglichst zu vernichten, führen zwangsläufig zu Gewalt und Leid. Respekt und

Wertschätzung hingegen führen zu einer Welt, in der Glück, Freude und Liebe zu Hause sind.

Wie sehr wünsche ich mir, dass Lehrer all ihren Schülern – unabhängig von deren Wissen und Können – mit ehrlicher Wertschätzung begegnen, nicht nur Respekt für sich selbst einfordern, sondern selbstverständlich auch den Schülern Respekt entgegenbringen. Dass sich die Schüler einer Klasse nicht gegenseitig mobben, sondern lernen, einander zu respektieren und wertzuschätzen. Dass Schüler erkennen, wie wichtig und wertvoll und, Gott sei Dank, auch anders jeder Einzelne ist und wie wunderbar es ist, wenn man gemeinsam immer stärker wird, wenn man sich in der Gruppe geborgen fühlt und das Zusammensein von gegenseitigem Vertrauen, Verständnis und gegenseitiger Unterstützung geprägt ist, wenn man sich so angenommen fühlt, wie man ist.

Wie sehr wünsche ich mir, dass solch eine wertschätzende Grundeinstellung unseren Umgang miteinander in allen Lebensbereichen prägt. Doch wie erschüttert bin ich immer wieder, wenn ich sehe, wie weit weg wir in unserer Gesellschaft von einem respektvollen Miteinander sind. Manchmal habe ich den Eindruck, es wird sogar als Zeichen besonderer Kompetenz betrachtet, den Gegner mit möglichst geschickter Rhetorik zu beleidigen oder möglichst schlecht aussehen lassen. Ich bin erschüttert, wenn Menschen, die kraft ihrer Position eigentlich eine Vorbildwirkung haben sollten – ob im politischen, beruflichen oder privaten Umfeld –, ihre eigene Stärke nur untermauern können, indem sie andere schlechtmachen, unterdrücken und vielleicht sogar versuchen, sie ganz zu vernichten.

Natürlich bin ich nicht so naiv anzunehmen, dass man immer und überall auf jeden mit voller Offenheit zugehen kann. Natürlich weiß ich, dass in der Auseinandersetzung mit einem Gegner in vielen Fällen wesentliche Voraussetzungen fehlen, um das notwendige gegenseitige Vertrauen so weit aufzubauen, dass sich tatsächlich offen und ehrlich über die jeweils eigenen wahren Beweggründe, Ziele und Strategien sprechen lässt. Wie sonst sollte man aber zu einem besseren gegenseitigen Verständnis kommen, als Ausgangspunkt für bessere, gute Lösungen? Natürlich wird niemand offen und ehrlich sein, wenn er Angst hat, dass der Gegner alles, was er über einen weiß, als Waffe im Kampf um den Gewinn benützen wird. Und wer wird schon offen und ehrlich zugeben, dass das wahre Ziel die Vernichtung oder zumindest die Erniedrigung des anderen ist? Nicht umsonst gewinnt die Rolle des Mediators immer mehr an Bedeutung.

Aber es wäre schon ein großer Schritt, wenn es uns gelänge, auch unseren Gegnern zuzugestehen, dass sie im Grunde – so wie wir – nichts anderes wollen, als glücklich zu sein, dass sie lediglich aufgrund ihres anderen Hintergrunds und ihrer anderen Erfahrungen einen anderen Weg dorthin sehen als wir. Und dass sie dasselbe Recht auf Glück haben wie wir. Warum glauben wir, dass wir den anderen unterdrücken, vielleicht sogar vernichten müssen, um selbst glücklich sein zu können? Solange mir mein Gegenüber nicht mit Hass und Zerstörungswünschen begegnet, sollte es nicht so schwer sein, in ihm – trotz seiner anderen Überzeugungen – einen gleichwertigen Menschen zu erkennen und die Auseinandersetzung mit ihm mit Respekt und Wertschätzung zu führen. Es müsste nur jeder Einzelne diesen ersten Schritt setzen, weg vom Hass und weg von dem Wunsch, den anderen möglichst schwach zu halten, hin zu einem selbstverständlichen respektvollen Umgang miteinander auf Augenhöhe.

Ich bin überzeugt davon, dass diese positive Art, mit anderen Menschen in Kontakt zu treten, für jeden, der den Weg zur Liebe mit seinem Partner gefunden hat, automatisch zu einer Selbstverständlichkeit wird.

Danke

Mein besonderer Dank gilt meinem Mann, der einerseits mein erster und kritischster Testleser war, der für mich aber auch jener Mensch ist, der mich erkennen ließ, was Lieben und vor allem auch Geliebtwerden bedeutet.

Aber auch bei meinen anderen Testlesern möchte ich mich ganz herzlich bedanken, vor allem bei meiner Freundin Elfi und meiner Cousine Renate, die das ganze Buch – Stück für Stück, wie es sich entwickelt hat – gelesen und mir mit ihrem Feedback sehr geholfen haben.

Danke weiterhin an all jene, die immer wieder Auszüge aus meinem Buch gelesen und kommentiert haben, vor allem an meine Schwägerin Inge und meine Nichte Anna, die mich nach jedem Kapitel, das ich ihnen vorgelesen habe, ermutigt haben, dieses Buch nicht nur für meine Familie verfügbar zu machen, sondern es unbedingt auch zu veröffentlichen.

Ein großes Danke geht nicht zuletzt an unsere Kinder, weil sie so viel Glück in mein Leben gebracht haben und weil ich an ihrer faszinierenden Entwicklung teilhaben durfte. Ohne sie hätte ich dieses Buch nie geschrieben.

Bücher, die mich stark beeinflusst haben

Das Geheimnis des Herzmagneten von **Ruediger Schache**: In diesem Buch habe ich erstmals den Begriff Selbstliebe kennengelernt. Ruediger Schaches Frage »Was würde die Liebe tun?« war für mich ein ganz besonderer Augenöffner. Plötzlich habe ich verstanden, wie lieblos wir oft mit uns selbst umgehen. Auch seine Aussage »Es gibt keine Schuld im Universum. Es gibt nur Ursache und Wirkung« hat mir immens geholfen, nicht mehr mit mir selbst über meine vermeintlichen Unzulänglichkeiten zu hadern.

Du bist ok, so wie du bist – Das Ende der Erziehung von **Katharina Saalfrank**: Ihre innere Einstellung Kindern und grundsätzlich Menschen gegenüber ist einfach wohltuend. Auch wenn der andere noch klein und schwach ist, auch wenn sich jemand in Abhängigkeit von uns befindet, auch wenn jemand viel weniger Erfahrung und Wissen hat als wir selbst, so ist er doch ein gleichwertiger, gleich wichtiger Mensch, dem wir immer mit Wertschätzung und Respekt begegnen, mit dem man immer auf Augenhöhe kommunizieren sollte.

Versöhnung mit dem inneren Kind von **Thich Nhat Hanh**: Dieses Buch erklärt wunderbar, wie alles, was in der Vergangenheit unseren Vor- und Vorvorfahren passiert ist, in irgendeiner Form in uns weiterwirkt, und wie wichtig es ist, sich mit dieser Vergangenheit auszusöhnen und sich auf das Leid in unserem inneren Kind einzulassen, um es überwinden zu können. Wie befreiend es ist, wenn man sich mit voller Gefühlsintensität auf vergangene, schmerzhafte Gefühle einlässt, habe ich bei einer Übung aus Thich Nhat Hanhs Buch gelernt.

Gemeinsam frei sein – Wege ins Beziehungsglück von **Alexandra Schwarz-Schilling und Christin Müller-Colli**: Dieses Buch hat mein Verständnis für die vielfältige Wirkung von Liebesunterbrechungen vor allem auch dahingehend erweitert, dass solche, die wir in unserer Kindheit erlebt haben, nicht nur unsere Selbstliebe erschüttert, sondern auch positive Fähigkeiten in uns gefördert haben.

Über die Autorin

Ingrid Pridt wurde 1955 in Wien geboren. Fast ihre gesamte Berufszeit verbrachte sie in einem internationalen Konzern und konnte sich dort in unterschiedlichen Managementpositionen einbringen, während der letzten 13 Berufsjahre im Personalbereich.

Für dieses Buch, das sie nach ihrer Pensionierung geschrieben hat, ist ihre Berufslaufbahn aber nicht wirklich relevant, da es vielmehr auf ihren Erfahrungen im privaten Bereich basiert. Nach einer Reihe von gescheiterten Beziehungen ist sie heute seit fast 30 Jahren verheiratet und trotz aller Herausforderungen, die es wohl in jeder Partnerschaft gibt, noch genauso glücklich wie am Anfang der Beziehung.